若者たちに何が起こっているのか

中西新太郎

花伝社

若者たちに何が起こっているのか◆目次

はじめに

一

周知のように、九〇年代半ば以降、日本社会は経済的にも文化的にも大きな変動に見舞われてきた。変動の規模、深さは社会生活のあらゆる領域に及び、とりわけ若い世代の生き方や文化に決定的な影響を与えつつある。影響の全貌はあきらかでないが、九〇年代に出現した青少年層の新たな文化行動や、そのつど問題化された事件からは、いま進行中の変化を読みとることができよう。本書は、この時期、すなわち現代日本にあって、青少年がどのような文化・社会状況を生きているのかについていくつかの角度から解明を試みた論集である。論集という性格上扱っているトピックは多岐にわたるが、いわゆる青少年問題をとりあげるさいのアプローチの一貫性は保ったつもりである。少年の犯罪をめぐる近年の議論にみられるように、青少年「問題」の語られ方そのものが時代の刻印を帯びており、どのような視点から「問題」をみるかに私たちはつとめて自覚的でなければならない。この意味で、最初に、筆者の意図するアプローチを述べておきたい。

「青年」も「若者」も手あかのついた言葉である。自分がそう呼ばれるだけで虫酸が走る「若者」は少なくないだろう。そもそも青年という観念には、志とは言わぬまでも、何かしら将来への希望があって当たり前、未熟で荒削りでも若々しさがとりえのはず……といった、暗黙の定型的イメージがつきまとう。自分たちの実感とは無縁なその尺度で測ろうとする「大人」のまなざしが嫌だ、そういうまなざしで見られたくない、と「青年」が思うのは当然ではないか。明治期に形成された青年像に特有のバイアス[1]——たとえば、現在でも青年実業家や青年政治家といった言葉から染み出す胡散臭さ、フィクションにすぎない「若さ」を押しつけがましく振りまいて恥じない姿勢等々にみられる——は、そうと自覚されていないだけで、青年や若者についての語り方にいまもな引き継がれている。手あかのついた言葉とはそういう意味だ。

現代日本の青少年とその文化を検討しようとするとき、およそ青年論の陥りがちなそうした「いかがわしさ」の危険を無視するわけにはゆかない。青少年をめぐる議論のあり方がおおむねそうであったように、九〇年代以降のそれも、世間の耳目を集めた事件をきっかけとして青少年にたいする嘆きや憤慨の叫びがまず噴出するという過程をたどってきた。つきつめれば「これほどひどい若者がいる」、「きびしく鍛え直さなければどうにもならない」といった論調に帰着するそうした青少年論には、右に述べたような意識せざる定型像が多分に紛れこんでいるように思う。また逆に、今日の青少年がぶつかっている困難の深さや特質をそれとして検討してみる以前に、「青年は可能性に満ちている」といった、これも定型的なイメージに安易によりかかって、現実のすがたとは無縁に希望だけを語る傾向もまた存在している。

これらのアプローチにたいし、筆者としては、現代日本の青少年が現にどのような社会的・文化的世界で生きているのか、そのリアルな検討を何よりもまず重視したい。せいぜい新奇な若者文化という印象以上に出ることのないようなサブカルチャー理解にもとづいて青少年の文化行動を眺めたり論じたりすることの不十分さ、そして傲慢を自省すべきだと考えるからだ。

本書では、現代日本の若者たちが生まれ落ちたときからその中におかれた独特の文化世界、一言でいえば特異な社会経済的基盤の上に立つ消費文化環境、をどのように生きているか、その具体像にもっぱら焦点を当てている。青少年の文化世界がもつ多様な広がりとまたこれに相応じる困難・苦難の深さ複雑さに比して、扱いえたことがらはわずかにすぎないが、まずは、大人にはみえにくい消費文化環境を「生きる具体」の確認から出発しようと試みた。九〇年代日本という時代環境を生きること、しかも、まだその社会の「正式な一員」(大人)としてでなく、したがって社会・経済主体というよりは消費主体としてその時代環境を生きること(そうせざるをえないこと)——その具体像をともかくもあきらかにする必要があると考える。「生きる具体」に目の向かない慨嘆も叱咤激励も、あるいは賞賛も、要するにプラスであれマイナスであれ、既存の尺度をあてがっただけの評価は無力なのである。

誤解のないよう急いで書き添えると、これは、現代日本の社会文化とその中での生のかたち、ありようについて何の価値判断ももたないという意味ではない。たとえばフリーターの激増をめぐる議論が典型的だが、その現象を経済的マイナス要因ととらえ、彼ら彼女らがフリーター人生(もちろんそれは一律ではないが)をどんなきっかけや事情からどのように生きているかよりも、いかに「まともな」労働力に仕立て直すかの方にもっぱら関心を集中するようなアプローチもまた、一面的に過ぎると言わねばならない。そうしたいわば政策的操作のまなざしは、社会経済的な資源としての各人の役割にだけ注意を向け、それ以上の文化的・社会的志向にはまるで無関心のようにみえる。

ところが、そういう「クール」な議論にしても、いつまでも結婚しようとしない若者たちや引きこもり続ける若者たちに業を煮やすあまり、秘められた価値規範が顔を覗かせるときがある。「好きなように生きたら」と言いながら、「いいかげんまともに働いたら」という押し隠したつもりの要求が透けてみえるのである。それくらいなら、最初から、「さっさと結婚しろ、働け」と自分の価値観をあからさまに出してくれた方がよほどいやらしくない、結局大人たちの尺度をあてがわれる当の若者たちはきっとそう感じることだろう。青少年のすがたをどうとらえるにせよ、自らが用いている評価尺度に私たちは自覚的でなければならない。

二

筆者が採ろうと意図した尺度について述べておきたい。

比喩的言い方になるが、それを、「社会の隣人」として青少年を位置づけよう、という提案に集約してみたい。「社会の隣人」という言葉には、「大人」の占めている位置とはちがうという判断がふくまれていると同時に、隣り合う人間同士の関係の「系」として青少年との関係を考える視点がふくまれる。たがいの尊厳の尊重を関係形成の土台にすえること、青少年問題を「子ども—大人」関係の枠内に閉じこめることなく、人が他者とつながりをもつさいのあり方の問題を基礎に考えてゆくこと、などが、この視点に内在する評価尺度である。

わざわざ「社会の」とつけ加えているのは、青少年の友人関係にせよ、若者と大人の関係にせよ、社会的広がりのある関係としてとらえる必要を強調したいからである。たとえば、日常の人間関係のなかではたらく暴力の性格や、民主主義といった観念とは縁遠いようにみえる人間関係のなかではたらいている「政治性」等々を、「社会をつくる」うえでゆるがせにできない問題としてつかまえたいからである。

「隣人」という位置づけには、青少年をふくめて私たちが一つの世界をかたちづくっており、そういう相互性から離れた「孤絶」の観点から青少年をみるのではない、というふくみが存在する。隣人は他者であるが、社会から切り離された「怪物」ではない。子どもは、しばしば、大人と本質的に異なる不可侵の存在、理解することもできずすべきでもない異質な存在とみなされ、またときにはある種の「魔物」のようにも語られる。そうした了解方法は、一面では、大人が自分たちのできあいの尺度で子どもたちを量り扱うことにたいする有効な戒めとなる。思いどおりにしていい存在ではない、という対し方には意味がある。とりわけ、ごく幼いときから「能力を開発する」とか「素質を発見する」といった発想が蔓延している現在の日本ではとくにそうだ。とはいえ、子どもの領分をそのように聖域化する了解方法は、無視できない困難、問題をはらんでいる。すなわち、決して大人が近づけない存在を「隣人」にするために何らかの超越的力を想定し利用しようとする誘惑がそれである。

「社会の隣人」としてともにあるために大人は、人間的努力という「こちら側」の、したがって当然限界のある努力以外にたのんではいけない。なしうる努力の限界を認めたうえでなお、そうあるべきだ、というのが本書の立場であり、子どもたちを何かより上位の「聖なるもの」にひざまずかせることで迂回的に大人社会の秩序に組み入れるような詐術的アプローチ――「こころの教育」はたとえばその戯画化された具体化だ――とのちがいを強調しておきたい。

言うまでもなく、青少年を「社会の隣人」に位置づける作業は、大人がどのような「隣人」に位置づけられるか、という反転した問い、大人とはどんな存在かという問いかけを内包せざるをえない。その当否はともかく、村瀬学氏のようにこの点を明瞭に意識した議論は数少ない。(2) 青少年問題を論じることは、私たちが前提としている社会のありようや、すでにその社会内で大人として位置づけられた存在の再検討をふくんでいること、大人と子どもの関係がたんに水平な関係ではないという事情からしてもそうであることを確認しておきたい。「青少年問題をいかに解決するか」という問題の立て方、区切り方では、問題そのものがそれをみる大人の位置を揺るがしたり、変化させる、という関係がきわめてみえにくい。青少年論の隠された主題が、少なくともその重要な一つが、「大人」論であることに正当な注意を払うべきであろう。

三

本書は、九〇年代半ば以降折に触れ発表してきた論考、講演記録一九編を四領域に分けて構成した。発表時期にちがいがあり、議論に重複もあるが、その時点々々での認識の同時代性を重視し、加筆・補正はこれを損なわぬ範囲にとどめている。読者の興味に応じてどこから読み始めてもかまわない構成としているが、第Ⅰ部には、青少年の成長過程の変貌を総括的に扱う導入部の位置づけを与えている。このうち、第4話は、二〇〇三年秋にソウルで開催された学会フォーラムでの報告を収録したもので、日本社会における少年少女の成長様式、文化の特質を、日本研究者ながら海外の人々に説明するという点でやや異なる性格をもっている。

もっとも、ケータイやインターネットの大規模な普及・浸透に象徴される消費社会化の進行は欧米諸国であれ韓国であれ共通の現象といえるから、そのかぎりでは青少年の文化行動の変容には共通の基盤が存在する。オンラインゲームにみられるように、この共有の文化基盤を支えに文化行動の交錯・交流現象がすすんでおり、ネットを介して「やおい」サイトに韓国からも直接アクセスしているといったフォーラム参加者の発言が印象的であった。消費文化の規模・深さという点で日本の青少年文化がきわだっていることはたしかだが、「消費文化世界に浸っている」というとらえ方で若者たちの意識や文化行動の「特異性」を言うのは単純に過ぎよう。消費文化の諸要素を「素材」として自らの反抗や逸脱のスタイル表現に組みかえる可能性については、消費文化の浸透度合いが日本社会よりもずっと低いイギリスなどでも論じられている。(3)

逆に、消費文化が子どもたちの成育過程にこれまでの通念をくつがえしてしまうような否定的影響を及ぼすという議論も事欠かない。(4)どのような評価を与えているにせよ、これらの議論では、人々の文化行動が「消費」という次元で繰り広げられるようになったことにたいして特別な注意を払っている点が特徴である。ここには、「大衆消費」が文化領域に浸透する状況を理論的にどうつかむか、という課題がひそんでいる。この点にいま深く立ち入ることはできないが、筆者としては、大量生産システムに照応する消費構造の形成という枠内で、つまり大衆社会という枠内で消費文化を大衆文化と同義につかまえておくだけでは足りない、と考えている。人間関係の商品化を固有の特質とする消費社会化が進行し、文化領域における消費社会化によってコミュニケーション世界の大規模な商品化がすすむ、というのが筆者の見通しであり、消費文化はその意味で、たんなる商業主義や文化商品の氾濫という次元だけではすまない「文化問題」を引き起こすと考えている。

こうして消費社会化がもたらした新たな文化・情報環境の下で、青少年の文化行動にどのような変化が生まれているのか、彼らの振る舞いや表現を評価するにあたって、「能動性（積極性）―受動性（消極性）」等々についての従来の考え方や判断尺度は通用するのか、といった疑問があらためて生じる。

この疑問を解き明かすためには、現代日本の青少年にとって支配的な日常文化となっている消費文化の具体的検討やこの文化内での具体的「生き方」の検討がぜひとも必要になる。第Ⅱ部に収録したのは主にこの領域に焦点を当てたわずかばかりの議論である。「わずかばかり」であるわけは、そこでも繰り返し述べているように、若者文化＝サブカルと簡単に一括して検討するには、現実の青少年文化はあまりにも膨大で、かつ表層から深部まで層をなしているため、その全容をそう手軽につかむことはできないからである。たんにジャンルの多様さばかりでなく、ジェンダーによる差異や、「逸脱」的受容や意識と結びついた文化領域までふくめるなら、そもそも「全容を概観する」という安易な発想自体慎む必要がある。そのことは、たとえば、「やおい」文化について得心のゆく説明をすることがどれほど困難な作業であるか考えるだけですぐ理解できるはずである。[5] 扱っている領域や次元がかぎられていることをよく自覚しつつ、「何が起きているのか」をみつめることから始める以外にはないのだ。

ただし当然のことに、そうした限界内でどんなトピックを取り上げるかには、それぞれの論者がもっている関心の質や方向性が反映される。筆者の関心の焦点は、消費文化状況を日常生活のごく普通の条件として生きている青少年の文化行動にあり、個々の文化現象やトピックはこの点とのかかわりで取り上げている。サブカルチャーと一括されてしまうものが、上記のように層構造をもつ点もふくめて、さまざまな文化（作品・活動・表現）の受容のされ方、そしてその受容形態にも映し出されるコミュニケーションの性格や、総じて文化が果たしている特有に社会的な機能について焦点を当てたいと考えている。その意味では、個々のトピックを「単体」として価値評価するものではない。

日本の消費文化世界は、筆者の考えでは、七〇年代半ば以降の企業社会秩序と深くかかわって形成されており、したがって、その関係を視野に入れない分析はリアリティを欠き不十分である。文化を論じることと一般がもちろんそうなのだが、とりわけ現代日本の消費文化について、あたかも社会の政治的次元、社会統合のメカニズムと無縁であるかのように論じることは、たんにアプローチとして不十分であるにとどまらず、そうした検討スタイル自体が消費文化の政治的な役割を語らせないしくみの一環になりかねない。ここでいう政治とは、もちろん、狭い意味の政治的話題や政治行動・政治現象のことではなく、たとえば、ケータイ・メールに代表されるような新しい文化コミュニケーションのなかにひそんでいる抑圧的関係等々までもふくんでいる。一見したところ気づきにくい支配―抑圧関係のはたらきに敏感であることは、消費文化のリアルな検討にとって不可欠だと考える。

近年、日本の子ども・青少年文化が「文化輸出」の唯一の成功例だとしばしば評価されている。この点に着目した文化コンテンツの「商売」と「政治」とが注目され始めていることも、「消費文化の政治」の新しい様相だろう。本書では、青少年文化の国際的位置にかんする検討は行いえなかった。八〇年代までの「経済大国」期における消費文化の自閉性と、まさにその時期に蓄積された「サブカルチャー」文化の「国際化」をどうみるかは、いわゆる文化帝国主義(トムリンソン)の理解もふくめて重要な論点であるが、これは今後の検討課題としたい。

四

現代の少年少女たちが繰り広げる文化行動の特質について、もっぱら突出した「病理」現象の特異性にだけ焦点を当てて論じることの愚を最初に述べた。突拍子もなくみえる行動を「特殊な、困った人」の振る舞いだと切り離して考えてはいけない。とすると、逆に、「普通」にみえていることや当たり前の振る舞いの内側にも、「特異な」行動につながる内面的水路が拓かれているかもしれない――いったんそう想像してみることも必要になるはずだ。実際、たとえば、周囲の友だちと何の屈託もなく明るくつきあっている様子から、同じように日頃自傷行為を繰り返していることなどまったく想像できない、といった事例は珍しくない。第15話で触れるように、感情や行動の「暴発」現象のようにとらえ、「キレる」という言葉を当てはめて理解したつもりになっている文化行動の場合にも、内面のプロセスは、「いきなり」とか「やみくもに」と外部から判断される性質だとは断定できないのである。

要するに、ものごとの感じ方、受けとめ方の内面におけるかたち(内面の文化)と、それが外部に表出されるすがたとのつながり具合が、私たちが従来常識的に想像してきたつながり方ではなくなっている。「元気」「明るい」「無表情で何考えているかわからない」等々の言葉は、外に現れたその人のすがたと内面との一定のつながり方を暗黙の内に想定している。それが通用しない。そういう想定は、言ってみれば、こんなファッションだからこんな人間と決めつけているに等しい。少年少女の間で相手の性格づけに「やさしい」が多用されるのは、その用法におそらくこの「決めつけ」がないからであり、外に出てしまっている自分からじかに内面を判定などせず、触れずにおいてくれるからである。

こう考えるなら、「無表情で何を考えているかわからない」という現れにつなげられている内面の文化にしても、無気力、無関心といったステロタイプのつかまえ方では片づけられない可能性がある。第Ⅳ部では、そのように、私たちが目にしている文化行動と、直接にはみえない内面の文化との新しいつながり方について検討している。とりわけそこで注目したいのは、いかにも自由勝手に行動できるかにみえる消費文化環境が日常化してきたことによって、これに照応する「内面の縛られ方」が出現した、という点である。青少年の生活圏、行動圏をこれまで縛っていた時間的・空間的制約を取り払うさまざまな文化的手段が飛躍的に拡大していることはまぎれもない事実である。気軽にＣＤをつくることもできるし、夜中でもいつでもおしゃべりができる、ウィニーやＭＸを使って好きな画像をためこむことも、手製の詩集を路上に並べることも、コスプレで日常的に変身を楽しむこともできる。ただ、それだからといって、現代日本の青少年が以前よりも自由な文化を獲得した、と速断することはできない。そういう新たな文化内ではたらいている秩序、おたがいの関係を規制しているメカニズムとこれを内面化する仕方等々について検討しなければならないからだ。

長崎県佐世保市で起きた小学生による「同級生殺人事件」について、私たちが何を課題として受けとめるべきなのかに限定して触れたい。

週刊誌を中心として次々に掲載されている記事で焦点にされているのは、「小6」「女児」「チャット殺人」「計画殺人」「同級生殺人」というものであり、「バトル・ロワイヤル」や「カッター・ナイフ」といったトピックである。こうした焦点化のされ方がもってしまう危険性については本書で述べているところであり、ここでは繰り返さない。「同級生殺人事件」という命名にカッコをつけておいたのも、安易な括り方にたいし慎重であるべきだと感じるからである。「小学生が殺人」「女児が……」といった「驚き方」は、現に子どもたちが生きている環境世界について関心を払わない（払えない）できた大人の無知の証明でしかない。チャットをやらせない、カッター・ナイフを持たせない、『バトル・ロワイヤル』を読ませない……といった保護策が無力であることもあきらかであろう。暴力（殺人）の描き方、扱い方の問題はそれとしてたしかに存在するし、「バト・ロワ」をその観点から考えてみる必要もある。あえてみせない、描かないという社会文化的判断の次元が不要だとする議論は正しくない。言語や映像には暴力を喚起し触発する十分な文化的力（ポテンシャル）が備わっている。その力をどのように発揮させるかについて個々人の判断とともに、社会的判断のレベルが存在するのは当然のことである。とはいえ、その判断のあり方は、「〜を禁じる」という指定を列挙し続けることとはまったくちがうはずだ。たとえばカッター・ナイフに代わるものを次々と禁じ続けることが可能だとはだれも思わないだろう。絶対確実な安全手段をとれるとすれば、それは「子どもたちをたがいにそばに近づけないでおく」こと以外にはない。

どうやってたがいに無関係で居続けられるかを追求するそうした文化にも、しかし、平気感覚にかんして本書で述べるように、死に等しい苦しさはある。そして何よりも、人がたがいに近づくことは避けられない。危ないからやめなさいとだけ言うことは、「社会」に生きようとして危害を加えられた子どもまでも貶めることなのである。子どもたちが、現代の文化環境にそくしてたがいに関係を結ぶ場面の「内側」からどうやって「暴力の文化」を克服できるかこそが問題の核心にある。とりわけ、本書第6話で触れているように、子どもたちがまったく新しいと言ってよいほどの情報環境内に投げ込まれ、これまでの人間関係形成とはちがう「出会い方」を要求されるになっている状況ではなおさらそうだ。ひるがえって考えるに、一つひとつの暴力をとめる社会文化的基盤を私たちはどのように築いていているのだろうか。「特異な子ども」による行為と片づけることのできない今回の事件は、この課題をあらためて強く私たちの社会に迫っていると言えよう。

「豊かな」文化手段、情報環境がそれだけで人々を自由にすると考えるのは幻想であり、私たちが目にしているそうした「豊かさ」がむしろ文化的な抑圧につながる可能性も存在している。文化行動の場面でのこの自由と抑圧との関係をあきらかにするためには、社会文化 societal culture という次元を導入して問題を考えることが有効であろう。「内面の縛られ方」(それは同時に、自由の性格・特質を示す)を一つの主題としている関係上、ここでの議論は仮説の性格を帯びざるをえないが、筆者としては、通常文化的自由の文脈で扱われている少年少女たちの文化行動が、むしろ、個々人の内面を独特に縛る社会文化に規制されていると主張したい。そうとらえる方がより実相に近いことを示したつもりである。

現代日本の若い世代がぶつかっているこの文化的窮状は、いまでは打ち捨てられた用語をあえて使うなら、疎外の文化的形態と言ってよいだろう。消費文化環境がもたらす独特の疎外は、すでに述べたように、「企業社会―消費社会」体制下で青少年がおかれている位置・状況に関係している。文化、風俗の場面での突飛な振る舞いだけが話題にされ問題視される青少年のすがたは、社会経済的な世界や政治の次元での彼ら彼女らの存在が取るに足りぬものとしてほとんど無視されていることを示している。(消費)文化の世界では「人騒がせ」な集団で、「実世間」では実力ゼロと評価しかつ現実にもそう扱う、そうした社会的位置づけである。

第Ⅲ部では、青少年層にたいするこの位置づけ、社会的処遇について、縁辺化 marginalization というコンセプトを用いて検討している。九〇年代後半からデータの上でも明確に確認され、現在もなお引き続く、青少年層の就業行動、就職など経済的社会化の大変動とこれにともなう意識変化とを確認することが、ここでの重要事である。その変化は、およそ四半世紀にわたって日本社会の体制秩序となってきた「企業社会―消費社会」体制から、縁辺化された青少年層が離脱してゆく回路の形成過程でもありうるし、また逆に、より一層苛酷で非人間的な支配秩序の下に押さえこまれてゆく過程でもありうる。この両者をリアルに検討するためには、青少年の政治的社会化過程、急激に進行させられている新自由主義教育改革(6)、フリーター問題を契機として今後本格的に展開される可能性のある青年政策、青少年暴力を「社会不安」の要因として扱い処理する治安政策などの分析が不可欠である。第Ⅲ部で扱いえたのは、現状の確認を中心とするごく一部であり、「青少年問題」にかかわる各研究分野の共同した研究をここではとくに期待したい。

五

九〇年代末からだれの目にもあきらかになってきた青少年の縁辺化の内で、現在の統治層に強く意識され、政策的な課題にもなってきたのは、「青少年暴力」を中心にした逸脱や反抗への対処であろう。広く言ってそれは、「企業社会─消費社会」体制の大転換にともなう社会秩序再編にとって障害となる青少年の言動を、新たな統制手法によって押さえこむ目標をもっている。警察庁の誘導下で、全国各自治体が次々と制定している生活安全条例や、これも警察庁が主導する監視カメラ設置、スーパー防犯灯の配備実験などに典型的に示されているように、犯罪不安を心理的基盤にした監視・社会統制の強化が急速に進行している。そのさい、監視や統制の対象とされるのが、「外国人」「テロリスト」とならんで、潜在的危険分子とみなされる青少年層なのである。

青少年にたいする監視・統制のまなざしの強化は、治安対策の範囲にとどまるだけでなく、学校教育制度の大規模な「改革」をつうじても具体化されようとしている。東京都教育委員会の常軌を逸した君が代・日の丸強制にしても、各地で広がるジェンダー・フリー教育への激しい敵意と攻撃にしても、あるいは、これらと色合いを異にするかに見える、子どもたち一人ひとりへの「こころの管理」強化にしても、「個性化」や「自由化」をめざすとする教育改革が、個人々々の内面にまで踏みこんだ新たな管理手法を、「改革」の不可欠な一環としてふくんでいることの現れなのである。バックラッシュのように映る教育政策の最近の動向は、それゆえ、青少年にたいする新たな管理手法、保護という迂回路をつうじての新たな統制手法の展開とみるべきである。

管理や統制の新しさは、それでは、どんなところにあるのか。

「個性化」「自由化」に平行して管理しうるシステムである点に着目するならば、新しさの一つが、より深く個人々々を「捕捉する」ことにあるのは容易に推測できよう。いわゆる出会い系サイト規制法が、ゾーン規制を本質としてきたこれまでの性産業規制とは異なる規制手法に踏み出したことや、個人を特定できる監視手法、「生活習慣病」の予防という名の国民統制と同質の性格をもつ「こころの状態」チェックなど、要するに、社会秩序の維持を徹底させるために個人単位（しかも個人の内面統制までもふくんだ）の管理・統制が具体化されはじめているのである。決して比喩ではなく、各人にICタグをうめこんで行動するよう強要する社会が出現し始めている。不幸なことに、本書で論じるような消費文化の個体化作用は、そうした個人単位の統制によく適合する。「個性があるかどうか」（キャラが立っているかどうか）を「緻密に」、日常的にチェックできる、チェックしてしまう文化は、個人単位の統制・監視にとって有効なのであり、強力な統合手段としての役割を果たしうる。青少年だけを対象にするものでないとはいえ、潜在的危険分子に数えられる青少年層にたいする「対策」には、この新たな統制手法が大々的に用いられる可能性が高い。

「一人ひとりにまで細かく目を届かせる」統制は、その結果、子どもたちの葛藤や軋轢のこれも新しい類型を育てることになろう。たとえば、内面をチェックする統制手法は、そういうまなざしを立ち入らせない、これが私の気持ちだなどと他者には気づかせない内面保護の機制を育てるはずだ。社会的退行や「無力さの追求」のさまざまなかたちが文化的にも広がって不思議はない。人格が乖離しているかのように振る舞えることとは、新たな社会統制との関係では、「自分を大事にする」日常的実践の一つかもしれないのだ。同じように、徹底して非・人間的に振る舞える状態を瞬時に選択できることも、個人として特定される状況・機会を少なくしておくことも、毎日を生き抜く大事な「生存技術」になるかもしれない。新たな管理・統制手法の広がりは、これを回避したり、これに対抗する新たなあり方を模索させざるをえないのである。本書では触れえないが、「隣人」である青少年とともに私たちがいまとはちがう社会のあり方を追求しようとするなら、社会的退行や「無力の追求」に帰着することのない対抗のかたちを真剣に考えてみなければならない。最後に、対抗文化のあり方にかかわる論点を述べ、今後の手がかりとしたい。

第一は、「公正」というような関係のあり方を文化という領域にそくしてどうとらえ、具体化するか、という問題である。物理的暴力を用いなくとも徹底してだれかを抑圧しつくせるような文化が存在するとき、その抑圧をはねのけ、認めない関係のあり方、そこにつらぬかれるべきルールとは何か、という問題。文化的遺棄の豊富な手段が広がっていることは本書で触れるとおりだが、そうだとすれば、新しいタイプの遺棄を不公正なものとして認識し扱う社会的枠組みが必要となる。文化にたいする規制という従来の表象を超えて、公正の観念を豊かにする課題があるように思う。

自分を非・人間とみなし扱うことでかろうじて統制を回避しようとする転倒した状況にたいし、人間的であることが新たな統制にたいする魅力的で強靭な抵抗たりうるみちすじをあらためて発見しなければならない。ここでは抽象的にしか述べえないが、「たがいに人としてともにいる」という社会的存在の獲得のためには、近代社会が子どもの成長過程の基礎にすえてきたリテラシーの基層、読み書き算よりもさらに底にある「関係性」のありようについて検討する必要があると思う。なぜならば、私たちがいま直面している統合・統制の全社会的再編は、近代社会が理念的基礎にすえてきた人間像を変容させ、非・人間としての個体をさえ社会成員とみなせるようにするものだからである。

（1）木村直恵『〈青年〉の誕生』（新曜社、一九九八年）参照。
（2）代表的なものとして、村瀬学『一三歳論』（洋泉社、一九九九年）参照。
（3）たとえば、ポール・ウィリスの共通文化 common culture 論はその一例である。Paul Willis, *The Ethnographic Imagination*, Polity, 2000 など。
（4）たとえば、J. Cote, *Arrested Adulthood: The Changing Nature of Maturity and Identity*, 2000, New York Univ. Pr. は、筆者の言う成長環境のトライアングル構造と同様の議論を行っているし、ニール・ポストマン『子どもはもういない』の批判的検討を行っている D. Buckingham, *After the Death of Childhood*, 2000, Polity Pr. の分析も興味深い。
（5）実作者としての経験も踏まえた第一世代の中島梓『タナトスの子供たち』（筑摩書房、一九九八年）および、後継世代といえる野火ノビタ『大人は判ってくれない』（日本評論社、二〇〇三年）が、いずれも興味深い。
（6）教育特区を設けて戦後教育の公共性を解体する試みや、大学制度の改変など、新自由主義教育改革の範囲、射程ともに大変広い。さらに言えば、青少年サブカルチャーの対極に想定されてきた知や教養の内実を変質させるような機能をも、近時の体制的教育改革は帯びている。つづめて言えば、権力によって知のあり方が歪められる歴史的に新しい局面を迎えている。

第Ⅰ部

若者たちに何が起こっているのか

第1話　家庭と学校と消費文化と

1　子ども文化の変動

最初に歴史の話ですが、子ども文化とか戦後文化の変動をみるときは、私は二つの基準・軸を考えて分けております。一つはいうまでもなく高度成長期です。私自身は一九四八年生まれのいわゆる団塊の世代ですので、この高度成長期の一九六〇年に中学校一年生くらいだったと思います。この世代の人たちは文化というものを考える時に、どうしても高度成長期をモデルにして考えるわけですね。それはあながち間違いではないのですが、まだ一つ目の軸、一つ目の変化にすぎません。

もう一つは七〇年代の、正確に言うのはむずかしいのですが、モデルとして立てるために、あえて一九七三年からと申しあげます。七三年からの大きな文化変動、これをもう一つの軸と考えています。この時期の文化変動については一般的になっていないので、後でご説明しようと思います。

この二つの軸に加えるとしたら、九七、八年からの変化です。この変化は、経済的・社会的には非常にはっきり見えているのですが、文化的には必ずしも明瞭に現れていません。しかし、もう少し経つと九七、八年以降の変化が三番目の軸として、はっきりしてくると思います。そういう軸をおいて子どもたちの文化変容を考えています。

高度成長期における振り子型成長構造

高度成長期については説明するまでもありませんが、そうした時期の区切り方と、子どもが大人になっていくプロセス、社会学上でいうソーシャライゼーション、社会化とをかかわらせて考えた場合、高度成長期までの成長環境、成育環境のあり方を、私は振り子型の成長構造と考えています。振り子型とは、家庭・地域と学校とを往復しながら成長していく。成育環境の土台として家庭と学校の二領域があって、両者を振り子のように往復しながら大きくなっていく形です。振り子型の成長構造を前提として考えた場合、不登校のような現象を、どこに問題があるのかと考えるときに、家庭に問題があるのか、学校に問題があるのか、という二分法の問題把握になる。これは高度成長期までの成長環境のつかみ方と考えています。

トライアングル型成長構造

これに対して一九七〇年代、つまり七三年以降の新しい文化変動の結果、この成育環境が基本的に変わった。私は、もう一つ消費文化という軸が加わることによって、成長構造がトライアングル型に変化するという押さえ方をしています。トライアングル型というのは、家庭と学校と消費文化という三つの領域を巡りながら社会化を遂げていくという意味です。

あえて申し上げますが、消費文化も成長を遂げるうえで不可欠の領域となります。家庭は当然そうだろうし、近代社会では、学校は制度的・社会的に確立された、子どもが社会化を遂げていくための主要な機関であるから当然これも土台であることがわかる。トライアングルになるとはどういうことかというと、それにもう一つ、消費文化が土台として加わる。ここが大人のイメージとは違うわけで、トライアングル型の構造を生きる子どもにとって、消費文化世界は自分の成長のためにはなくてはならない環境になるということです。親がどう言おうと、学校がどう言おうと、これが土台となっていく。つまり、子どもは消費文化の中で成長するし、しなければならない。こういう課題が新しく加わります。

データにみる七〇年代

この段階の文化的な特質である新しい消費文化のイメージをもっていただくために、七〇年代にどういう変化が起こったのか少し申し上げたいと思います。

たとえば、誰でも知っている「マクドナルド」というファストフードショップがあります。一九七一年に銀座の松屋前に一号店ができ、二号店がたしか国立にできました。その後、郊外に進出していくわけですが、七〇年代末には、マクドナルドに毎日出入りをする客が大体一〇〇〇人に達します。つまり一つマックのお店ができると、そこに毎日一〇〇〇人ぐらいが出入りする状態ができるのですね。現在では、コンビニもほぼ同じです。八〇年代にコンビニが伸びてきますが、お店が一店できるとそこに九〇〇人から一〇〇〇人出入りするのが、平均的な姿です。七〇年代には、千葉の流山市、八千代市、埼玉の入間市、狭山市、春日部市など、人口が激増していく近郊都市が出現しました。そういうところにも次々とファストフードショップが出店していく。八王子や相模原、町田は、七〇年代から八〇年代にかけて、県庁所在地に匹敵する人口規模の都市に成長しました。それら郊外ターミナル都市では、ファストフードショップも七つ八つと出店する。七つのファストフードショップがある駅の周辺にできると、そこに出入りする人たちは七〜八〇〇〇人になります。渋谷、新宿ではどうかといいますと、数万人の一〇代・二〇代の若者が、毎日ファストフードショップやコンビニに出入りする。膨大な人の移動、集まる空間ができるわけです。学校だけが毎日必ず多数の子どもが集まってくる社会的な空間であった状況から、そことは独立して、自律的に毎日新宿や渋谷などのターミナルでは数万人の若者が集まるようになったのです。

そういう巨大な文化装置が、私たちがそうとは気付かない間に七〇年代に形成されてきた。巨大な文化装置やメディアといいますと、テレビぐらいしか思いつかないのですが、『ジャンプ』『マガジン』『サンデー』『チャンピオン』主要少年漫画四誌を合わせますと、最盛期には、一五〇〇万部というオーダー。つまり男の子はみんな少年漫画週刊誌を読んでいるのは当たり前。学校の教科書と同じくらいに浸透していることになります。これほどではなくても、ＣＤにしても、ゲームソフトにしてもこうしたものは数百万部のオーダーで出て行くという状態が生まれてくるのです。

七〇年代半ばにこういう変化が生じていても、巨大な文化変動だと、私たちは意識することはできませんでした。少なくとも私自身はそういう風にみることができなかった。オウム真理教事件が起きたときに初めて衝撃を受けて、七〇年代の終わりに何が起きていたのか、そこから少し勉強し始めたくらいです。今までの研究を見ましても、高度成長期と七〇年代の社会的文化的変動を、全部一緒にしてとらえている。私は、そこは区分しなければいけないと考えています。七〇年代半ばに新しく出てきたこの変化によって成長のトライアングル構造が成立した結果、高度成長期に匹敵するような、子どもたちの大きな変化がいろんな格好で現れてきたと考えております。

2　現代の若者疎外——社会的縁辺化

次に、現状の問題です。九〇年代を通じて、そうした、企業社会、消費文化世界の中で育ってきた子どもたちが、もう一度文化変動にさらされる段階がやってくる。私は社会的縁辺化と呼んでおりますが、現代の若い人たちが、社会から徹底的に疎外されていく状況が九七年以降現れてきた。

みやすいのは就職です。高校を卒業して就職したい人が、就職口がないという問題。地域的な差がありますが、たとえば沖縄や北海道は、就職率はだいたい三〇%・四〇%に満たない状況です。商業高校は一九九〇年の段階で、全国でだいたい七五%が就職できたのですが、九〇年代末になると、商業高校を出ても就職できるのはざっと五割です。商業高校というのは、職を得るために入る学校であるはずなのに、そこでさえも二人に一人。さらに、高卒で就職できても、三年以内に三人に二人は最初の職を辞めています。大学卒の場合にも、三人に一人は三年以内に最初勤めたところを辞めます。現状での就職の仕方、働き方をみると、それは少しも不思議ではない。一九歳~二五歳までの青少年のうち、アルバイトやフリーターで働いている人は、男子がだいたい五人に一人、女子は四人に一人ですから、もう普通の働き方なのですね。七〇年代に確立した企業社会の常識は、大学を出たら会社に就職をする。それは大体フルタイムでした。今やこういう常識、標準は急激に崩れつつある。高校生、中学生は、これまでの常識が通用しないことをはっきりわかっている。

その結果、特に高校では在学動機の著しい衰弱が起きていると推測されます。高校の先生は、今まではとにかく高校を出るまでは何とかがんばった方がいい、高卒の資格だけはとっておいた方がいいと、ある程度は言えた。けれども、今は高校を出て高卒の資格をとったから就職できるのかと問い返されたら、大丈夫だよと教師の方も言えない。だったら、勉強好きじゃないのに何のために高校にいるのか、そう疑問に思っても不思議ではない。

親の世代と様変わりの意識

意識の方からみますと、こうした、将来、社会へ出て行く道が今までよりも狭くなっている現実を再認する意識状況が、九〇年代末の意識調査で出ている。いくつか例をあげますと、たとえば九八年・九九年に日韓文化交流基金で行った、中高校生の日本と韓国の比較意識調査があります。将来結婚して、幸福な家庭を築けるとか、好きな人と結婚できるとか、そういう将来像についての設問がありま す。韓国の中高校生ではおよそ八五〜八六％の人が「そう思う」と答えている。日本では、中学校の男子が一番低くて、将来幸福な家庭を築けるとか、好きな人と結婚できるとかは過半数を割りました。

だから家庭科で、結婚や家庭を教わっても、将来自分がしそうもないことを何で教わらなきゃいけないのだ、と考えても不思議ではない。結婚像とか家庭像の変化とも関係しますが、一番大きいのは九〇年代後半に自分の将来の展望を考えた時、親の世代とは違った意識にならざるを得ない。こういう現実が、各種の意識調査からはっきりとみえます。

もう一つ公文子ども研究所の調査で、家族の一員だと感じたことがあるか、という設問に「ほとんど感じたことがない」、あるいは「あまり感じたことがない」という回答は、小学校高学年が二〇％、中学生では三割近くです。日本社会の一員だと感じたことがあるというのはずっと少なくなって、八割を越える子どもが、社会の一員だと感じたことがない。社会の一員だと感じたことのない子どもに、あなたたちは社会に出たらこんなことを考えなきゃいけないと、どうしていえるのか。子どもたちが社会の一員として、経済的、政治的に日本社会の中に位置づけられていない現実をよく反映する結果でしょう。

しかし他方、文化環境でいいますと、私たち大人の世代ができなかったことで子どもたちができるようになったことはたくさんある。換言すると、政治的、経済的にはきわめて無力であるが、消費文化の中では、子どもたちの方が大人より知識・情報をもっている。社会的ポジションと文化的それとのはなはだしいギャップの中で生きているわけです。

わかりやすいのは、携帯メールの世界だと思います。二〇〇二年の調査で、農村部の高校生の携帯電話所持率はだいたい七〇％に達しております。東京圏、大阪圏の都市部では八割を超えている。端的に言えば、皆持っているということですね。中野区の調査では、中学校二年生女子の場合、日常メールのやりとりをするのは、五〇％を超えました。おそらくいつ携帯を持たせるか、中学校二、三年生から、高校に入るまでの間、高校一年生の春休みあたりに家庭内バトルがおきているはずです。子どもの言い分では、「皆持っている」というわけです。

中高校生の間にそうした文化装置が浸透していく。これは装置の話なのですが、こうした文化環境は子どものコミュニケーション様式を変えていきますし、子どもの成長様式も変わっていかざるを得ません。

「おとなと子どもの関係」の変容

高校生、場合によっては中学生を含めて、私たちが成長とか発達とか性に関する問題をどう考えるかというときに、こうした文化的な環境と現実を前提に考えることができるかが、問われることになります。社会的、政治的には疎外された状態にありながら、同時に文化的には大人の世代が経験しなかった新しい装置の中で、しかも大人の世代よりももっと早く、人間関係の中でさまざまなことを経験する状況があるわけで、したがって、大人と子どもの関係は当然変わらざるを得ない。この変化を、大人と子ども関係の対比図式が動揺にさらされているというふうに押さえておきたいと思います。

教育史をやられる方には常識ですが、大人と子どもの関係は、あらかじめ固定的なものではなくて、歴史的にさまざまな形で変容していく。しかも大人、子どもというそれぞれの概念に込められる意味も、歴史的には変化していく。今、この関係が変容して、この対比自体が動揺にさらされていることをつかんでおく必要があると思います。成長と発達という概念が線的に大人と子どもをつないでいく、そういう成長のイメージが、二〇世紀前後以降確立されてきたわけですが、その線的な関係の基礎にある大人・子どもの対比自体を問い直すべき事態が起きているように思います。

どうしてこういうことが起きたのかについて、ジェイムズ・コートという研究者が、「消費社会化の影響で、成長というものの中身、成長のプロセスそのものが変容せざるを得ない」ということを述べています。これは私も同意見です。つまり、成長の像が変わってきてしまっている。私たちが持っている学校段階での区切り方、中学生、高校生、大学生、専門学校生……といった段階で成長を区切ったり、何歳ということでもっているイメージと、たとえば『フルーツ』などの雑誌に出てくる若者たちの姿はおよそかけ離れている。新しい成長環境の下では、幼稚とか早熟とかいう私たちの概念自体を組み替えていかなければ、成長の問題を考えていくことができないのです。

3　消費文化の世界がつくりだすもの

消費文化世界という軸が加わることで、成長のプロセス自体を考え直していかなければならない。消費文化世界が軸に加わることで、特に文化の中身の問題をふまえた成長の形、そこで一人ひとりが自分を表わしたり、他の人と結びついたりする形がどんな風に変化したかをお話ししたいと思います。

小学校高学年になりますとファッションを気にかけ始めます。私は〝消費文化デビュー〟と呼んでいますが、小学校五、六年生から消費文化のいわば「基礎教養」を身につけなければやっていけない状況が始まります。親も学校もそういう「教養」は教えられません。大人は、はっきりいうと無知なのですね。そういう文化世界に、小学校五年生頃から入っていくことになる。大人は無知だってかまわないという立場もあります。

しかし問題は、歴史上、「教育する者は知識があり、教育される者は知識がない」という状態で文化継承が成り立っていた世界が、消費文化社会の軸が加わったことにより、この領域の中で知と無知の逆転が起こったということ。この領域では無知だという前提を抱えて、ある所には無知な人間が、より知識をもっている人間にどうやって文化をつたえるかという、面白い課題が歴史上生じている。これは面白いととらえた方がいい。私たちは無知でよくて、あなたたちも無知でかまわないのだというのは、トライアングル構造の一つはなくていいのだと非常に乱暴に切り捨てる話です。

そうした消費文化の内側で、文化行動がどのように行われ、どんな困難があるかを、私たちは少なくとも、想像力をもって考えてみる必要があると思います。誤解されやすいので言っておきますが、青少年文化、子ども文化というと、あたかも子どもや青少年が一体のものと考えられるわけです。これは大変な間違いで、特に八〇年代と九〇年代半ば以降とでは大きく違っていると考えた方がいいと思います。

共通文化の層とサブカルチャーの層

七〇年代の構造を話したときに、皆が『少年ジャンプ』を読んでいると言いました。これは共通文化の層だといえるでしょう。サブカルチャーという言葉もじつはおかしくて、若い人たちにとってサブカルチャーはサブではなくてメインなのですね。その中で生きているわけですから。ただ、そのメインも共通文化の層があります。私たちが認識できるのは、せいぜい共通文化の層だけです。共通文化の層にあったときに、ああ、今の若い子にはこういうものがはやっているのか、と判断するわけです。たとえば、浜崎あゆみの歌がはやっている。歌や名前はだれだって知っています。大学生の女子は『ＪＪ』と聞いただけで、どんなファッションでどんな傾向か、だいたいわかります。それは共通文化の層で、自分がそうするかは別としてそういう共通文化がある。

しかし、その共通文化の奥に、もっと豊富な、それこそサブカルチャーの層というものが存在しているわけですね。ここの所は、私たちはほとんどわからないといっていいと思います。「ブレンパワードがね」といきなりいわれても面食らうだけでしょう。「ＴＲＰＧにはまって」と言われてもそうです。「やおい」のような世界になりますと、とてももうわからない。これは大人と子どもの間だけではなくて、高校生同士、あるいは大学生同士、若い人同士でも同じなのですね。「ブレンパワード」の話を始めたときに、隣の高校生がわかるかと言ったら、まずわかりません。鳥肌実といわれたときに、話ができる人間には一挙にわかる世界がある。でも、基本的にはそういう世界でなければ通じない。だから「あゆちゃん」だとかそういう共通文化の層をクリアしておいた上で、その底にある、もっと個別に私はじつはこういうのが趣味なのだ、こういう世界をもっているのだという構造があるのではないかと思います。

中学生ぐらいから、当たり前のこととしてそういう世界に入っていく。そこで、コミュニケーションを含めて一緒にいる空間を成り立たせるための土台そのものが不安定になっている。その土台をどうやってつくるか、ここの所が非常にむずかしい。文化的にさまざまな環境が豊かになったとか、使えるものが増えた、むしろその結果として、そういうカッコ付きの多様で豊かな文化を背景にもった人たちが一緒に付き合って、一緒にいられるような「社会」そのものをどうやって成り立たせるかという問題が浮かび上がってくる。

4　コミュニケーションの土台にみる困難性

外見と内面

お互い一緒にいられてつながりがもてる空間を確保するために、お互いが地雷を踏まないように注意しなければならない。たとえば、相手に話題を向けるときに、よく、「ふる」という言い方をします。ゼミで学生に質問を投げかけた時に、「そんなこと私にふられても困る」というように使われる。「報告しているのだからこっちが質問するのは当たり前だ」といいたくなるのですが、そうではない。コミュニケーション世界の中で、あなたと私の関係が、その土台が成り立っているのかどうかがわからないときに、突然その中身の問題で、「そんな不躾なことを言うな」というのが、「私にそんなことふられても困る」という感じ方になるわけです。

お互いに、何を「ふれ」ばいいのかを了解しながら、手探りで共通の地盤のところをどのように成り立たせるか、ここに非常に大きな苦労なり、文化的な洗練が作り上げられているわけです。コミュニケーションの土台を成り立たせるために繊細に神経を働かせる。

その際、「コミュニケーションは中身の問題、人間の人格は中身が問題なので、この人はどういう人かというのは、外見やファッションで判断するようなものじゃない」という考え方は通用しません。人間を外見で判断するのじゃない、内面が大事なのだという説得は、消費文化社会の論理上では、そもそも成り立たない。「あなたは内面が大事なのだ」というのは、この場合きわめて乱暴です。「あなたの内面を本当に表現できるのはこんな格好じゃないでしょ」といえるのならまだいいです。「こんな格好なのよ」といって、その人が納得できるような提案ができればいいのですが、そうでなければ、「あなたは内面だけが大切なのよ」というのは、「俺に裸で出て行けというのか」と同じです。中学生に「ジャージで学校に行け」ということ、休日なのに「ジャージでいいから駅までお使いに行け」と言いつけることは、もうほとんど大人の暴力といっていい世界に入ると思います。お互いにそんなところを配慮しながら関係を作っていく。授業中の教師の発言で最悪な例は、「ここがテストに出る」というものですが、「これはあなたにとって将来大切なのよ」と、要するにこれは中身のことをいっているわけです。中身を、しかも本人にとっては本当に大切かどうかわからないことを、「あなたにとって一番大切なのよ、だからちゃんと聞きなさい、ちゃんと覚えておくのよ」というのは、質感のガサガサした、粗暴きわまりない中身の提示の仕方です。

パフォーマンスとネタ文化

このように、何かをつたえるということはつねにパフォーマンスとしての性格をもっていることになります。たとえば、子どもたちが書いた作文を、すべて内面の吐露である、ああ、とてもよく気持ちが書けていると評価していたものが、じつはネタかもしれない、と思った瞬間に全部こちらの見方が変わってしまう。ネタがいけないということではないのですが、ネタかもしれない、ネタだと思って見ていく、パフォーマンスとして見ていくのと、内容がつたえられていると思って見ていくのとでは違う。

文化をつたえる行為がパフォーマンスとしての性格をもっている。自己表現がパフォーマンスの性格をもたざるを得ないというのは、現代日本の文化世界に特徴的な質ということができそうです。これは学校文化の世界にも確実に及んでいる。シャットアウトのしようがない。いや、ひょっとするとずっと前から子どもたちは作文とか絵とかさまざまな自己表現といわれるものの中で、こうしたネタを展開してきた可能性があると私は思います。それを、ネタの部分の読み取りを欠落させたままで、「とてもよく書けているじゃない、もう少しどうにかしたら」と受けとってきたとすると、相当恐ろしい誤解が存在していたことになる。

だからといって、大人もパフォーマンスでいけばいいとはいいたくないわけですね。相手のネタにはこちらもいいネタで勝負する。そうなるとパフォーマンス合戦になって、教室もなんだかよくわからない世界になってきます。

浜崎あゆみの歌もそうですが、そういうパフォーマンスは、その演技的形式の中でなお届く自分の思いのリアリティーとか、思いの強さとかを問題にしています。少女小説などを見ますと、あきらかにそういう構造をもっていると思いますので、単純な演技ではない。面白ければいいとか、相手につたえるために面白おかしくやろうというのではなくて、そのパフォーマンスという世界をくぐり抜けて、なおかつ相手に届くもの、あるいは思いの強さというものをどういう仕方で、形づくっていったらよいのか、非常に苦労している。そこを認めておかなければ、と思います。

内面の変化と自己表現

これと関連して、内面の問題、先ほど人格の問題といいましたが、自分の行動、自分の内面の吐露がパフォーマンスであるとすれば、内面自身も変化せざるを得ないですね。最近の言葉では、内面はキャラ、キャラクターといわれています。「キャラを立てる」という言葉はなかなか面白い言葉です。自分の表現とはつねにキャラクターの表現なのですから、キャラクター表現と自己形成は切り離せない。だから、自己形成という課題をこちらがもう一度つかみなおさなくてはなりません。

言いかえると、成長というよりも〝変身〟という形に近い成長の姿が、こういう世界の中では考えられている。ですから、たとえばしっかりと成長したかどうかを、教師は内面を測ると言いますが、でも私が今朝髪を切ってきたことには何もいってくれないじゃないか。内面が大切だとか、成長が大事だとかいっても、私が髪を切って来たのに何もいってくれない、それではまずいというわけです。髪を切ることが内面とは全然関係ない世界で育ってきて、そういう文化で育ってきた大人は、内面と外観の関係がそのように変化してしまった世界をなかなか想像できない。それはあくまでも成長がどういう形で行われているかという違いです。したがって、新しい文化環境の下で育ってきた人と、たとえば私のような人間が、お互いに一緒にいられるためには、お互いの文化を接触させる、異文化を接触させる新しい枠組みが必要になるでしょう。教育というのはそういう意味でいうと、大人の世代の文化を下の世代につたえるという図式で基本的にはつかまえられてきましたけれど、成長のトライアングル構造を前提にしますと、異なる文化がどういうふうに接触することによって一緒にいられる世界が作られるか、こういう問題だと言いかえてもいいと思います。

異文化接触としての文化継承――「いる」という土台――

かりに、文化の継承を異文化接触と考えた場合、一番肝心な土台のところは何なのか。異文化を抱えた人間が〝一緒にいられること〟ですね。そうすると、一緒にいられるためにはどうするか考えなければなりません。黙って一緒に座っていられるかという問題です。一緒にいられるための文化をどう作るかという課題を考えざるを得ないと思います。一緒にいることを土台にしながら、私たちがつたえたい、つたえなければならないと考えることがらを、介入し触発することによってつたえる。こういう行為が必要になると思います。

これは、学校での教科以前の、ごく基本的な聞くこと、話すこと、黙っていること。黙っている人を見て自分が何を話すか、あるいはお互い黙ってそこに一緒に座るか、そういう関係のあり方を考えるということです。話すこと、聞くことは、基礎的な教育といわれてきたリテラシーよりもっと基本にある、人間が人間として、ともにそこにいて生きるための条件だと思います。その条件を文化的にきちっと獲得するという新たな課題がいま出現しているのではないでしょうか。

家庭科は、子どもたちの現にある生活ともちろん深くかかわっている教科でしょう。生活と考えると、「生活実感」とか「生活にもとづいて」と言いがちですが、現代では生活自体がパフォーマンスになっている。こういう中で、生活の内側からパフォーマンスをくぐり抜けて、お互いが一緒に生活する条件を作り出していく。そして、それが魅力的なことだと思えるような文化を学校の中でどうやって作るか、それこそが課題だと思います。消費文化の世界は、そういうことまで配慮してくれません。

内側から一緒にいられる文化をどうやって作るのか、教科を超えて学校文化の新しい課題として考えていく時代がやってきたと思うのです。

第2話　新人類以降

現代とはいつを指すのか問題なんですけれども、現代の若い世代と言うときの「若者」とはだれのことかもはっきりさせたいと思いますが、青少年層の意識や彼らが現代生きている文化の特質を少しお話ししてみたいと思います。

1　「続発」する青少年事件とは

青少年問題としてのオウム真理教事件

私が青少年層の文化を考えるきっかけとして大きかったのは、オウム真理教事件の衝撃です。オウムの事件は、もちろん青少年問題ではないんですが、ただ、あの事件は青少年問題として見ても大きなといいますか、九〇年代以降の多くの青少年事件で出てきている問題がほぼその中にふくまれていたというくらいにいろんな問題をふくんでいたと思います。

オウム真理教の信者集団の中核は「新人類」といわれる世代ですが、オウム真理教の信者たちの世界観は、七〇年代半ば以降のサブカルチャーといわれる領域で中心的に形成されてきた。社会、世の中についての見方が、言ってみれば大人たちの知らない文化を通じて培われてきたという世界観形成にかかわる問題があります。

もう一つ、オウムの一連の事件を通じて浮き彫りにされた独特の暴力性といいますか、結局、信者以外の人間を人間存在としてそもそも見ないでいられる。「ポア」しても意識の上ではそのことのリアリティや意味に全然気づかない、無自覚でいられる。考えてみるとすさまじい暴力性なんですが、本人たちからするとそれほど暴力的であるとか、他者を抹殺してかまわないと感じてしまえることのきわめて深刻な病理性を自覚できない。そういう暴力性の問題。

それから、オウムの組織は、普通私たちが考えている社会組織と同様に考えると、どうもうまく理解できないところがある。今はカルト的になっているんで、周りからつまはじきされるのであまり近づかないんですが、事件が起きた当初は、その事件が起きたことでオウムのほうにどんどん行ったわけですね。おもしろいと行った人たちがいますし、それから、オウムに入ってきますと、統一教会のような隔離の仕方、出家しちゃうとそういう問題が出てきますが、そういう隔離の仕方ではなくて、別に来たければ来てもいいし、来たくなければそのままずっと離れちゃっても平気だと。最初のレベルでは、そういうサークル感覚で集まっている部分があるわけです。

ある意味では粗雑な組織なんだけれども、同時にその粗雑な組織があれだけの暴力をふくんだ反社会的な犯罪を引き起こす。そうした組織というものの不思議さ、こういったことも特徴的なわけです。そこには、若い人たちが一緒に集まっていくときの集まり方のスタイルとか、そこでのルールとか感覚というものが如実にあらわれていると思います。

オウム真理教事件にはらまれたそれらの特徴的要素を手がかりに九〇年代以降の青少年事件を見ていくと、大人から見ると普通の意味では理解できない世界が出現していることに気づきます。

変わってしまった文化と成長の「普通」

端的に言うと理解できないことのいちばん大きな原因は、今の若い人たちの日常文化と成長の「普通」ですね。普通に育つという場合の「普通」が、私たちが――私たちというのは年齢にもよるんですが――イメージしている「普通」とは、もう違ってしまった、それが原因ではないのか。

「普通」の変化を示す数々の証拠があるわけですが、育ち方の「普通」が変わっちゃったということですね。たとえば外面的なことで言いますと、男子高校生の六割は鼻パックの使用経験を持っています。ここにいる方の多くは、鼻パックなんて使ったことないと思いますが、女性のお化粧用と考えられてきた鼻パックですね。男子高校生の三分の一は、女子高校生とまったく同じお肌の手入れ意識を持っていると推測できます。鼻パックから脂取り紙から、そういう意味では女子高校生とまったく同じレベルのお肌の手入れをしているわけですね。大体三人に一人はそうで、今はもうちょっと多いかもしれない。

私が高校生のときに肌の手入れをするとか、あるいは薄く化粧をするとか、そういうことを想像したことすらないんですが、もう今は逆なんで、そういうことを考えない人間は、高校生というか人間としては、ほぼ失格に近いといいますか、裸で出て行くのと同じだという感覚なんですね。これは外見的なことにすぎないと言われるかもしれませんが、外見も重要な意味を持っているんで、「外見にすぎない」とか「格好なんかどうでもいいじゃないか」と言った途端にもう越えがたい断絶が出てくる。ともかく外見の問題ひとつ取ってみても「普通」が変わってしまっている。後でそれぞれの「普通」の変わり方といいますか、それがどのくらい深いところまですすんでいるか見ていきたいと思います。

「普通」が変わるということの中には、他人のとらえ方とか、外部に見えているリアルなものとかリアリティーとか自然とか、こういうもののつかまえ方の変容もふくまれています。

たとえば印象的なのは、全日空機のハイジャック事件で、ハイジャックしたのは二〇歳代の青年だったですね。ハイジャックする前に、いかに羽田のセキュリティーが弱いかを何遍か手紙で書いて詳細に説明しているのに、航空会社も空港も言うことを聞かないんで、実際にそれをやってみせる。ついでにシミュレーションでずっと飛行機の操縦をやっているので、おれでも操縦できると、どうもそういう感覚でハイジャックしてしまった。彼にとっては、現実というものが私たちが見ているものとは少し違うふうに見えているのではないか。そういう問題は、事件をめぐる裁判では、個人が病理的に異常であるのかどうかというレベルで判断しちゃうんですが、もうちょっとすそ野は広い、その一人の人間だけを見ていってはちょっとわからない。

そういう数々の「普通」が変わった証拠がありますが、青少年事件の統計的な件数では、劇的な変化はないんですね。ただ、最近ではメディアに大きく報道される青少年事件が多くて、しかも殺人事件が低年齢化しているという印象が強められています。神戸の事件、栃木・黒磯中のバタフライナイフの事件も中学生だったですし、援助交際も九〇年代前半には、高校生の問題として扱われたんですが、九〇年代半ばごろには、女子中学生の年代にまでそれが下りてきて、そして高校生と中学生では、中学生のほうが値段が高いという、変な事態が起きている。現代では、恐らく一〇歳前後のところから殺人事件が可能だというレベルまできていると思います。アメリカ社会と違って銃が家庭内に普通に存在するというところまできてはいませんので、まだその点での障壁はあるんですが、感覚といいますか意識のレベル、文化のレベルでは、思春期に入ったときから社会的に衝撃を引き起こすような事件が起きる可能性がある。

そこだけ見ていくと、後で言いますけど、ずいぶん早くから大人と同じになってしまう早熟現象が大人たちには気になります。そこをとらえて厳罰主義の政治家たちが、少年法を改悪して適用年齢を下のほうに持っていこうとしているわけですが、それは論外として、現象としては殺人のような事件が大体思春期に入ったところから出てくることは事実であった。七〇年代までは、小学生で問題になったのは自殺だったのですが、自殺だけではなくて対人関係の部分でも、通常大人の中で問題になるような事件が出てきています。

性関係で言いますと、中学生から小学生の妊娠問題ですね。これはまだ日本では本格的に出現しているとは言えません。イギリスで現在重大視されているのは、中学生の女子の妊娠数がヨーロッパで一番多い、そういう問題です。何としても食いとめるんだとトニー・ブレアがさかんに言っていることです。日本ではそう表面化していないかもしれないが、性意識という点では多分に変化している可能性があります。

学校外へ

もう一つ、高度成長期までは、子どもの問題は学校か家庭の話だったのですが、九〇年代ははっきり出てきたのは、青少年の行動が、大人との関係で対大人事件として学校外に流出していく事態です。こういう言葉はあまり使いたくないんですけど「オヤジ狩り」という言葉もありますし、ひったくりですね。最近、東京の足立区で「ひったくりマップ」というものが配布されたそうですが、ひったくられるのは高齢者が圧倒的に多い。「オヤジ狩り」の対象は三〇代ぐらいのサラリーマンまで広がっているようです。そういう事件が相当数起きていて、ひったくりは史上最高を更新しています。一万三〇〇〇件ぐらいですか。東京圏とくらべると関西圏が二倍です。

多分五〇代の人は恐らくそういう危機意識はほとんどないと思いますので、仕事が終わってからも一杯飲んでほろ酔いかげんで帰るのに何の危険も不思議も感じないのが普通だと思います。しかし、三〇代ぐらいのサラリーマンですと、その点はかなり意識していて、催涙スプレーなど護身用具を持っているサラリーマンは、二〇代、三〇代ではたくさんいるはずです。常識に類するといってもいいくらい。そういう点でも「普通」の変化がすすんでいる。犯罪のレベルだけ見るというより、日常行動や日常意識の部分で大きな変化が生じていると思うのです。

「やおい少女」

もう一つ、これも想像を絶する世界だと思うんですが、「やおい少女」の世界のことをお話ししたい。「やおい」とは、男同士の恋愛と性関係を主題にした小説やマンガのジャンルおよびそれを専門に書く若い女性たちのことを言います。最近の本屋さんを見ると、「やおい」は耽美小説というコーナーにあって、本のカバーで言うと薄紫のようなカバーで、私が本屋で見ていると、どう考えても変態の中年おじさんになってしまうんですが、「やおい」を書く人たちは二〇代、三〇代までの女性です。一〇代の少女たちもたくさんいます。完全に男同士の性関係、恋愛関係を主題にしたマンガと小説で、全国で読者層は数十万人いるでしょう。少なくとも二〇万人、三〇万人の読者層があるわけですね。作者・読者すべてが女性たちという独特の世界がある。

これは日本にしかない。英語でクイア・カルチャーというゲイ文化ともちがいます。「やおい」はクイア・カルチャーではなくて、英語で言いようがない、いまのところ日本の社会にしかない独特の文化です。宝塚とも全然違います。若い女性、少女たちが書き手、そして読み手になって、自分たちの世界をつくっている。しかし、日本の若い人たちのあいだではそれほど不思議ではない文化になっているわけです。

そういういろんな現象を見ていきますと、要するに成長の「普通」、日常文化の中の「普通」というものの中身が、この間、ざっと二十数年間の間に変わってきたことがわかるわけです。

2　つかめていない若者文化

若者が怖い

大人がその文化に出会うときに、その意味をうまくつかむことができない。「ユースフォビア」とは青年恐怖症という意味で、私が造語した言葉です。若者が何考えているかわからないので怖い、不気味だ、そういう怖い人間がウロウロしているのは困るので何とかしたいと、たしかな根拠もなくパニックに陥る状況を指しています。そんな恐怖心が厳罰政策につながっていく、そういう問題があるわけです。

怖い、わからないということなんですが、バタフライナイフのような事件が起きると必ず続けて同様の事件が報道されます。どうしてかちょっと不思議ですが、続発するわけですね。

いったん衝撃的な事件が起きるとマスコミは同様の事件に目を配りますから、当然、探せば何かあることはまちがいない。というのは、子ども同士の恐喝事件は、いちいち報道にならないほどありふれているからです。小学校の高学年になると、中学生の子たちとか上の子たちの脅しや恐喝からどうやって身を守るかは、自分たちの日常文化の一部として都市圏ならみんな考えていることなので、そこでナイフが登場するのは全然珍しくないんですね。それを見つけてくれれば報道対象になるということはあるんですが、ただ、それだけでは済まない問題があります。

九八年の小中高校生の自殺は、例年とくらべると特異的に高いんですね。同じことが一九八六年に起きている。小中高校生の自殺は例年一五〇件程度くらいなんですが、一九八六年だけは二六八件の自殺、一九九八年は一九二件です。一九八六年は、岡田有希子というアイドル歌手が自殺した年で、彼女が自殺した後、二カ月間の間に全国でざっと五〇件の後追い自殺があったといわれています。九八年は、Xジャパンのヒデの自殺があった。若い人に人気のあるそういった存在の自殺者が出てくると典型的にあらわれるわけですし、バタフライナイフを使うということもそうなんですが、それらの事件が社会に注目され大きく扱われて報道されると、その事件にさいして注目され焦点化される対象というかことがらが、あたかも自分たちの矛盾や軋轢を解決する文化的な出口のように受け取られる。そこでどうしても事件が続発するというメカニズムがあるように思います。

これはメディアにとっては悩ましい問題で、報道しないわけにはいかないと思うんですが、ただ、報道というのは、神戸の児童連続殺傷事件も典型的ですが、現在ではメディアの報道も事件の一部になっていく、メディアを組み込んで若い人たちの日常文化がつくられている。だから一挙に広がるという構図が出てくるわけです。

若い世代の日常文化における「普通」の変容は、事件として突出して出てきたり、風俗的流行としてとり上げられた部分だけが大人の目に入ります。「３２６」だの「エヴァ」だの、こんなに人気が出ているぞ、ととり上げられて、「ああそうか」「なんで」などと反応するわけです。しかし、「ぼくたま」や「渋谷系」、あるいは「セクシーコマンド」「藤崎詩織」といった世界にはまず触れ合うことはないでしょう。消費文化の浸透は、大人たちの知らない、そうした数千のトピックからなる青少年文化をつくり出しました。大人の世界について若い世代が無知であるのと同じように、若い人たちが生きている日常的な世界について大人はほとんど知らないといってもいい。ただ、若い人同士の中でもお互いにまったく知らない世界がありますので、若い人同士でも横にうまくつながれないという問題も同時に出現するのですが。

世界に類例をみない世代間ギャップ

どうしてこういう状況が生じたかというと、要するにここ二十数年間の社会・文化変動の結果、世代間ギャップが歴史上かつてないほど深くなっているからです。ギャップの深さが類例をみないほど深いという点もやはり日本社会に特徴的だと思います。お隣の韓国社会はいろんな意味で日本の社会と近いんですが、それ以外のどこの国を見てもこれだけギャップが大きいところはない。

最近、イギリスへ行って一番大きく感じたのは、日本の社会とくらべると、若者と大人たちの具体的に生活している世界がかなり重なっているということです。たとえばスーパーで買い物をするのは、二〇代の若者男女であろうが大人であろうが同じですし、大人が生きて行動している世界と若者たちが生きて行動している世界・文化圏が基本的には重なっているんですよね。若者たちだけが自律的に自分の世界をつくっているのは、イギリスで言いますとクラブですね。クラブカルチャーは青少年中心の世界だと思います。夜中の二時、三時まで踊り明かす。一〇代から二〇代の人たちが行くんで、しばしばそこには危険があるんですが、そのくらいですね。

テレビで言いますとイギリスで一番人気のある番組は、一〇代の少女でも五〇代の女性でも同じなんです。「イーストエンダー」のような連続ドラマが数十年間えんえんと続いています。男子で言いますと大人の男も一〇代、小学生の少年もサッカーが一番、土曜の夜一〇時ぐらいからやるサッカー番組ですね。名古屋グランパスエイトにいたリネカーがキャスターで出ています。それが男のほうの視聴率で見ますとトップです。

ところが日本の社会は、若い人たちの文化と、年上の人の文化が、歴然と分かれていく。この分かれ方は、ほかの社会から見ると異様なほどなのです。

３　歴史的背景から考える

高度成長期と低成長期

何でこういうふうになったのか歴史的な背景から考えたいと思います。

人が大人になる過程について、普通、一〇歳前後のところで思春期を迎え、高卒や大卒で就職し社会に出て一人前になるといったステップを想定してきました。子どもから大人になる社会化のプロセスがあり、この時期を「思春期」と呼んできました。この社会化の過程でどういう文化が影響を与え、どのような社会化の様式がつくられているのか、その点に焦点を当てて、社会化様式の変化がどういうふうに生じているのかと考えてみると、戦後日本社会には、大きな変動期が二つあったと私は思っています。

一つは言うまでもなく、高度成長期です。団塊の世代は、高度成長期にちょうど小学生から中学校、高校と進んでいった、高度成長期に思春期を経て大人になった最初の世代です。高度成長期はだれしも認める大きな社会変化の時期だったんですが、ところがもう一つ、石油ショックから後の低成長期の社会・文化変動については、ほとんどだれも指摘してこなかったのです。オウム真理教事件があってそれで考え直してみたんですが、一九七〇年代、石油ショック以降、一九七〇年代初頭から一九八〇年代にかけて、文化的にきわめて大きな変化が起きている。それを私は「企業社会―消費社会」という類型で特徴づけたいと思います。「高度成長期」と「企業社会―消費社会」という二つの時期を大きなステップにして、その前後に新しい段階がくる、そんな考え方でステップを区分しています。

高度成長期まではどうだったのかについてはここでは触れません。高度成長期の段階を私は「日本型大衆社会類型」と呼んでいますが、出生数で見ていきますと、一九五〇年生まれまでふくめると団塊の世代がざっと一〇〇〇万人近くいる。それから一九五〇年代前半ぐらいもふくめると、その人たちは基本的に高度成長期に子どもから大人になっていった世代です。私自身が鮮やかに思い出しますが、小学生のときには歌謡曲を歌っていたんですね。「別れの一本杉」とか「お富さん」とか、今はもう死語に等しいものを歌っていたんですが、中学生になると、一九六四年にビートルズが来日して、突然ビートルズに変わっていくわけです。無節操と言いたくなるような劇的な変化ですが、団塊の世代とそれよりちょっと下の世代は、そういうふうにして文化的に変わっていきます。

この下の世代は名前がついていません。六〇年代終わりごろから七〇年代初めにシラケ世代と言われております。三無主義世代という言葉もあって、無気力とか無関心とかあまりよい特徴づけを与えられていません。数の多い上の団塊の世代にいつも頭を抑えられていて、世代論ではつかまえられにくい層ですね。団塊の世代より前は六〇年安保世代ですから、生まれたのは戦争中の時期になるわけですが、大体日本型大衆社会である高度成長期に社会に出ていった人たち。高度成長期に育っているこれらの層は、七〇年代半ばから八〇年代にかけての「企業社会―消費社会」を成長してきた人たちの文化について自分たちと基本的に同質だととらえてしまうきらいが強い。

ところがこの「企業社会―消費社会」期に育った世代、おおよそ六〇年から六〇年代半ばまでに生まれてきた人たち。この人たちは、小学校三、四年生のときにインベーダーゲームを経験し、八〇年代初めにファミコンが出たときも多分真っ先にやった。東京ディズニーランド、TDLができたときも真っ先に行った人たちなんですね。世代の名前がついていて「新人類」と呼ばれています。

消費文化をはじめて思春期に体験した「新人類」

「新人類」とは、八三年から使われはじめ、その後『朝日ジャーナル』の連載記事から広まった言葉ですが、私がこの世代を区別しているのは、七〇年代半ばくらいから進んできた企業社会化と消費社会化という段階に初めて思春期を迎えた最初の世代で、そういう意味で文字どおり「新人類」と言っていい世代だと思うからです。

そういう意味で言いますと消費文化というものを日本の若い世代で初めて経験したのがこの世代です。もちろん高度成長期にだってテレビもマンガもあるんですが、それらは質的にみて「新人類」世代が経験した文化とは大きな隔たりがある。たとえば手塚治虫のマンガは、戦後すぐに大ブームになったといいますが、発行部数で大体五〇万部から六〇万部で大ヒットと言われたわけです。ところが「新人類」の人たちが消費している文化は、『少年ジャンプ』という週刊マンガ誌を例にとると、最盛期八〇年代後半には毎週六五〇万部刷っています。想像もできない数ですね。新聞じゃないかと思いたくなるくらいすさまじい数です。『週刊朝日』『サンデー毎日』とか新聞社系の週刊誌はざっと四〇万部前後といいますから、一〇倍以上です。少年マンガ週刊誌主要四誌を合わせるとざっと一五〇〇万部になります、毎週。今は減っていますが、八〇年代末にはざっと一五〇〇万部です。一五〇〇万部というのは、それを読み始める小学校三、四年生から二〇代すべての男子人口の総数とほぼ同じという数なんです。『少年ジャンプ』は四五〇ページくらいあるんですよ。七〇年代はもうちょっとページ数は薄いですけど、四〇〇ページ前後のマンガ雑誌を毎週読む。マンガ雑誌の厚さも世界では日本と韓国以外、類例がない、韓国にはほとんど同じ雑誌があるんですが、イギリスでコミック本屋を見てもそんな厚い雑誌は全然ない。ごく薄いもので、それが高いんです。それにくらべると日本はくらべものにならぬほど大きな市場規模を持っているのですが、そういう文化を初めて経験したのが「新人類」です。最初に言ったオウム真理教の信者集団の中核世代もこの人たちです。現在は、三五歳から四〇歳になろうとしている人たちです。

ここのところにじつは世代間の大きな区切りがある。よく親子ギャップと言いますが、親子ギャップではなくて、私が考えるところでは、一番大きな区切りは「新人類」の前と後だと言っていいと思います。だから三五歳～四〇歳のところへきているということは、今の日本のありとあらゆる職場の中にそういうギャップや区切りが存在していると私は思っています。

それを裏づける実例はいろいろあって、たとえば看護婦さんの世界では、四〇代後半から五〇代の主任看護婦さんとか婦長クラスの方と二〇代の看護婦さんとの間のコミュニケーション・ギャップがすさまじいと言われてインタビューされたこともあります。若い看護婦さんが何もしゃべらないので、どうしてそうなんでしょう、背景が知りたい、ということでした。職場内でのそうした世代間のギャップにせよ、保育園や学校に子どもを通わせている若い親御さんたちと年配の先生たちとの関係にせよ、いずれも、ちがいが生まれている背景には、七〇年代半ばを分水嶺にした成育環境、文化環境の変化が存在していると思います。

企業社会化、消費社会化が進んだ、その変化の時期に思春期を迎え消費文化を経験しているか、それともそれ以前の時期に成長したかというところで分かれている。両者の区分を最近の文化の実例でみると、たとえば、『エヴァンゲリオン』の中身が理解できるかどうかで大体区別がつきます。「エヴァ」がわかる人たちは「新人類」以降の若い人たち。わからない人はそれより上の人たちときれいに分かれます。

団塊ジュニアから少子化世代へ

「新人類」の後、どういう世代が出てくるかといいますと、一九七〇年前後生まれから始まって七〇年代半ばまで、全体としては一年間の出生数がどんどん減っていくわけですが、「団塊ジュニア」と呼ばれた人たちは、相対的に出生数の多い層です。団塊の世代の子どもたちなので当然多くなるんですが、彼らは「新人類」よりおくれて、八〇年代に思春期を過ごしてきた層だといっていい。九一年のバブルを挟んでバブルが終わるくらいまでの間に大人になりかけている、高卒だと就職している、こういう世代なんですね。ですから、「新人類」の人たちと団塊ジュニアの世代とは、そういう時代背景で見ると、経済大国といわれた八〇年代に思春期を過ごした、こういう世代なんです。

団塊ジュニアの世代は、バブルが崩れる前に思春期を経てバブル期が終わった社会で働くことになった人たちです。考えてみると不幸な世代かもしれません。企業社会の秩序を前提にした「豊かさ」を否応なく享受させられて育ちながら、大人になったときには社会のすがたがすっかり変わっていたわけですので。なかなか結婚しないで五〇代の親と同居している二〇代半ばの人たちで、フリーターとよばれる働き方の第一世代とみられます。社会学者の山田昌弘氏が「パラサイトシングル」と呼んでいる。その主力が団塊ジュニア世代なんです。「パラサイト」は親の世代に経済的に寄生しているという意味ですが、それはこの世代が好きこのんでそうしていることを意味していません。

その後、一九八九年の一・五七ショックを起点に、出生率の低下が大きく問題にされる時期が始まります。少子化時代の始まりだと言われます。出生率が低下したことは事実で、スペインやイギリスなど以前から出生率が低いところはありましたが、日本の場合には八九年から少子化時代が来るといわれました。

この間の七五年ぐらいから八三、四年というところでしょうか。ざっとこの一〇年ぐらいに生まれた人たちは、世代としては名前がないんです。成長期の特徴はどういうところにあるかというと、九一年にバブルが崩れ、バブルの前後を通じて思春期をすごす、社会に出ていく前に大人になる過程でバブルの前と後、両方経験している世代になるんですね。

九〇年代は、社会のシステム全体、企業社会の枠組み全体が大きく変動していく時期なので、たんに好況から不況に転換したという意味ではなく、社会の枠組みが変わっていく変わり目のところを大人になる過程で両方経験している世代です。名前はないんですが、ただ、「援助交際」であるとかルーズソックスであるとかジベタリアンであるとか、ジベタリアンというのは地面にそのまま座る、電車でときどき座っていますよね。ジベタリアンはいま大学二年生くらいまで上ってきましたけど。若者風俗として、そういう耳目を集める行動を大人たちに意識させたのは、この時期に生まれた人たちです。この世代は、団塊ジュニアの世代とくらべると、社会的な背景で言いますと二つの時期をまたがって自我形成しているという点にあきらかに特質があります。

その後の世代、九〇年前後から九五、六、七年と生まれている人たちですが、「少子化世代」といっていいと思うんですが、彼らはどうかといいますと、「経済大国」とその「金ぴか時代」であるバブル期を経験していません。思春期のときにはバブルは終わって就職もむずかしいというのが最初からはっきりしている、そういう環境を少年少女のときから生きている世代です。

親子ギャップのない世代

「少子化世代」と名づけた世代の大きな特徴は、親が「新人類」だということです。だから親子二代にわたって消費文化を経験している初めての世代が「新人類」と「少子化世代」のセットなんですね。「新人類─少子化世代」の親子には通念で言われるほどのギャップはありません。たとえばおもしろいと思っているテレビ番組は親も子どもも小学校高学年になると同じです。子どもがおもしろいと思っているファミコン・ゲームにしても親が一緒にやっています。ハイパーヨーヨーとかミニ四駆とかいうと三〇代のお父さんのほうが子どもより夢中になって一緒にやるという世界ですし、小学校では授業参観になると後ろのほうで茶髪のお母さんが携帯電話でおしゃべりしているといった光景が日常的に生じている。親子セットで新しい文化を生きていると言えます。

幼稚園や保育園の保母さんの「普通」というものが、そこに子どもを通わせている若い家族には普通でなくなってきたと九〇年代初めに言われていました。最近では、小学校の先生方もそう言っているんですが、そういういわば新しい親子がいま中学校に上がりかけて、やがて高校、大学と、「攻め上る」ことになってゆくはずです。この世代が増え、こちらが多数になると、その方が普通になります。最近の家族は「普通じゃない」などと言う方こそが「普通」ではなくなるのです。もちろんそれは社会化のすがたという点だけに着目して言っていることですから、こういう世代関係で現在の青少年問題をすべて説明できるわけではありませんが。

4　固定化する階層

「新人類」のところで大きく変わったと言いましたので、その変わり方を確かめておくために、企業社会―消費社会類型といわれている時期の変化を少しみておきたいと思います。

高度成長期とくらべてまずはっきりしているのは、高度成長期には、農村から都市へずいぶん人が出ていったということもありますし、まだ田舎にはおじいちゃん、おばあちゃんが残っているのが普通でした。ところが七〇年代以降は、農村から都市への社会移動は少なくなっていく。それから、階層も固定化していきます。高度成長期は、高校、大学とどんどん進学していきますので、社会学で言う階層移動はあまり目立たないんですが、七〇年代半ば以降、階層は相当固定化していきます。

高望みをしない

具体的にその例を見ていただくために九一年の各国青少年の比較意識調査をみてみます。「努力すればできること」の内容を、アメリカと日本について比較してみるとおもしろいんです。「一流大学に入る」というのは、アメリカの男子は六五％ぐらいが「できる」に入っているんですが、日本の場合には二割、五人に一人というところでしょうか。「大企業に就職する」は、アメリカの場合には九割の男子が「できる」と回答しているんですが、日本の場合には「多分できる」のところでせいぜい三〇％ぐらい。「金持ちになる」では、アメリカはどう考えても自信過剰じゃないかと言いたくなるんだけど、七〇数％。「プロのスポーツ選手になる」というのも四〇％にもなる。日本は、ドイツよりもさらに低く、大体あまりできないという。できそうなのは、「恋愛結婚する」がかろうじて七五％ぐらいです。

恋愛結婚ぐらいは自分でできるけど、しかし、社会的に高い地位を占めるというような望みは、七〇年代後半から八〇年代以降、日本の若い人たちはあまり持たなくなったということなんですね。企業社会秩序、会社主義の秩序が動かしようがないものと意識され、かつその秩序の中での地位上昇を想像しえなくなっていることがうかがえます。

学校教育の構造にもはっきりとした特徴が出ていて、高度成長期までは、高校の進学率が急激に上がったのですが、七五年ぐらいで高校の進学率は九〇％強でとまります。それから二十数年間変わっていないです。なぜ変わっていないのかというと、計画進学率というので簡単に言うと四％ぐらいは高校に行かせないということなんです。実質上高校全員入学で不思議じゃない状態なんですが、四％ぐらいは必ず行かせない部分をつくっていて、計画的に抑えているわけですが、そういう意味では飽和状態といいますか、高校進学率が固定化するんですね。それから、大学進学率が七〇年代に三〇数％になって八〇年代に四〇％近くになって、大体四〇％前後のところで固定化し、決まっていくわけです。専門学校が八〇年代初めからだんだん増えていって、二五%〜三〇%ぐらいのところまできます。高卒で働く人たちが最初、三〇数%のところだったんですが、八〇年代を経て二五%前後、四人に一人ぐらいというところでしょうか。これも固定化するんですね。大学へ行く、専門学校へ行く、高校を出て就職する、この比率がざっと三分の一、三分の一、三分の一で固定的になるんですね。七五年前後からです。あまり変わらない。高度成長期とあきらかに違う点です。

受験戦争は、その比率が変わらなくなったこの時期から激しくなる。「お受験」みたいなものもふくめて。高校といってもどんな「学力」レベルの高校に行けるかといった競争、内包的競争が激しくなる。企業社会、会社へ就職することと学校教育とのつながり方は、教育学者の乾彰夫さんがくわしく分析しているように、緻密にできて、高校の場合には進路指導を通じて企業に進路指導の教師が送り出していく、マッチングしていくシステムがカチッとでき上がるのがこの七〇年代半ばなんです。だから学校教育と企業の秩序がずうっとつながってがっちりした形ででき上がるということになるわけですね。これが外側の世界です。

5　消費社会化にともなう自律性の拡大

個食化、携帯電話

もう一つは、そういう世界の中で成長プロセスに焦点を当てると、消費文化の影響力がきわめて大きくなっていく。消費社会化にともなう子どもの行動様式の自律性が拡大していく。最初に言ったように大人の世界と子どもの文化が分かれていく。その始まりが七〇年代でした。自律性というのは、たとえばどういうことかというと、テレビのチャンネル権です。今は子どもが中学校一年生から二年生のときに子どもにチャンネル権が移ります。封建的というか、絶対的な力を持ったお父さんがいるときには、まだブチッとプロ野球なんかに変えるという風景もあるでしょうが。

別の例で、食生活の場面をみると、個食化が進んだ。朝、みんな一緒に食べないのが問題だといったことが七〇年代後半にＮＨＫなどで取り上げられたこともあって、個食化が進んだといわれたのですが、コンビニが発達していきますと、高校生たちがコンビニで自分の小遣いで好きな食品を買うことができますので、食事時間が個別のサイクルになっていくわけですね。食事をつくる人、たいていは母親ですが、以前よりもずっと気苦労を負わされるようになります。お父さんの食事は夜遅いとか、自分の息子はいつ食べるかわからない、時には気に食わない、要らないと言ってみたり、要らないと言ってコンビニで何か買って食べているとか、そういう個別のサイクルになって親と離れた食事のサイクルをつくってしまうことも進んでいく。

それから、携帯電話を見ますと、ポケベルもふくめてですが、携帯電話はここ二、三年のことですが、ポケベルは八〇年代後半に急速に普及して、急速というのは、女子高校生がこれだけ携帯を持っている社会は日本以外にありません。

九〇年代半ばのロンドンでの調査報告書を見たんですが、高校生レベルでの携帯所持率は三％弱です。日本では、女子高校生は、ピッチ（ＰＨＳ）が多いですが、東京圏ではざっと四〇％～五〇％です。現在では携帯になっていると思います。携帯の所持率は、過半数、五〇％を超えていると思います。大学生はほぼ一〇〇%ですね。持っていないほうがどこかおかしいというか、よほど信念を持っている。大学では、授業の最中に携帯が鳴る。携帯を切っておくという良識を持った学生もいるんですが、うっかりにせよ、鳴らしてしまうことは珍しくない。高校でも悩ましい問題で、東京都の私立高校の八割は携帯禁止だが、公立学校は六〇%は黙認という調査結果がある新聞に出ていました。禁止してもどうにもならないということなんですね。

ついでに言いますと、高校生がどのくらい電話するかというと、各種の調査でほぼ一致していて、女子高校生の場合、一日に平均四〇分ぐらいです。一日一時間半とか二時間かける思春期の少年少女のすがたは、おそらく皆さんも身近に経験されていることと思います。これは中学時代から始まるんですね。親はたまったものじゃない。電話代が月に二万にも三万にもなって、「お前のせいだ」と子どもに文句を言う。子どもに言わせるとそんなの当たり前だよと言うわけですけど、一日一時間を超えて毎日しゃべっていればそうなると思います。親は砂時計を持ってきて三分間、目の前でひっくり返すとか、ほとんどむなしい抵抗をやってもどうにもならない。それで携帯が発売されると自分の家の電話があくわけだから、かえって親も喜んで携帯を持たせる。携帯の通話料金は高いので高校生も長時間電話できないいんです。そういう点ではいいんですが、最近では、小遣いの大半がそういう情報料というか携帯の電話代等に使われているという調査結果も出ています。

歴史的実験

子どもの方は携帯電話の何がいいかというと、高校生たちの六割〜七割ぐらいは、親に知られないで友だちと連絡ができたり話ができるということを言っています。つまり自律性がそこで広がっていく。これも日本だけの状況であることははっきりしているので、アメリカですら日本の高校生の半分程度ですから、いかに日本の社会が、大人の世界から隔絶した若者向けの文化を持っているか、これは「歴史的な実験」ですね。そういう文化にしたら子どもはどう育つかという、今まで経験したことのないことをやろうとしている。

欧米社会の場合には、子ども文化、若者文化といっても、基本的にはあまりものといいますか、そこにあまりお金がかかりませんし才能も行かないわけです。普通の大人には、電車の中でマンガを開くことなどできるはずがないという世界が厳然としてあるわけですが、日本の場合には、そこは完全に崩れています。家の中では、テレビを見るのも若者たちが自分で見たいものを見るし、親が文句を言えば個室で自分でテレビを買って見ることもできる。

消費文化がそのように浸透する以前の成長様式を私は「振り子」型と呼んでいます。家庭と学校との間を往復していくように振り子の格好で成長していくのが基本的なメカニズムだった。たとえば過食とか拒食という問題が出てきたときに、あるいは不登校という問題が典型的なんですが、議論するときに家族に問題があるのか学校に問題があるのかと、八〇年代の初めまでは私たちはそういうふうに考えていた。どこに問題があるのかというときに、振り子のどっちに問題があるのかという見方、問題の立て方をしていました。

ところが七〇年代半ば以降、この「振り子」型から「トライアングル」型に成長様式が変わっていった。トライアングルということは、もう一つ消費文化という軸ができ、家庭にも学校にも属さない世界を思春期の少年少女たちが持つようになった。ですから過食や拒食の場合にしても、家族に何も問題がない場合にだって起きる。ダイエットをきっかけにして過食、拒食に入る人もいる。ダイエットがいかに大切かというのは、消費文化の中の「かわいい」とか「カッコイイ」という価値観の強制みたいなもの抜きには考えられないわけで、そういうトライアングルの格好で成長の形に変化が起きるわけです。

都会と地方では違うと言うかもしれませんが、頭の中では基本的にそのトライアングルは同じなのです。愛媛の高校生たちを三〇〇人ぐらい調べた学生がいます。修学旅行で東京に来るので、自由時間のときどこへ行くかという調査で、ほとんど結果は見えているんですが、九二、三％の高校生たちが渋谷のセンター街と原宿の竹下通りに行く。残り一〇％が秋葉原の電気街に行く。皇居もへったくれもない。修学旅行で自由時間に東京で何をするかといったときに、原宿だったらラフォーレ原宿のお店の前に一度は立ってみたいというのは、女子高校生、女子中学生で圧倒的多数になる。トライアングルがそういうかたちで頭の中にしっかりすわっているのです。

6　消費文化の抑圧性

フランケンシュタイン問題

消費文化の軸ができてくるなかで、相対的に学校や家庭の地位は低下することになります。トライアングルになるとそうならざるを得ない。そして消費文化の世界は、そこは自由だと彼らに見えますが独特の抑圧性も持っているのでそこでの矛盾も非常に厳しく出てくることになる。

独特の矛盾というか苦しさをここでは「フランケンシュタイン問題」と呼んでいます。メアリー・シェリーの造形したフランケンシュタインは人造人間、怪物として知られているわけですが、単純な怪物物語ではありません。フランケンシュタインという存在は人間界という外部世界、人間にとっては世界そのものですが、この世界から徹底的に切り離され、孤独の極地におかれた存在です。「フランケンシュタイン問題」とは、そのように、他者とのつながりをとことん切り離され、「個」性だけを強制されてしまうような状況の問題をさしています。

どうしてそういう問題が出てくるかというと、消費文化世界という外界、環境世界がそこに生きる人間をそういう状態においてしまう、という問題があるように思います。小学生向けのグラビア雑誌を見ていると、グラビアに出てくるこれが小学生のファッションかというくらいに大人びたというか、つくられたファッションが載っています。それを素敵だと思う。女子の場合、小学校五、六年生のときから消費文化の世界にデビューするわけです。親とか教師のほうから見ると、まず親や教師が勧めたい本、児童文学の良書と言われるものなどを読まなくなる。少女小説を読むようになる。夕飯を食べた後、すぐ自室に引っ込んでヘッドホンで聴いている音楽もスピード等々、大人たちが知らない音楽になってゆく。

男子でいいますと、小学校三、四年生ぐらいからそうですが、やけに高いスニーカーを履きたがるようになる。スニーカーといっても二万とか三万、プレミアムがついて五万ぐらいするものもありますから、お父さんが酔っぱらって機嫌のいいときに、よせばいいのに「何か買ってやろう」なんて言ってしまう。中学ぐらいの男子が、じゃあスニーカーを買って欲しいと。買ってやるよ、いくらだ。三万五〇〇〇円と聞いた途端に親のほうがキレルわけですね。たまったものじゃないと。何でそんな高いのを買うんだと。でもスニーカーだったらこういうのがいい、という主張があり希望があって当然なんです。消費文化世界の中で、どんなすがた形に見えていなければいけないかは、決してゆるがせにできないことがらです。

消費文化の世界で生きるとき、親に買ってもらったものをそのまま着ている、ましてジャージ姿で外を歩くということになりますと、高校生としてはほとんど人間失格になりかねない。だれにも見てもらえないというのは、自分がそこにいないのと同じです。そんな目にあわぬよう外から見てもらえる形をつくっておく必要が絶対にある。これは形だけのことと思われるでしょうが、その形をつくらなければいけないという課題は大変なことであるわけですね。人工的な世界の中で自分という形を外から見えるよう、つねにつくっていかなくちゃいけない。そこでは親も学校も手助けをしてくれない。一番重要なのは、友だちというか周りの同世代の人間の視線であるから、親が「あなたはいいところがあるんだから自分のいいところをしっかり持って頑張ればいいでしょ」なんて説いてもそうたやすく信じられない。

それが響くようになるのは、自分の中にこだわりというか自我ができて、自分というものにある程度自覚ができた段階なので、小学校高学年の段階でそういうことを言ってもどうにもならないわけですね。中学生も基本的には同じ。そういう状態から出発していく。ところが消費文化の提供するファッションで自分という形を整えようとすると、いわば自分を人造人間のようにしておくということになりかねません。

強烈な個体化の圧力

消費文化で一人で生きなきゃいけない。「個体化の圧力」といっていいと思うんですが、そういう個体化の圧力を消費文化の世界は強力に与えます。私はそれが大変に大きな問題だと思っています。

個体化というのはどういうことかと言いますと、携帯の場合が典型的ですが、一家で一台電話があるときと各人が携帯を持つのとでは、同じ電話でも共同で使うかどうか決定的な違いがあります。生活用具をすべて携帯と同様にしていくことになると、家族の中の、もっと広く言って社会の中の共同的な部分を前提とせずに、個別に個体として生きていくことにならざるを得ない。消費社会化というのは、生活を個体化にむかわせる圧力をものすごく強く持っています。考えてみれば、携帯を一人ひとり持たせたほうが、一家に一台電話があるよりはるかに利潤があがるわけですから。

個人用の洗濯機を発売して自分用の洗濯機をみんな持てばそれでいい、食器から箸から全部自分用のもので別にセットしておく生活スタイルにすれば、一面では、家事分担をめぐる家庭内のあつれきは解決するかもしれませんが、同時に、それは徹底した個体化を進めていくことにもなります。

そうなったときに、たとえば携帯で人をいじめるのは簡単で、初めて携帯を持った人に電話かけなきゃいいんです。みんなあいつのところ電話かけるなよと言うわけです。かけてほしいから携帯を持つわけで、ところが一週間も携帯に電話がないと、孤立感に襲われることはまちがいない。携帯を持つときは、あらかじめ電話の予約をする、今晩かけてとか。今度、携帯買うから夕方かけてみてと予約しておかないと不安になるでしょう。個体化はこのように、人を人為的につくられた孤立に陥らせる危険性に直面させせます。個体化が進むことによって、具体的な手段を通じて孤立させることができるようになる。これが消費文化の持っている孤立化のメカニズムです。消費文化は自由に見えるんだけれども、孤立化は簡単には克服できない。

いじめの世界も基本的にはそういう枠組みでできていますので、暴力を使わなくても孤立させるのは簡単です。要するにあたかもその人がいないかのように扱ってしまえば済むわけですから、クラスでだれかをまるで透明でいないかのように扱ってしまえば指一本触れなくてもほとんど死んでいるのと同じという状態になる。それが苦しいから、それが嫌だから、そうならないために努力するわけですね。そうならないために言うことを聞いて、そうならないために必ず命令する人間にも従って、暴力を受けても一緒にいるということにならざるを得ない。そういう暴力の文化の現代的あり方を考えたときに、個体化の圧力が日常的な人間関係の中で暴力の可能性をうんと広げていったことはまちがいないと思っています。

「社会」をつくるむずかしさ

個体から出発する文化は、逆に言うと社会をつくることがいかに困難な課題になるか、大げさな社会じゃなくて友だち関係をつくるという、生活のありふれた、しかし基本的な関係、これだけでもじつは大変な作業になることがわかるのではないかと思います。

八〇年代によく言われたことなんですが、修学旅行でお風呂に入りますよね。ところが中学生も高校生も一緒に裸でお風呂に入るなんて恥ずかしくてできない、特に男子のほうが。だから修学旅行中はお風呂に入らないという子たちが八〇年代には出てきたと言います。最近では、お風呂どころか一緒に同じ部屋に寝ることも耐えられない、修学旅行で一緒にいることが耐えられないからできれば行きたくないという人たちが出てくる。修学旅行を自分たちで自由に計画してごらんと下手に言うと、修学旅行をやめようというのが多数派になる可能性があるので、自由とか自主的というのは、それを言うだけでは、個体化にともなう問題が解決できない、ということがあります。

修学旅行で一つ部屋に寝ること以前に、そもそも三〇人くらいが、同じ教室に何で一緒にいなくちゃいけないのかと、こう考えてしまうと、一緒にこの部屋にいること自身が苦しいという感じ方が出てきて不思議ではないと思います。学級崩壊のかなりの部分にはそういう要素が入っているのではないでしょうか。

家族の中で育って学校という制度があってというのは近代社会の常識というか普通に類するわけですが、どこかに一緒にいる中で育っていくことが普通じゃなくなったときには、「一緒にいること」の文化を実現することが逆にきわめて大きなむずかしい課題になっていく、こういう逆転の問題が出てくる。社会をどうやってつくるかが、最初のところから根本問題だということになるわけです。

じつは家族の中でも実際それは生じています。家族の中で一緒にいるといったって、七〇年代半ばぐらいから、企業社会へ勤めるお父さんたちは、家族と時間が別になって共同の生活サイクルから「脱落」していきますし、子どものほうは、小学生は塾に行き、高校生ぐらいになりますと親から離れるという意味でも個体化された生活サイクルになっていきます。家族生活、家族時間が個人別サイクルになるのを、家庭責任を果たす位置に置かれた母親が必死につなぎとめようとして、そのためにものすごく大きな心理的圧力を受ける構造が八〇年代にでき上がってくる。その中で兄弟とか姉妹とか兄弟関係、何で家族であるからといってお兄ちゃんと一緒に住まなきゃいけないのかという、こういうこと自身がどうもはっきりしなくなっている。一緒にくらすのは自然で当たり前だろうというのがこれまでの考え方なんですが、それは頭から自然ではなくなる。人間は孤立して生きられるわけがないんですが、個別に暮らすということを出発点にすると、頭の中では話は逆になります。社会をつくることのほうがはるかにむずかしいし苦しい。一緒にいることは大変だ。一緒にいてきつい思いをするくらいなら自動販売機で食べられるものを買って、コンビニで食べられるものを買って暮らしたほうがずっと気楽でいいという感覚が出てくる。

これにまつわる問題は山のようにあるわけですが、そういう消費文化的な枠組みは九〇年代も基本的には変わっていないと思います。ただ、九〇年代には、企業社会―消費社会のシステム全体、特に企業社会の部分が急速に九〇年代半ば以降、大きく変化していきますので、つぎにその点に触れてみたいと思います。

7　縁辺化する若者たち

九〇年代の若い人たちの変化に関する最大の問題は何かといいますと、八〇年代以上に社会の周辺に若年層が追いやられつつあることだと私は考えています。さきほど見たように、八〇年代だって企業社会の中では若い人たちのいる場所はあまりなかったんですが、それに加えて若い層の社会的、経済的な地位がいま急速に低下しています。

「パラサイトシングル」を親から引き離すために、二〇代で親がかりの人間に課税しようというとんでもない議論がありますが、その税金まで親が負担することになりかねません。なぜパラサイトシングルでいるかは、たんになかなか外へ出られないということだけじゃなくて、下宿して自分の経済力で暮らすのが若い層は困難になっている現実があるからです。

九〇年代半ば以降、フルタイムの仕事につけない若い人たちがドラスティックに増えていることはまちがいない。今は一五歳〜一九歳までの失業率は一二・五％ですか。一五歳〜二〇代の失業率はざっと一〇％前後に達していると思います。すさまじい失業状態と言われた八〇年代初めのイギリスの状況とそんなに変わらないんです。地域的に見ますと、そうした平均よりもはるかに高いところがありますし、高卒で職業につこうとする人たちは、親と同じように働くこと自身がほとんど絶望的になりつつある。

ですから八〇年代までの、がっちりしていた企業社会秩序という枠そのものが崩れかけている。崩れかけて自由になるかというとそうじゃなくて、若い人たちの働き方の困難がどんどん大きくなっているのが現在の状況だと思います。

フリーターと称していますけどほとんどフルタイムで働けない人たちがこれだけ増えているのは社会問題にならないと不思議なんですが、今のところそれが社会問題化しないのは、四〇代後半から五〇代の親のところにひっついているからなんですね。だから親がリストラでこけたときには、親子ともどもこけていきますので、そうするとこの問題が一挙に外へ出てくるに違いない。もちろん今でも親が面倒見られない若年層の不安定就業者の人たちが層としていると思います。

二〇〇〇年に松山で「暴動」が起きた。ほとんど全国紙では報道されなかったんですが、暴走族の少年の交通事故を警察が処理に来ていたら、この少年がパトカーに追いかけられて死んだというううわさが飛んで、三〇分ぐらいのうちに二〇〇人ぐらい集まってパトカーをひっくり返した。そういう騒ぎをつうじて、これまで以上の社会の周辺におかれるようになった青年のすがたが今後浮上してくるかもしれません。

そういう格差をふくんで周辺化が進んでいく。そして消費文化的には自律的かもしれないが社会的には親の経済力をあてにしたり、自分で十分経済的に自立できないという激しいギャップが九〇年代半ば以降進んできている。未来像についてみると、八〇年代とくらべてもさらに深刻な状態になっていることがわかります。

未来像にみる深刻さ

ベネッセの調査で「高校生の規範意識比較」というのがあります。一九九七年の調査で、前に紹介した九一年より六年後なんです。「恋愛結婚ならできるだろう」というのが、九一年には七五％ぐらいだったのが、「好きな相手と結婚できるだろう」というのは、男子高校生で三六・五％です。つまり過半数は好きな相手とも結婚できない。恋愛結婚という最後のとりでも危ういんですね。女子はまだ四七・二％でかろうじて半数になっていますが、もうちょっといくと「幸せな家庭がつくれる」これも過半数近くになって少数になるかもしれないという状態です。一流大学、社会的な活躍の望みどころか、家庭生活をどうやってつくるかというところでも本当に縮小が進んで、未来像そのものが、明るい未来を無条件で想定できない状態になっています。

それから、「結婚観」について、九八年のＮＨＫの調査で、『現代日本人の意識構造』という本に紹介されていますが、「別に結婚しなくてもいいや」という女性が、大体三五歳、四〇歳から若い層で言いますと、九割ぐらいという。三五歳から四〇歳のところは、さっき言った「新人類」の境界線のところだというのがわかると思います。このＮＨＫの調査を見ますと、全部この境界がきれいにでていて、婚前交渉を見ても、ちょうど同じライン。つまり「結婚はしなくていいや」「婚前交渉は別にオーケーでしょ」という格好で、性と結婚の分離といいますか、はっきりと意識的特徴が現れています。

そもそも日本の若い女性の結婚年齢は、現在もうすでに先進資本主義諸国では一番高い方です。つまり一番遅くまで結婚しない女性たちです。しかも五年前とくらべると「結婚しなくてもいいや」派が二〇％増えている。八〇年代までは結婚年齢は遅かったんですが、いずれは結婚すると考えていた人が多数だったんです。ところがこれを見ると単純にいずれは結婚するとかそういう意味で家庭生活を営む意識や感覚とは違ってきていることがわかる。また、普通に結婚して家庭がつくれるかどうかということも疑問になってきていると言っていいと思います。

結婚といっても週末婚がいい。土日だけは夫婦でいて月曜から金曜は実家にいるほうが楽でいい、そんな風に言う若い人たちもいますから、親はたまったものじゃない。月曜から金曜の間、面倒見て、土日になったら夫婦をやりに行くという子どもを抱えた親はどうなるかということなんですが、家族というものをそうイメージしたときには、家族像がドラスティックに変わらざるを得ないだろうと思います。そういう将来像の変化は、見る限りここ二、三年の間に劇的に変わりつつある。外側から少子化を何とかしなければいけないから、子どもを産めだの増やせだの何とかしなさいといっても、現状ではそういう言い方が受け入れられる余地はないと思います。

縁辺化にかかわる内面的なメカニズムについてつけ加えておきます。先ほど言ったやおい少女の話なんですが、「やおい」というのは、男同士の関係ですから子どもはできない。男同士の性関係にしか興味を感じないというか、それを一生懸命書く少女たちは、もちろん結婚している女性もいるが、作家でもあり評論家でもある中島梓さんによれば、タナトス、死の本能という、要するに子どもをつくって種を存続させるという意識そのものが基本的に失われた段階の人間の姿をあらわしているのではないか、と言います。敏感な少女たちが一番最初にそういうタナトスへの意志を文化的に表現しはじめたのだと解釈されています。少なくとも子どもを産むことをふくめた家族のつくり方が、像として自然で普通だというふうにはなかなかなっていかないという問題を暗示していると思います。

8　意識の劇的変化

意識の変化について、もう一つ、「高校生の規範意識」ですが、これも九〇年代後半の調査ですね。「本人の自由でよい」と考える割合なんですが、日本、アメリカ、中国の比較です。アメリカと中国は大体同じなんですが、「先生に反抗する」は、別に本人の自由でいいんじゃないというのが日本の高校生では八割。親に反抗するのも「いいんじゃない」が八五％。「学校をずる休みするのもいいんじゃない」が六五％。日本の高校生です。友だちが援助交際していたらどうするかというときに、「本人の自由でいい」というのが三分の一です。

別の調査なんですが、男女が異性同士で泊まること。これも高校生では「自由でいい」が六五％ぐらいで多数派です。女子のほうが自由でいいんじゃないという比率が高い。女子の意識変化が男子よりも急速だといっていいと思うんですが、規範意識のようなレベルでも、私たちがこういうのはおかしいとか、これはだめだと普通に考えていることがらが普通ではなくて、今やかなりの部分では逆転しつつある。こういう意識調査を見る限りそれがはっきりと出てきている。「普通」というものの内実の変化が、五年間ぐらいの間に急速に進んでいるといっていいと思います。

もうちょっと内面の感覚とか意識という点で言いますと、「わかる」とか「信じる」とか、私たちが普通人と付き合ったり、日常的に生きていく上で基本的な感覚の部分で、普通だと思っているその中身も、ひょっとするとじつは相当変わってきているかもしれないと思います。

たとえば「わかる」ということですが、私は現代の子どもたちの「わかる」が、「なるべく広く通用するマニュアルを発見する」「マニュアルが見つかる」という意味ではないかと感じているんです。わかるというのは、自分の中で理解するというより、お互いが共通に利用できるマニュアルをつくったり発見することだと考えている節がある。だからコンビニみたいなものが一番わかりやすいというか、よく「わかる」。ところがそうじゃなくて、たとえばスペインのバルとかフランスのカフェとか対面ですよね。対面で話をしなくちゃいけない。これはわかりにくいしすごく困る。そういうものはなるべくなしで生きていたほうがずうっとわかりやすいし、その世界のほうが通りがいいと思っている可能性は強いと思います。そうすると「よくわかる」といっている中身そのものが、どうも変わっている可能性があるわけですね。

「こんな私でよかったら」

最近の自己紹介を見ていますと、大学でもそうなんですが、私はこの出身校でこれこれで趣味はこうです等々といい、最後に、こういう私ですけどよかったらお友だちになってくださいと言いますよね。よかったら友だちになってください。もっと言えば、「こんな私でよかったら友だちになってください」であって、「友だちになりましょう」ではない。

積極的に前に出るのは相手に圧力を加えることです。いろいろな社会活動をやっているような人たちはともすると圧力満々ですから、相手もそうだと思ってどんどん前へ出て来る。一方、若者からすると、自分が答えないで黙っているのは相手に対する配慮です、優しさなんです。どうせわからないおじさんに何も言わないでいるというのは、あなたは何もわかっていないよということを面と向かって言わないために黙っているんだと彼らは思っているのだけれども、「おじさん」の側にすれば、何か考えていることないのかと、ドンドンと前に出てくる。そうなると若者からすれば怪物になっちゃうんですね。そういう状況で向かい合ってしまうと、突然相手は怪物に見えますから、ポケットに持っていたのがたまたまナイフで、感覚としては相手を振り払うくらいでナイフを振るってしまうかもしれません。

そうならないためにどうしたらいいかというと、こんな私でよかったら友だちになってくださいという。私というポジションだけを示すということです。ちょうどサッカーで言うと空いたポジションのところで手を挙げる状態です。みんなお互いにこんな私でよかったらと手を挙げている。私、ここにいるから必要だったらボールをここへ投げてという、空いたポジションをこうやって手を挙げて走っている状態です。ただ悩ましいのは、みんな手を挙げて走っていますので指す側の人間がいない、これが一番深刻なのです。たとえばゼミだと指す人間がいないから討論が成り立たない、みんな黙っている、質問はしない。質問して前へ出ていきますと地雷を踏む可能性がありますので、それは避けたい、ポジションを示す手だけは挙げておくという関係です。

細心の注意を払ってそうやって付き合っていくわけですが、細心の注意を払えば払うほど、ごく小さなことが決定的になりかねません。「何だ、そんなこと」としかみえないことがらでも、そういう状況では深刻な傷になる可能性がつねにある。そういう問題も悩ましいということと、それから、そういう関係の中で生きている私という存在は、生身の私とは感じられませんので、そういう付き合いをどんどん増やしていっても、先ほどの中年のおじさんが持っているような図々しい私という生身の分厚い像は出てこない。

もうちょっとそれが大きな問題になっていきますと、毎日自分は暮らしているんだけども、毎日暮らしてしゃべっているこの私は私のクローンにすぎないのではないかという一種のアイデンティティ危機の問題が出てきます。このモチーフは、現在のサブカルチャー、思春期の少年少女たちの文化の中にたくさんあります。私は私のクローンにしかすぎないのではないかと問いかける問いのかたちは本当に深刻で、アレキシサイミアと名づけられている症状に近いものがあります。こういう問題が本格的に出てきた。

こういう背景があって、神戸の事件のときに、「透明な存在」という言葉が一〇代の少年少女たちの感覚をはげしく揺さぶった。この言葉が持っている触発力はすさまじいと思います。

私の寄る辺なさというか基盤のなさ、あるいは苦しさを救って私を支えてくれる国家が要求されても、こうした状況の下では決して不思議ではありません。小林よしのり氏の「公」の主張、公が必要なんだという主張は、八〇年代の消費社会にたいする批判をふくんでいるわけで、消費社会の中で生きていただけじゃ私なんてなくなっちゃうんじゃないかという人たちにとっては強い魅力になっているわけですね。戦争をすることのできる国家の魅力を彼が言う場合も、モチーフになっているのは、八〇年代のような日本の社会、一人ひとりがバラバラで自分勝手なことをして生きている社会はだめだ、こういう世界でやっていて本当にそれでいいのかという問いかけです。それが自分に響くと感じた人たちが小林よしのり氏の主張にひかれていくことはあきらかにあると思っています。

孤立化にどう対抗するか

若い人たちを社会の周辺に追いやっていく九〇年代以降の圧力は、結局、若い世代が社会をつくる方向ではなくて、むしろ解体させていく方向に向かってきたと思います。新自由主義政策といっていいと思うんですが、現在教育政策や青年政策が、全体として見ると若者たちの個体化を進めて孤立化を促進させていく方向に向かっていることはまちがいないわけで、それに対抗して、どういうふうに社会をつくっていくのか、これが焦点といいますか問題だと思っています。

この場合の社会は、もちろん家族関係のような親密な関係にまでおよぶもので、底は大変に深いと言いたい。さっき兄弟姉妹と言いましたが、何番目に生まれるのが一番得か、次男が得か三女が得か、得か損かというような話がけっこう盛り上がって話されたりする。要するに兄弟、姉妹は、家族だから一緒に暮らしていくもんじゃないかという見方、これは自明の常識とは言い難くなっている。家族の中で兄弟姉妹はあやふやな存在です。親子は差し当たりわかるとしても、兄妹とか兄とかいっているんだけど、これが一緒にいなきゃいけないとか、一緒に住んでいることの意味そのものをどこかでもう一度つくり直さないと自分には了解できないというような問題が生じてしまっている。

親の方も二人子どもがいる場合には、その二人の子どもを個別に育てていく配慮をずいぶんしている。たとえば写真の数で長男長女がどうしても多くなって二番目が少なくなるというんで、これをしないように配慮する。お父さんと娘が家で遊んでいるときには、お母さんは弟のほうを必ず公園に連れて行くとか、保育園を一緒にしない。一緒にすると兄弟一緒と扱われていくので、個人として扱われるように別の保育園にするとか、そういうことが始まっているわけですね。個別化というか、みんな子どもの数が少ないから配慮できるという面もあるし、それと家族の中の一人ひとりをみんな個人として扱って、家族の中の個別の関係としてみんな見ていくという意識が少しずつ進んでいる。

別の例で言いますと、夫と妻というのは、私たちのイメージでは、結婚するぐらいだから悩みも何も一番苦しいところも全部見せて、それで人間関係つくっていく、これが普通だろうと考えますね。大半はそうだと思うんですけど、大学生に親密度のランクをつくってもらいますと、夫婦よりも上に、親友が出てきたりします。夫婦で話せないことを話す親友をちゃんと持っていて、夫には意地でも話せないことを話せる友人を確保しておく。これもそんなに不思議ではない。それが多数ではないでしょうが、家族内での夫婦関係を、通常イメージされてきたように人間関係の一番基本的なものと考えるような感覚も少しずつ変わってきているように思えます。

要するに、一つひとつ社会では何が重要で、一体どういうルールや理念にもとづいて関係がつくられるのかを最初から確認していかないとわからない。しかもそこでのコミュニケーションの仕方が、こちらが積極的に言えば、向こうはこたえてくれるという関係にはなかなかなっていかないという問題も存在しているわけです。

9　若者たちの小社会にみる可能性

コミックマーケット

若い人が社会をつくっていないかというと、つくっている場所はあります。さっきの「やおい」の少女たちもふくめて、今、日本の若い人たちが一番多く集まる集会はコミックマーケットです。夏と冬、年二回ひらかれ、夏には二日間でざっと四〇万人近く集まります。これは信じられない数です。ウッドストックより多いですから。九〇年代初めに一〇万人を突破してから急激に増えているんですね。全部ボランティアで運営されている。四〇万人近くの会をボランティアで運営すること自身が大変なエネルギーだし、力でもあるのですが、しかも四〇万人もいてウワーッと騒ぐわけじゃなしに、みんな静かに自分の目的のブースに散っていく。四〇万人がみんな数人の小さなグループに分かれてサーッと音もなく散っていく、こういうイメージを想像してもらえばいいわけで、そういう社会が日本の若者たちの中には現に存在しているんです。

こういう小さな社会は、お互いに寄りかかれる安心した場所でもあるわけですが、そこでのルールは、下手するとカルト的で閉鎖的になっていく可能性を一方で多くふくんでいる。それから、ここ二、三年目につくのは、ターミナル駅から郊外でパフォーマンスをする、歌を歌う若い人たちがどんどん増えていますね。少年詩人、少女詩人と詩人も増えているんです。詩人というのは死語に近いと思っていたら、詩を書く少年たち、少女たちがいて、詩集なんかを売っている子を見ると、それこそジベタリアンで数人の人たちが一緒に座って、一時間でも二時間でも一緒にいる姿を目撃できます。これも一つの小さな社会であきらかに現在増えていると思います。

インディーズという音楽領域を見ますと九〇年頃から急速にこれも増えて、ものすごくメッセージ性を持ったバンドもどんどん出てきているんですが、大人の世界には全然見えてこないです。いずれもそれは数人の集まり、数十人の集まり、こういう集まりで小さな社会をつくって、そこをよりどころにして生きていくという、こういう世界だと思います。

危機にさらされている共通感覚・共通観念

問題は、そういう小さな社会を、民主主義といった私たちが慣れ親しんだ言葉によってうまくつかまえきれていないこと、社会運動をやっている人たちが慣れ親しんだ組織のもつ「関係の言葉」や理念では、つかみ切れていないということと、そういう小さな社会を大きな社会につなげていく筋道がなかなか見えていないという問題なのではないかと思います。

最後に、四半世紀におよぶ日本の青少年の変貌について、少し大きなスパンで考えたときに、さっき言ったクローンの問題もそうですが、深刻なのは、人権や個人の尊厳といった、個人と社会の関係の問題、人間の存在価値の問題を考えるさいに、近代社会で基本とされてきた観念の一番底のところ、一番基盤のところが、どうも感覚の上では危機にさらされている、あるいは揺らいでいる、こういう問題があると思います。自分がいること、存在することの価値は疑い得ない、自分というのはここにいていい、存在していい人間なんだ、存在する権利がある人間なんだという一番出発点での自己の確実性だとか自己の存在のたしかさがいま、根本的なレベルで揺らいでいる。クローンの問題は、ここにつながります。

人間を殺してはなぜいけないかわからないと言った中学生の発言に反響がありましたが、それは割合当たり前の感覚といいますか、別に殺そうといっているわけでなくて、自分もふくめて、人間がなぜこの社会に存在していいのか、あるいは存在する権利があるのか、そもそもそういう自分という存在が自分といえるのはどうしてなのかということが感覚としてわからない。こういうことが出発点にありますから、そこが揺らいでいくと人権が大切だと言っても、お題目、たてまえにしか聞こえないのです。人権は人によって違いがあるという驚くべき感覚も、若い世代のみならず、日本社会では相当に広がりつつあるように感じます。人権は、その概念からして人間に等しく与えられた、人間が等しく持っている権利だと思っている人は、少数になりつつあるのではないか、と私は疑っています。人によってそれぞれ違いのある人権という観念がまかり通るなら、人権理念は無力化します、当たり前の話ですが。さまざまな制約があり矛盾もはらんでいたとはいえ、近代社会が少しづつ獲得してきた理念や原理が、感覚のレベルでなし崩し的に揺らいでいて、これがとりあえず出発点として受けとめるべき理念だという部分がたんなるたてまえにしか映らなくなっています。

それから、民主主義というルールに関して言えば、社会生活のあらゆる領域で一緒にいることのむずかしさがありますから、一緒にいることの根拠や組織化のルールが問い直されていく。若い人たちが人間関係をつくっていくときの基本的な戦術、基本的なルールとして意識しているのは、自分が独りぼっちにされ孤立させられ、無視されてしまわないために、どういう手段、どういう保障をつくっておいたらいいか。これが行動していくときの基本です。そこの恐怖、不安が解消されないと社会をつくっていくのはそう簡単にいかないと思います。

携帯電話に何日も電話をかけない、こういうふうに孤立させるのは、「個人の自由」を保障するだけでは防ぐことはできません。おまえには話しかけないと言われて、お願いだから私に何か話して、一言でいいからものを言ってくれと言う権利はないと感じる。「しかと」されても耐えるしかない。まわりのみんなから無視されていても、「逆ギレ」なんかせず、そこにいられる人間なんだ、と自分のポジションを示せるようにしなければならない。がまんしぬくことでしか、自分を社会におけない、生き地獄です。だから、孤立すると怖い。じつは権利がないという前提、確信を考え直してみる必要があると思います。人間はお互いにコミュニケーションしていかなきゃいけないし、だれかが孤立している、孤立化させられることを防いでいくような枠組みを何とか考えなければいけないと思っています。

「社会的コミュニケーション権」という熟さない言葉をつかっていますが、言ってみれば共同していくための理念や手法を私たちがいろんなところで鍛え直していかないと、お互いに他人との関係をつくっていくほうが魅力的だということがなかなかストレートに感じられない、こういう状況があると思います。

九〇年代の変化がいま、どういう段階にあるか、私自身まだきちんとつかみ切れていないんですが、少なくとも、今進んでいる大きな社会変動の結果出てきている若い人たちの関係のつくり方を、さまざまな運動をやってきた組織や団体、社会運動が引き取ることは不可能ではないと思うんですね。八〇年代まで続いてきた企業社会秩序を前提にして、最終的には会社へ入り親と同じように働いて企業社会で生きていくんだという展望は、完全に崩れているわけですから。崩れてはじき飛ばされて、もう一度その会社へ戻って八〇年代と同じような格好で生きていこうという人たちは少数派になりつつある。自民党や新自由主義政治家、財界の考えているような政策で青少年層が結集できるかというと、私にはどうもそういうふうに思えない。国家の魅力みたいなものを宣伝して、「強い国家」「強い社会」を「頼りない自分」の支えにさせようとする統合の動きが、支配層によって強められていますが、多数がそうなるとは思えない。そうすると、社会が解体されていくのだけれどもそれをだれが再建していくのか、どういう魅力的な社会をだれがつくるのか、魅力的な社会像をどのような仕方で構想できるのかが、結局のところ青少年層の今後の動向、社会のつくり方におおきな影響を与えることになると思っています。

第3話　「普通の子ども」の「異常な行為」

1　ギャップはどこにあるか

どこにでもいる「普通の子ども」がいきなり「異常な行為」に走ってしまうのはいったいなぜか――こう問題を立てると最初から答えがみえなくなる。おまけにそういう疑問をかざして子どもたちに接近することで彼ら彼女らの不信をかうことにもなる。いまの子どもたちの「普通」が何なのか大人はわかっているのだろうか。わからずにいて「普通の子」と一括するのはきめつけではないか。

「異常な行為」にしても同じだ。ナイフで人を刺す行為は異常であり、これを緊急にくいとめる責任が私たちにはある。しかしそんな異常な状況に子どもたちがこれまでさらされてきたことを大人はどう考えているのか。

思春期の少年たちがカッターナイフや工具、ナイフなどをポケットに忍ばせる状況は、筆者の知るかぎり、九〇年代初めには広がっていた。つまり、子どもたちはずっと以前から、だれかがナイフを持っている日常を生きていたし、そのことを知ってもいた。小学校高学年から「ジャングルの掟」を学び始める子どもらにとって、危険な状況をやりすごす日常の知恵や努力（キレた奴をどう扱うか、どうやって脅されないようにするか……）は必須のものになっていた。そういう日々について注目も対処もせず、事件が起きてから異常だと慌てるのは、大人の都合次第で子どもの見方をくるくる変えるものじゃないか。

こんな不信を浴びせられるのは、「大人社会」でいまも支配的な子ども像が、彼らの実像とあまりに大きなずれをもってしまったがゆえである。子どもの育ち方の「普通」がわからぬままにこれまでの子ども像を持ち続ける、そのギャップが、「普通の子の異常さ」という図式を生むわけである。いったい子どもの「普通」とは何なのか、そこから問い直してみなければならない。

消費社会化という分水嶺

いつの時代でも親子のギャップはあったなどという紋切り型の理解を避けるためにギャップの性格をはっきりさせたい。

いま小学校低学年くらいまでを占めるようになった少子化世代の親である三〇歳前後の「大人」にとって、世上で盛んに言われるギャップはおそらく実感しにくいと思う。たとえば街に出るときちょっとした護身用具を持ち歩く感覚がわかるとか、親子一緒にテレビゲームを（ミニ四駆を、ハイパーヨーヨーを）しながら自分の方が夢中になってしまう「のり」であるとか、そういう感覚は子ども寄りと言ってよい。むしろこの若年社会人層と団塊世代以上の「大人」たちとのギャップの方が大きいくらいだろう。一口に親子関係といっても、「四〇代以上の親―思春期の子ども」、「三〇代前後の若い親―

少子化世代の子ども」といった類型が区分できるのである。ギャップがとりわけて問題にされるのはさしあたり前者であろう。ここでいう「大人社会」からみると、後者の場合には親子ともどもわからないことになる。つまり、新人類といわれた三〇代後半世代（「エヴァンゲリオン」が感覚としてわかる最年長の世代）よりも若い層はかたちのうえで大人でもじつは「かくれ少年少女」の性格をもっている。その分、よくも悪くも子どもたちに近い。

新人類世代を境にしたこの乱暴な区分にはそれなりの根拠がある。いまどきの子どもたちを知るのに見逃せないヒントもそこにはある。区分の基準ははっきりしていて、消費社会化とそれがもたらす文化を成長期（とりわけ思春期）に経験したかどうかである。新人類から下の世代に共通なのはこの点で、とくに団塊ジュニア世代後の子どもたちは、物心ついたときから、消費文化をいわば空気のように呼吸して育った。これは成長の基礎的環境が一変したことを意味する。つまり「普通」が変わったのである。家庭、学校とならんで消費社会型の子ども文化（サブカルチャー）というもう一つの軸が子どもたちの日常生活にどっかりすわり、成長のトライアングル構造がつくられてきた。サブカルチャーという言葉のために誤解されやすいのだが、それは子どもの成長にとっては支配的影響力をもつ支配文化にほかならなかった。

ところが、大人社会にはこの変化がみえない。青少年にかかわる特異な事件が起きるたびに、ビデオやアニメ、コミックの影響が話題にされても、ひょっとすると歴史上でも類をみないほどの規模と深さでの文化環境の変化として問題をとらえることはできなかった。「ソッコウお金が欲しい」とか「絶対やせなくちゃ」といった感じ方が絶対的といってよいほどの強迫的威力をもってしまう文化のありさまを大人社会はせいぜい「耐性がない」とか商業主義が悪いといったレベルでしか理解しない。子どもたちが引き起こす事件、病理も、悪いのは学校か家族かという二者択一でとらえがちであった。

ギャップの一端はこうしてつくられてきた。そのうえで九〇年代にはもう一つの裂け目が生じたと考えられる。バブル崩壊以降の子ども世界の変容がそれである。この点は最後にもう一度立ちかえりたい。

成長のトライアングル

七〇年代末以降の子どもたちの成長はすべて、「消費社会をどのように生きるか」という課題をふくんでいる。現在では、子どもが思春期を迎えるということは、「消費社会を生きる身体と日常感覚」を身につける段階への到達、またそのことの自覚を意味する。言ってみれば、「消費社会デビュー」をうまく果たさぬことには生きてゆけない。そう感じられるだけでなく、実際、この課題をドロップアウトして生きるのは苦しいのだ。だから消費文化をどう生きるかは、アイデンティティ形成の中心部分にかかわる課題にならざるをえない。それが「普通の」育ち方になったのである。

この変化した思春期の課題に子どもたちがぶつかるのは、ほぼ小学校高学年の時期である。「消費社会を生きる」という課題の性格は小中高といった学校段階の区別をこえて共通している。この課題に関係するさまざまな行動について、「中学生が（あるいは小学生が）まさかこんなことをするなんて」という問題の受けとめ方が的外れなのはあきらかだろう。異春期が始まったときから彼らは同じ課題を抱えて生き始めるのだから。

成長に関与するこのトライアングル構造が成立した結果、それぞれの領域をどう折り合わせて暮らすかが子どもたちの日常的な問題になってゆく。折り合いのかたちは一律ではない。家庭が消費文化の成長課題をとりこんでいることもあるだろう。学校と家庭の連合で逆にこれを排除する場合もある。ケータイ所持のように学校の対応が禁止、許可まだら模様になっている場合もある。そういう折り合いの実態が進行しているにもかかわらず、大人社会はトライアングル構造を成長に必須な新しい枠組みとしてはみていない。これまで、家庭でどう育てるか、学校で（地域社会で）どう育てるかという振り子型の把握が成長にたいする「配慮」の基本パターンであった。このパターンに囚われているかぎり、もう一つの軸は、「振り子」をはたらかせるためのせいぜいよくて添えものであり、大概は排除の対象でしかなかった。しかし現実の子どもたちはトライアングルの構造から自由にはなれない。この構造を前提にして自分という存在を考え、つくってゆかなければならない。大人たちの配慮パターンと子どもの成長課題とのこのずれは現代の成長過程につねに存在する。それも「普通の家族」と「普通の子ども」たちの日常に起きている当たり前の現象として。

では、「消費社会を生きる」という軸が加わることで子どもたちの育ち方にどんな変化が起きるだろうか。その全容をつかむことはとうていできそうにないが、成長の問題を考えるさいに避けて通れない、現在と未来の関係、「他者」の位置づけの問題に焦点をしぼって検討してみよう。

2　未来のためにがまんするのはいやだ

通常は学校文化に代表されるような大人社会の成長観は、基本的には、未来への配慮を優先基準とする、段階を踏んだ成長を想定している。そういう成長観と消費社会の論理とはあきらかに対照的だ。消費文化の核心には、現在の幸福を何よりもまず追求する、そうしてかまわない、いやむしろ積極的にそうすべきだというメッセージが存在するからである。

こんな風に対比させると、「子どもにすればいま面白い、楽しい方がいいに決まってる、そこで妥協しないで将来を見通した生活を送らせるべきじゃないか」と、即断されてしまいそうだ。しかしちょっと待って欲しい。「自分を変える」という成長の課題がもっぱら未来配慮型の成長観とだけ結びつくと思うのは早計ではないだろうか。

自分を変えるのに、「どう変身するか」と考えるのも一つの成長イメージである。このイメージは、いま現在をもっと幸福に（面白く、楽しく）したいというエネルギーと深く結びついている。偏執的とも言いたくなるファッションへのこだわりの背後にも、「自分を変えるための投資」という、ある種の成長イメージがないわけではない。このイメージを満たすことは、未来への配慮からいかにかけ離れていようと、成長のフィールドで生じていることがらなのである。それを子どものわがままなどと切り捨てようとすればたちまち反撃をくらうだろう。

それじゃあ、がまんを重ねたあげく、それに見合うだけの先の保証があるのか。当てにならない。たかが知れてる。うまくいくかどうかは自分の努力の問題でしょ、と大人が開き直るならこっちも勝手にやらせて欲しい。陽の当たるポジションにいたいからそのために頑張ってどうして悪いの。――とまあ、こんな具合に。

うまく立ち回って有利なように自分のポジションをあっちこっちと変え、チャンスをつかむ生き方は、それが消費文化のスタイルで表現されてさえいなければ、大人社会でも通用する行動原則である。タレントであれ政治家であれ「二世」が活躍するこの日本で、「たゆまぬ努力が君の人生をつくる」風の成長観が説得力をもつのは至難というものだろう。世の中がそうなっていないことをサブカルチャーは効果的に、きっちりと「教育」している。ものわかりのいい、現実主義の親たちもこの方向での子どもの要求に応じている。この状況からして、子どもたちの成長イメージが未来配慮型のパターンに収斂しないのは当然のことなのである。

変身型の成長イメージでは、未来は「いま」を引きのばしていった先でしかない。「とりあえず高校へ（大学へ、専門学校へ）ゆく」という以上の未来像は描けない。将来を考えていまこうしなさいという配慮を大人社会はせざるをえないけれども、それは、現在と未来の引きかえ要求、幸福の先のばし要求に映る。だから配慮するな、子どもの将来を考えるなと主張したいのではない。いまの子どもたちが方向もかたちもちがう成長イメージの錯綜と分裂のなかで生きている状況をまず受けとめるべきだと言いたいのだ。

言うまでもないことだが、変身型成長のコースをたどるのも簡単ではない。だれでもいまを引きのばしてやってゆける（「いけてる」）わけではない。勉強がだめ（学校型成長コースの閉塞）なうえに、こちらでもだめとなれば生きる場所がなくなる。現代の成長課題のこのきつさに鈍感なくせに、「したいことがあるならはっきり言いなさい」と迫る大人社会の態度が適切だとはとても思えない。

私事としての自分づくり

中高生に人気のあったコミック『行け！稲中卓球部』（古谷実作）は、成長コースのどっちへ転んでも「だめな奴」が自分たちのだめさ加減をパワーに変えて「世の中」を渡ろうとする話だった。パワーの源が弱味を見せあい、低めあい、裏切りあいながら離れない集団の強さにあることははっきりしている。しかし、現実の子ども世界ではそういうつながりはもはや普通ではない。消費社会化の下での自己成型は他者の「介入」をどんどん薄めてゆく。

消費文化のなかにだって他者の存在はある。けれども、ここが肝心なのだが、この他人は一緒にいる具体的なだれかではなく、優劣をふくめ自分の価値を鏡として映し出す「抽象的な」他者である。アイドルの役割を考えればわかるように、自分をつくるうえで現実的影響力をもてるし、もってしまう。しかし、一緒にいる、面と向き合うといった共同的現実とはちがう次元ではたらく他者だ。

消費文化のなかで自分をつくる作業は具体的な他者の存在を支えにすることができない。「自分」を使って自分のスタイルを決めてゆく作業にならざるをえない。サブカルチャーのアイテムが自己操作の技法と深く結びついているのは、だから少しも不思議ではない。消費社会の材料やツール、道徳（自分がしたいことをするのは迷惑をかけていなければたがいに自由）を使って「自分のかたち（スタイル）」をばしっと決めたい。自分を磨くという言い方はここでの成長の課題をぴたっととらえている。

たがいに口が出せないスタイル決めとしての成長が自他の関係に及ぼす変化については、カプセル型人間等の表現で八〇年代から指摘されてきたことであり、つきあい方の質についても各種の研究がすでにある。筆者としては、他者と一緒にいる状況が「普通」ではなくなったこと、兄弟、姉妹関係など、親密関係の内部でさえそうなりつつあること、つまり「個立」が成長の出発点になり、どうやって他者と一緒にいられるかの方が新たに身につけるべき文化的主題になっていることにあらためて注意を促したい。

3　他者の存在が脅威

みてきたように、生身の他者という存在は、ただそこにいるだけでも脅威、圧迫になり、その他者と一緒にいることは「異常な接近」状況にみえる。「イグアナの娘」は異常と普通のこの逆転を扱った先駆的ドラマだったが、いまでは母娘関係のみならず、たがいの「生身」がふれあう場面では「イグアナ遭遇」の危険が充満している。これが「普通の感覚」になったとき、大人社会の都合（配慮）で一つの教室に「居させられる」他人同士のあいだにどんなに強い軋轢の可能性が広がっているか想像できるだろう。学校空間にかぎらず、一緒にいる理屈や秩序が弱いところではこの状況が当たり前になる。

現実には他者は消えろと願って消えるものではない、どこまでも「うざい」存在である。消費文化は他者のそうした介入的性格をそぎ取るはたらきをするが、その機能には限界がある。出くわすだけで「結界」を侵すような関係は日常生活のどこかに必ず生じてしまう。恋愛がそうならぬためにどうするか、「友情」がそうならぬためには……と、対人関係のすべてについて「イグアナ遭遇」の危険を回避する技が必要になる。つきあいの文化をゼロからつくらなくてはいけない大変に難儀な事態になっているのである。

要するに、およそ人間関係の基本的了解が転換しつつある。大人には何が面白いかわからないコミック『すごいよ!!マサルさん』（うすた京介作）では、対人関係の普通と異常のこの逆転が笑いを誘う源泉になっている。感情の変質もこの逆転にともなって生まれる。たとえば、不真面目を真面目にやったら何が起きるか（真面目な大人はどう反応するか）などと楽しむわけである。「マジ」だの「カレシ」だの、少年少女たちが自前の人間関係に合わせてつくり変えた言葉には、このように変化した関係にたいする了解が如実に示されている。

「個立」からの出発といっても、子どもたちが終始「個室」で生き通すことはできない。一緒にいるという難儀な状況をくぐり抜けずには生きてゆけないのである。子どもたちが示す「人間扱い」の、目を見張る新しい「境地」はこの状況から紡ぎ出されたものなのである。

「暴発」の出口は弱者に向かう

たがいに向き合う場面での一人ひとりの子どもは「確固とした自分」をあらかじめもっているわけではない。「個立」の結界が破られた途端、まだ何ものでもない自分が裸にされるかもしれない。「イグアナ遭遇」を避けるため出会いのプレッシャーを減らす戦略を採用しても問題は解決しない。センサーが過敏になる分、「ちょっとしたこと」ががまんできない介入に感じられる。相手を傷つけようとは、ことの始まってみるまで考えてもいないのに、「イグアナ遭遇」は瞬時に起きてしまうのである。これが「暴発」だ。直接の暴発対象は引き金にすぎないともいえる。

しかし見のがしてならないのは、「暴発」が多くの場合弱者に出口を見つけることであり、逆にいえば、ナイフをもつこともそうだが、自分を強者の位置に立たせる行為だという点である。自分が安心できるのは相手が弱いときだけであり、逆にそうなら自分の弱味が発見されてしまうのは致命傷だ。「自己中」といわれても「弱さ」を見せてはならないのが一緒にいる場での鉄則なのである。バブル崩壊以後の日本社会はこの鉄則を子どもたちに意識させはじめた。冒頭に「ジャングルの掟」といったのは、子ども世界に根づきつつあるこの変化を指してのことである。

ナイフを使うという「キレ方」がいまや難儀な関係を打開する促成の文化的出口になりかけている。他者の拒絶が抑圧や暴力につながらない文化を育てることなしに、この状況を克服することはできない。子どもの成長の「普通」が変わりつつあるいま、共同の世界を押しつけやたてまえでなく具体的な文化として提示できる大人社会の力量が問われている。

第4話　日本の若者はどこへ向かうか

私に与えられたテーマである「現代日本の若者たちの意識構造」について、これから四つのことがらについてお話ししたいと思います。あらかじめその四点について示しておきますと、第一は、いま、日本社会では、青少年についてどのようなことが問題にされているか、大人たちは若者をどのような目でみているか、という点です。

第二に、若者たちの意識や行動が、近年、どのように変化しているかについて、各種の意識調査やデータにもとづいて報告します。なお、ここで、「近年」というのは、一九九〇年代後半、一九九七年、九八年といった時期から後を指しています。「現代日本」という場合の「現代」も、おおよそこの時期を指しています。

第三は、現代日本の若者たちが直面している文化的困難について述べ、その困難の特質について私の解釈、考察を述べたいと思います。たくさんの資料をもってくることはできませんでしたが、具体的な事例をいくつか紹介したいと思います。

最後に、日本の若者たちが示している意識や行動の傾向が他の社会と比較してどのような特徴をもっているのか、今後どのように変化するのか、私の推測をお話しするつもりでいます。

1　青少年の意識や行動について、いま、何が注目されているか

少年・少女の行動

青少年の行動のうちで大人たちがもっとも大きく注目しているのは、少年による犯罪です。少年犯罪が近年激増しているかどうかについては専門家のあいだで論争になっており、確定した社会的判断が下されているわけではありません。少なくとも、後でお話しする「危険な存在」としての少年像を裏づけるような犯罪の増加が確証されているとは言えません。しかし、二〇〇三年夏に長崎市で起きた一二歳の少年による幼児殺害事件が典型的に示しているように、ローティーン少年による犯罪が大きな社会的反響を呼び起こし、社会学で言うモラルパニックをもたらすようになっています。一九八〇年代から一九九〇年代はじめまで人々の注目を浴びる中心であった、学校内での「いじめ」に代わって、学校の外での犯罪が社会的関心の焦点になり、人びとの議論の焦点として設定されるようになったのです。その転換点に位置するのが、一九九七年に兵庫県神戸市で起きた、当時一四歳の中学生による児童連続殺傷事件でした。

このように、低年齢の少年までもが、「凶悪な犯罪を起こす可能性をもった存在」とみなされるのにくらべて、思春期の少女たちにたいしては、また別のまなざしが向けられています。そのまなざしとは、「既成の社会的・道徳的規範など無視して自由奔放に振る舞う存在」というものです。少女たちにたいするこのようなイメージには、つねに性的な要素がつきまとっています。援助交際という名の

売春やブルセラショップ、いわゆる出会い系サイトをつうじての異性との交際などが、「性的に無軌道な少女」というイメージを広げる根拠になっています。そして、このようにイメージされる少女たちの年齢についても、高校生から中学生に、さらに現在では小学校高学年の少女たちまでに広げられてきました。若者たちが集まる街として名高い東京渋谷を舞台に、やはり二〇〇三年夏に起きた小学生少女の監禁事件は、およそ一〇歳前後から、少女たちが、いわば「子どもではない存在」として行動し始める現実をあきらかにし、大人たちに衝撃を与えました。

テレビや新聞で大きく報道される少年少女たちのこうしたすがたは、「いまの子どもが何をするか、何を考えているのかわからない」という大人たちの不安を引き起こします。学校の外で大人たちの常識を超えて振る舞う少年少女たちのすがたは、学校教育がこれまで彼らに及ぼしてきた影響力の低下を大人たちに実感させます。大人社会のあいだでは、「親がしっかり教育すべきだ」という主張が強まりますが、多くの親たちは、思春期を迎えた少年少女たちが親の思い通りにならないことを肌で感じ、焦りと不安をつのらせています。後でいくつか具体例をあげますが、若者たちが日頃親しんでいる文化の中味について、親たちはほとんど理解することができないのです。

「大人の常識では理解できない少年少女」という像、イメージの社会的な拡大は、歴史的にみて注目すべき現象と言えます。すなわち、第二次大戦後の日本社会における公式的な青少年像、子ども像は、「将来社会をになえるよう教育し保護すべき存在」というものであったのですが、この像がいまや変化しつつあると思います。つまり、「何をするかわからない危険な存在、コントロールすべき存在」という像へと少しずつ変化しているように感じられるのです。

フリーターの増加

ローティーンの少年少女たちにたいするこのような強い社会的関心にくらべると、大学生や二〇代の若者たちにたいする大人の関心はいささか低いように思われます。とはいえ、近年では、正規の職に就かずアルバイトやパートタイムの仕事に従事する若者たち、いわゆるフリーターの増加が関係者の注目を浴びるようになっています。フリーターは現在では二〇〇万人を越えると言われ、その不安定な社会的地位から、将来の労働力構造を歪める要因として警戒されるようになってきました。フリーターの数はいまではさらに増加の一途をたどっています。

また、実数は正確に把握されていませんが、数十万人は存在すると推測される、「社会的引きこもり」についても、対策の必要性が指摘されるようになってきました。「引きこもり」とは、他人とのつきあいを断ち、家の中に閉じこもって（出られずに）何年も過ごす人のことを指しており、なかには十数年も引きこもり続けている人がいます。

これらはいずれも、将来の日本社会に不安定な要素をもたらす問題として論じられています。また、しばしば、これらの若者たちは「無気力で怠惰な存在」というレッテルを貼られます。

このように、ローティーンの少年少女たちにせよ、その上の青年層にせよ、現代日本の大人たちの目からは、「常識はずれ」で「危なっかしく」「頼りない」、さらには「不気味だ」とさえ映っているようです。そういう印象が生まれる一部にはそれなりの社会的根拠があるかもしれませんが、大人たちのそうした視線が正確で公正だとは言えないように私は思います。むしろ、現代日本の若者たちが抱いている意識やその社会的・文化的背景についてリアルにとらえていないのではないか、と考えています。青少年の状況を把握するさいの視点に歪みがあるのではないか、とも考えています。大人たちが青少年の現実を把握できない理由についても推測できることがありますが、その点にいま触れることはせず、二番目の論点、青少年の変化の問題に移ります。

2　一九九〇年代後半から急激に変化してきた青少年の意識

私は、現代日本の若者たちの意識動向をあきらかにするうえで、二つのアプローチが有効だと考えています。その一つは、消費文化 consuming culture とのかかわりで青少年の意識や行動の変化をとらえるというアプローチです。そしてもう一つは、社会のなかで若者たちがおかれている位置との関係で彼らの意識や行動をとらえるというアプローチです。以下では、この二つの点から青少年の意識や行動の特徴をとらえ、一九九〇年代後半の日本社会で若者たちの意識と行動にどんな変化が生じているのかを紹介します（なお、ここで紹介するデータはＮＨＫをはじめ多数の調査機関、研究者による調査にもとづいています）。

消費文化の最先端を生きる

消費社会化が進行する社会では共通する現象だと思いますが、若者たちは上の世代とくらべて消費文化の最先端を生きるようになります。日本ではこの現象が一九七〇年代の半ばから始まり、思春期の少年少女たちの成長過程にきわめて大きな影響を及ぼすようになりました。およそ四半世紀にわたるそうした影響の歴史的結果が九〇年代にはっきりと顕在化してきたと言えます。そこで、消費文化とのかかわりで変化した青少年の意識や行動について、情報行動、人間関係や文化行動、学校にたいする態度、規範意識などの点で具体的に確かめてみたいと思います。

情報環境の変化が青少年のメディア接触を急激に拡大したことは言うまでもありません。中学生まで毎日三時間以上テレビをみて、小学生の場合それに一時間くらいゲームをするというのが平均的数値です。およそ半数の家庭で一家に三台以上テレビがあるという調査もあります(川崎市)。韓国でもおそらく同様だと思いますが、九〇年代末からの急激な変化として携帯電話の普及があげられます。都市部の高校生では九〇％以上、全国平均で八〇％の高校生が携帯電話を所持しており、中学生でも、女子の場合半数がメールのやりとりをしているという状況です。大学生が授業時間中に平均一・五件のメールを受信し、一・三件発信しているという調査をされた研究者もいます。携帯電話の普及は少年少女たちの交友範囲、つきあいの範囲を広げます。九〇年代に社会問題となったテレクラ（テレフォンクラブ）に加え、出会い系サイトをめぐるトラブル、犯罪が増加し、出会い系サイトの規制が二〇〇三年九月から施行されています。しかし、ケータイ・メールを用いた青少年のコミュニケーション拡大がそれによってストップするとは考えられません。

情報環境の変化は、このように、少年少女たちの生活圏やコミュニケーションの範囲をこれまでにない規模で広げてゆきます。ここで重要なことは、そういう生活圏、つきあいの範囲の拡大が、学校教師や親の知らないところで進行する、ということです。

また、彼らが受けとる情報が増えるということは、これまでは見つけにくく、集まりにくかった「仲間」を全国的な規模で見つけられるようになることも意味しています。マンガ同人誌の即売会として夏と冬数十万人が集まるコミケ（コミックマーケット）は、そういう自分たちのネットワークをもつ全国でおそらく数万のサークルとその周囲にいるファンに支えられています。たとえ学校では自分一人しかマンガを書く趣味をもっていないとしても、そうやって集まることが可能になったのです。

もっぱら青少年に向けて発信される情報の飛躍的な拡大は、同世代のあいだで流通し流行する文化の厚みをつくりだします。若者たちの行動様式は、同じ文化環境を生きる同世代の振る舞い方、これに貫かれている基準としての「文化コード」に強く影響されるようになります。ファッションであれ友だちのとつきあい方であれ、同世代が共有する基準に照らして適切であるかどうかがもっとも重要になり、そうした基準、文化コードに無頓着な人間はしばしば孤立せざるをえません。思春期の入口である小学校高学年から、日本の少年少女たちは、学校文化や家族文化から相対的に独立した、この新しい文化世界でうまく生き抜くことを要求されるようになります。一一歳〜一四歳の少女を読者層とするファッション専門誌の一つ『ピチレモン』は、日本の少年少女たちが、学校生活をつうじての社会的自立という過程とは異なる、消費文化世界での「自立」を否応なく迫られている現実を象徴的に示しています。

青少年文化のこのような自律性は、都市部では空間的にもはっきりと確認できるようになります。東京の原宿や渋谷、あるいは秋葉原など、全国の青少年にとってあこがれの対象となる聖地 holy land が出現するとともに、全国各地の都市、盛り場には、ファストフードショップ、コンビニ、カラオケ、駅前書店などから構成される若者のための空間がつくられるようになります。七〇年代半ばから始まったこの過程は、大都市部のターミナル駅周辺で、毎日、万単位の青少年が集積する空間を生み出すまでになりました。制度として若者だけが利用するしくみでないとしても、文化的に大人たちとははっきり棲み分けられる世界が出現しているのです。

少年少女の早熟化

文化の世代間分離がこのように強まる結果、消費文化世界での青少年の「自立」が早まり、大人の目には早熟化と映る現象が目立ってきます。消費生活の領域にかぎるなら、大人ができる多くのことがらが少年少女たちにもできるようになります。若者が大人のイメージや条件を描きにくくなっていることもこれに関連しています。少年少女ができることのなかには、もちろん、恋愛や性関係もふくまれます。東京都における最近のある調査では、高校三年女子の性体験率が四五・六%と報告されています（男子、三七・三%）。私の住んでいる神奈川県でもほぼ同水準であり、全国的には三分の一から四分の一程度と推測されます。したがって中学生から性体験のあることも珍しくないし、ファーストキスは中学生時代に経験するといっても誇張ではないでしょう。お手元の警察庁の調査でも、この様子がはっきりうかがえると思います。これらはいずれも九〇年代後半に顕著になってきた現象です。

青少年の文化行動のこの大規模な変化は、彼らの意識や感覚のこれも大規模な変動をともなっています。ある研究者の調査では、「異性の友だちと外泊すること」について、三分の二の高校生が「大した問題ではない」と感じています。中学生ですら約半数がそう感じているのです。規範意識の変化にかんして注目すべきことは、最終的にどう行動するかは本人の自由で他人が介入できることではないという感じ方が強固に根付いていることです。「援助交際」についてさえ、「するかしないかは本人の自由」という回答が三割から過半数を占めるようになっています。これらの変化は、しかし、規範意識の喪失を意味するものではないと思います。むしろ、自分たちが生きている文化世界にそくしたかたちに規範感覚を変容させているとみるべきでしょう。

青少年の文化的自律性が強まることは、言い換えれば、学校文化の影響力が弱まることを意味しています。「先生の言うことをきく」という感覚が成立しにくくなっており、九〇年代後半には、小学校で授業が成り立たなくなる「学級崩壊」が問題にされました。「学校をさぼる」ことについても、前述の調査では、半数の高校生が「大したことではない」と答えています。NHK（日本放送協会）が二〇〇二年に行った「中学生・高校生の生活と意識」調査では、高校生の四割程度は学校の授業時間以外にはほとんど勉強しません。いわゆる進学校以外の高校ではこの比率がさらに高まります。他の調査でも、この二〇年間のあいだに勉強の時間も意欲もずっと低下してきた結果が報告されています。とりわけ、意識の上での学校からの離脱が大規模にすすんでいることが推測されます。

閉塞感

次に、消費文化の先端を生きるすがたとはうらはらに、現代日本の若者たちが社会の一員として正当に位置づけられておらず、社会への帰属意識もきわめて低いことを指摘したいと思います。ある調査では、日本社会の一員だとあまり感じていなかったり、まったく感じていない中学生は八六・六％、高校生では八〇％に上ります。学校の一員だと感じていない層も約半数に達していますし、家族の一員だと感じていない者がおよそ三割、小学生でも四、五人に一人はいるのです。社会の一員だと実感できないのですから、社会のために役立つとか貢献するといった気持ちを持てるはずもありません。社会的に活躍する、高い社会的地位をえるといった目標や希望は他の国々の若者たちとくらべ、きわだって低いのです。韓国、アメリカ、フランスとの比較（二〇〇一年）で、日本の中高校生の六二％が「人生を楽しんで生きる」を目標に選んでいますが、これは韓国の二倍近くです。「高い社会的地位や名誉をえる」を挙げた者はわずか二％です。いわゆる立身出世意識はほとんど存在しないと言ってよいでしょう。

また、九〇年代後半には自分自身の生活にかんする将来像についても顕著な変化が起きています。日韓文化交流基金が中高校生を対象に九八、九九年に行った比較調査では、韓国の中高校生九割近くが「幸せな家庭をつくる」と回答しているのに、日本の中学生では過半数がそうした予測を持たず、高校生でも七三パーセントにとどまっています。家庭を築くことや結婚することを自分自身にそくして想像できない、予想もできない青少年が増大しているのです。未来にたいするこのような閉塞感がどのような問題をもたらしているかについては、後でもう一度述べたいと思います。

現代日本の若者たちがいだいているこのような閉塞感——といってももちろん自分たちが直面している状態を「閉塞」として自覚しているわけではありません。彼らが示す意識動向は閉塞状況と解釈できる、ということです。——には、はっきりとした社会的根拠が存在しています。私はそれを「社会的縁辺化social peripherization」と呼んでいます。これは青少年層が社会的経済的に周辺の位置におかれることを指しています。

縁辺化の様相は男女によってもちがいますが、九〇年代後半以降とくに重要なのは、若年層の経済的縁辺化です。近年の労働力構造の変化によって、高校卒業者の就職はむずかしく、「無業」といわれる職に就かない（就けない）卒業生が急増しています。二〇代青年のうちでフルタイムの職に就けない層も急増しています。いわゆるフリーターの月収は平均して一〇数万円ですから、経済的に自立することは大変に困難です。学校にまじめに通い、勉強しても就職も十分保障されない――その現実を若者たちは肌で感じています。中学生の頃からそうした自分の将来を直感的に正しくつかんでいるからこそ、彼らの意識は、そういう現実に照応して変化しているのだ――私はそう判断しています。

一言で言って社会から疎外されたこうした状況については、これまであまり顧みられなかったと思います。消費文化を謳歌する若者たちのすがたが、時には興味本位につたえられ話題にされるのと対照的に、社会的縁辺化現象については見すごされてきました。一方で消費文化の先端を生きながら、他方で、社会的には、「取るに足りない存在」として位置づけられ扱われる――そのはなはだしいギャップが現代日本の青少年の意識構造を特徴づけていると思います。したがって、日本の若者たちの文化行動をとらえるうえでも、脱工業社会 post-industrial society がもたらす文化的「豊かさ」を一面的に強調することは事実に反する単純化だと言わなければなりません。

3　現代日本の若者文化にはどのような特徴と困難があるか

「豊かな社会」に育つ自己中心的な若者 egocentric youth という像がこのように一面的であるとすれば、彼らの行動様式や文化を一体どのように理解し、読みとるべきなのでしょうか？

大きな三番目の論点に移りますが、ここでは、量的なデータよりも、青少年文化のいくつかの特徴的事例に焦点を当て、それらを紹介しながら、その文化の性格について考えてみようと思います。私がこれから紹介する事例は、他の国から日本にやって来た人が奇妙に感じるであろうケースを中心としており、日本国内でも若い世代の少数の研究者以外にはあまり知られていないことがらです。ひょっとすると、一部の特殊な若者たちのことだと誤解されるかもしれませんが、決してそうではなく、これから紹介する事例をつうじて、現代日本の若者たちが生きている文化の特質が浮かび上がってくるはずだと考えています。

ゴスロリ・コスプレ・追っかけ

まず最初に、ゴスロリ、コスプレ、追っかけの話をします。ていねいな説明をする余裕がなくもどかしいのですが、最初に取り上げるのは音楽シーンの話です。ロックバンドやアイドルグループのファンが示す行動について紹介します。

ゴスロリとは、ヴィジュアル系と呼ばれる男性ロックバンドのファンである少女たちを指します。

「ゴス」とはゴシックの略語で、ヴィジュアル系バンドは全員化粧し、「女装」ともいえる扮装をして、いわゆるゴシック・ロマンに近い雰囲気を漂わせていることから、こう呼ばれるようになったと思われます。

コスプレはコスチューム・プレイの意味でアニメやコミックの登場人物の恰好をしてコミケなどで撮影会をしたのが始まりです。そのコスプレがヴィジュアル系バンドのファンのあいだに波及し、ヴィジュアル・コスというジャンルを生んでいます。たとえば、ピエロというバンドのファン（ピエラーと言います）が手づくりの衣装で好きなバンドメンバーの扮装をする、という具合に。

さまざまなバンドのファンはこれもさまざまなファンクラブを組織します。熱心なファンはバンドが行う全国ツアーを追いかけて参加し、楽屋入りや移動を見守ります。そういうファンが「追っかけ」と呼ばれます。直接個人的コンタクトを得ることが必ずしも目的ではありません。ファン同士は恰好ですぐわかるので、たがいに手づくりの名刺を交換します。そのさい、バンドメンバーの同じ人物が好きな場合（同じ担当という意味で同担と呼ぶそうです）はグループを組まないというルールがあると報告している研究者もいます。「追っかけ」は学校のクラスや学年に一人かもしれませんが、全国に仲間がおり、メンバーが一万人をこえるファンサイトも珍しくありません。そういうファンクラブの内側には、外部からではわからない「符丁」やルールがつくられているのです。

大人の目からはとても不思議にみえる彼女たちの行動ですが、安心できる仲間を見つける手続きだと考えると納得がゆくはずです。そして、たがいに安心できるためにわざわざ仮装してみせること、バンドという消費文化の産物をいわば触媒にして仲間をつくっていること、同じ人間のファン同士はつきあいを避ける、つまり競争しなくていいようなしくみをつくっていること、なども注目すべき特徴です。そしてこれらの特徴は、他者にたいして自分を素直に表現することのむずかしさや、それにもかかわらず「自分を見て欲しい」という強い欲求の存在を示唆しているように思います。「熱心にだれかを応援できる自分を見て」とアピールしているかのようにです。

「やおい」

情報環境や文化環境が大きく変化し、青少年の生活圏、行動圏も大きく広がる中で、安心できる人間関係（友だちとの小社会）を築くことのむずかしさは、「やおい」の例でもうかがうことができます。

「やおい」とは、一九七〇年代にはじめて出現した小説やマンガのジャンルで、女性作者が描く男性同士の恋愛・性関係物語りを指しています。作者はプロもいますがアマチュアが大半で、思春期の少女から三〇代の女性まで広がりを持っています。小説やマンガの物語ですが、オリジナルよりも他の作品のパロディが多く、好みの男性同士のさまざまな組み合わせ（カップリング）がつくられ、楽しまれます。この場ではおみせできない露骨な性描写も存在しています。

やおいは男性同士の性愛を描いていますが、ゲイ・カルチャーではありません。「やおい」の作者やファンで、自らを「腐女子」と呼ぶ少女、女性たちは、日常生活で特異な存在ではなく、むしろ、おとなしく、まじめで本好きな存在と映っている方が多いはずです。世間の誤解を恐れ、「やおい」であることを隠しているのが一般的ですが（やおい少女の日常を描いた中島沙帆子という方の四コママンガがあります）、九〇年代にはやおいの読者層が広がり、「ボーイズ・ラブ」などと呼ばれて、一般の書店でもその系統の小説が並べられるようになりました。

では、その女性たちがなぜ男性同性愛を描くのか？　自らも初期のやおい作品の書き手である人気作家栗本薫（中島梓）さんなどがこの点を論じていますが、明確な解答が得られているとは言えません。フェミニスト思想家のシジウィックが提起したホモ・ソーシャルな関係にたいする、無自覚な抵抗という側面があるのかもしれません。あきらかなことは、大人たちから、そして男たちから隠れ、現実の生活とも異なる、「もう一つの安心できる場所」を、彼女たちが、そのようにしてつくっているのだ、という事実です。

折り鶴オフ・吉野屋オフ

「やおい」の例は、「素直な自分のすがたをうかつに他人に知られてしまうのは危険だ」という感覚と、「でも、安心できる状態で他人と一緒にいたい」という欲求が同時に存在していることを示唆しています。この両方を満たすような「社会」のつくり方を、「2ちゃんねる」に集う「2ちゃんねらー」と呼ばれる若者たち――今度は主として男性です――の例でみておきます。

「2ちゃんねる」は毎日数百万人がアクセスすると言われる巨大掲示板で、「板」と呼ばれるたくさんのジャンルから成り、インターネットに興味をもつ若者たちをもっとも惹きつけているサイトと言えます。「板」のなかにさらに細分化された掲示板、「スレ」（スレッド）が立ち、人気次第でスレは成長したり消滅してゆきます。二〇〇三年夏、広島の原爆慰霊碑のところにある折り鶴がいたずらのため焼かれた事件の際、「折り鶴を折ろう」というオフ会の提案がスレに立ち、数十万の折り鶴が広島に送られました。何月何日の何時から何時までこの場所で折り鶴を折るという提案に「のった」人間が黙って集まってその時間折り鶴を折るというわけです。吉野屋オフも同様で、決まった時間に牛丼の吉野屋に集まり、決まった注文をする。そうしたいと思った者だけが集まり、たがいに話すこともなく、牛丼を食べて帰ってくる、というわけです。そういうさまざまなオフ会が提案され、集まることも集まらないこともあります。だれも集まることは強制されていません。

こういう行動の仕方には、さまざまな仕方で自分をさらさなくてはならない面倒な事態を避けつつ他人と一緒にいられるようにする「繊細な」集団化の技法が存在すると言えるでしょう。逆に言えば、こうした集団化の技法の「洗練」は、「一緒にこうしよう」と呼びかけることがいかに困難であるか示唆しているように思われます。おたがいが他人に心理的負担をかけずにいかに行動するかが、友人関係の維持にとってそれほど重要なのだ、ということもわかります。そういう人間関係は、「やさしさ」などと呼ばれ、以前から臨床精神医学者などの注意を惹いてきました。

「思い出をありがとう」と叫んでいたい心理

ところで、ここでも注意しておくべきなのは、若者たちの人づきあいにはずいぶん複雑な配慮がはたらいているといっても、それが彼ら自身にリアルに自覚されているとはかぎらない、ということです。先ほど紹介したＮＨＫの中高校生調査では、「自分はいま幸せだ」と感じている者が増えていますし、八〇年代には高い割合で存在し大人たちに衝撃を与えた「暴れ回りたい」などの攻撃願望も影を潜めています。日本の未来は明るくないと確信していながら、自分自身の生活には少しもストレスを感じていないようにみえます。社会的な閉塞状況のなかで抑圧を感じている若者というイメージは彼ら自身の自己像とはまるでちがうようにみえます。経済的には「失われた一〇年」というバブル後の社会に育ち、自己の生活や将来の人生にあまり希望をもてない状況のなかで、ある社会学者が「多幸症」と名付けたほど、奇妙に明るく幸せな自己像をいだく若者たちが多数になっています。一体これはなぜなのでしょうか。

これまで述べてきたような文化環境の変化によって、自分に好ましい小社会、小集団を見つける可能性が広がってきたこと――このことは事実でしょう。しかしそれだけで説明がつくとは思えません。好ましい人間関係を「抽出する」過程での緊張や葛藤、社会のなかで確固とした位置を占めるうえでの困難はそれだけでは解消されないからです。

考えられるもう一つの説明は、若者たちの振る舞い、行動様式が、「いま幸せ」と感じていられるような場面だけ、状況だけをつねに取り出せるように設定されているのではないか、というものです。二〇〇二年ワールドカップ・サッカーのさいの若者たちの興奮は韓国でも日本でも同様だったと思いますが、その性格は少しちがっていたのではないかと私は感じています。日本の若者たちにとって重要なのは、おそらく、「自分が楽しいと思えるようにその場に自分を没入させる」ことであったと思います。この場合、幸せだと感じられる状態に向かって自分を「盛り上げる」ことこそがポイントであり、サッカーはその触媒にほかなりません。触媒である点でアイドルと変わりがないことになります。

いやなもの、見たくないものはあらかじめ心理的に遮断して意識に上らせないという、この心理的メカニズムを「解離」と呼んでいる精神医学者もいます。スキゾフレニアという言葉を用いて同様のことを述べた教育学者もいますし、「心がない」とさえ述べた研究者もいるほどです。その当否はともかく、若者たちの友人関係形成や集団形成が、たがいの幸せな状態を崩さぬような人為的努力を一つの中核にしていることはたしかだと思います。たがいの本心を「熱く語る」ような機会も状況もきわめてかぎられ、困難を困難と感じられず分かち合えない苦しさが、日本の青少年をひたすら明るくしているのだと思わずにはいられません。

「社会的引きこもり」

だれもがそうやって自分を「盛り上げ」、幸せな状態におこうとしているのに、「鈍感にも」（と、映るわけですが）不幸な現実を見せつけるように振る舞う人間は嫌われ排除されます。別に見せつけるつもりなどなく、自分の感じたままに振る舞っていても、みんなと同じに「ハッピー」になれない様子が表に出てしまえば、見せつけていることになるのです。「わたしはそう思わない、そう感じられない」と表明することは大変な勇気を必要とする行為です。そう感じてしまう者にとっては、自分の気持ちを決して表に出さず押さえつけてどこまで生きられるかが問われるのです。私が直接に聞いた経験でも、小学校時代からそうした並はずれた自己抑制を強いられる少年少女たちが存在しています。「社会的引きこもり」がすべてこのような状況を原因にしているとは言えませんが、社会で普通だとされている人間関係のなかに、きびしい自己抑制の要求がふくまれていることはたしかだと思います。そして、「社会的引きこもり」のなかには、そのような自己抑制を強いる社会からの離脱、撤退という要素がたしかに存在しているといえます。

つい自分の素直な感情を表に出してしまう「不器用な」人間にとって、こうした文化世界で生きることは大変に困難だと思います。本当は「不器用」どころではなく、ナイーヴで鋭い感性の持ち主が、しばしば、「努力の足りない、無神経な人間」として非難され、無視されることは珍しくありません。彼ら彼女らは、たとえ自ら引きこもらないとしても、深い社会的孤立に陥らされてしまうのです。

付け加えておきますと、このような同調化の圧力は、よく言われるように、日本的な集団主義の再生産と解釈すべきではありません。むしろ、最初に述べたように、消費社会化と縁辺化とのアンバランスな同時進行に由来するきわめて現代的な現象だと私は解釈しています。そして、社会からのいわば撤退を余儀なくされるこれらの若者たちの存在は、多数派の若者たちが感じている「幸せ」感覚の独特の性格を裏側から照らし出しているように思います。

「バイト魔」

自分という存在の社会的位置やリアリティが把握しにくい現実の下では、しかもそういう状況を自分自身の力で打破する展望ももてない状態では、その現実をついまともに受けとめてしまうと、そんなに幸せでない自分が表に出てきてしまうかもしれません。孤立して社会の「外部」で生きるのはとてもつらいことですから、そうならぬための強迫的な努力がいろいろなかたちでなされます。一言でいえば、「何も考えずに毎日を過ごせるようにする訓練、陶冶」とでも言える努力のかたちです。岡崎京子さんのマンガが象徴的です。岡崎さんは、九〇年代前後から若者たちの心象風景をリアルに描いてきた、才能あふれるマンガ家です。岡崎さんが描く「発作」のシーン、つまり自分について考えてしまう恐怖を避ける努力が、ここでいま申し上げたい「努力」のかたちなのです。

自分の居場所を見つめてしまうような「発作」が起きぬよう心理的な「安全保障」を設けておくこと――たとえばその一例が、時間の空白ができぬようせっせとアルバイトに励むことであり、また、カレシやカノジョの「確保」に精出すことです。まるでいつも手をつないでいるかのように、絶えずメールでお喋りのできる友だちを確保しておくことも入るでしょう。やや誇張して言えば、「考える自分」をなくす、ということになります。自分を特別に意識しないでも安心していられる状態（「なごむ」という言葉がほぼそれにあたります）は、この同じ理想を肯定的な面からとらえたものでしょう。

要するに、どういう状態、条件の下でならば「人間をやってゆけるか」が、自分という存在の否定までもふくめて、追求されているのです。つまり、現代日本の青少年は、彼らが日々その中で生きる日常文化や社会状況に迫られ、大人たちにはわかりにくいさまざまな文化的回路をつうじて、「人間の条件」を問い始めている、ということができます。

4　日本の若者たちの未来は

以上お話ししてきたことからわかるように、現代日本の若者たちが示す意識状況には、歴史的・社会的に共通の背景が存在していると同時に、彼らの行動パターンや自己表現は一律ではなくさまざまに分岐しています。したがって、大人の世代と青少年とのあいだにギャップがあるだけでなく、若者たちのあいだでも文化的なコードやスタイルのちがいがあり、そのちがいは彼らのあいだでのコミュニケーションを深くさえぎっています。「ヤマンバギャル」（いまでは「マンバ」と進化しているようですが）と「やおい少女」とはおたがいに話しができません。音楽の好み一つとっても、「私はこれが好き」とストレートに言うことのできる状況はむしろかぎられています。だからこそ、相手の内面に介入しあわないような関係づくりの技法やルールが若者たちの文化のなかに細かく張りめぐらされることになったとも言えます。

これまでご紹介してきた日本の若者たちの意識や行動は、日本社会に独特で特殊なものなのでしょうか？

私は必ずしもそう考えていません。ジェイムズ・コウトやマフェゾリらによる近年の研究が示すように、消費社会化の進行は、青少年の成長過程と社会化の様式に、多かれ少なかれ同様の変化を及ぼすようにみえます。たがいの人間関係を築くうえでの困難についても、たとえば個体化 individualization といった概念を用いて説明することが可能でしょう。日本製の子ども文化や「オタク文化」が他の国々に輸出され、ある程度受容されていることからも、青少年文化のグローバルな地盤がない、ということはできません。

しかし、すでに紹介したように、現代日本の青少年が、他の国の若者とひどく異なるいくつかの意識傾向を示していることも事実です。そこで、そうした傾向を生み出している社会的・文化的背景を最後に考えてみると、最初にお話しした二つの特徴に再び戻ってくることになります。

すなわち、第一は、日本の場合、青少年層にたいする消費文化の浸透度、規模がきわめて大きい、ということです。思春期以降の少年少女たちが、新たに発達してきた情報文化環境を利用して、同世代の自律的な生活・文化圏を広げてきた点では、一九七〇年代半ば以後の日本はきわだっています。もちろん、そこには、青少年向け文化産業の、つまり大人たちの商魂も存在していたことはあきらかです。また、若者たちの世界に消費文化が大規模に浸透するのを妨げるような文化障壁の弱さも指摘できるかもしれません。親の世代の文化、大人社会の文化がそうした障壁としてもっているはずの規制力が弱い、影が薄い、ということです。若者たちの言動にたいして文句をつける大人たちの文化、現代日本における大人の文化とはどのようなものなのか――よく考えてみるとそれは決して明確ではないのです。大人一般ではなく、男性文化（おじさん文化）、女性文化（主婦文化）に分けて考えてみても、青少年文化の四半世紀に並行し対峙するどのような文化が存在していたのか定かではありません。この点は、日本の若者文化の特質を検討するうえで一つの非常に重要な論点になると思います。

第二の問題は、若者たちが特異な消費文化の領域でどれだけ自律的で奔放に振る舞えたとしても、いったんそうした文化圏の外に出て、「実社会」で生きる場面になると、とたんに彼らの社会的な「重み」は下がり、自己表出の影響力は薄れてしまいます。一九八〇年代前後にジャパン・モデルと呼ばれた企業社会秩序の強さは、仕事の場、社会的な活動領域で決してさからわない若者を事実上要求してきました。「実社会」に出れば自分たちの願いどおり、希望どおり振る舞えないことを、日本の若者たちは八〇年代からよく知っていました。八〇年代半ばの女子高校生に絶大な人気をもった赤川次郎の青春小説が如実に描いたように、大人になって社会的に活躍するというような夢を彼らはさっさと捨てて、大人たちとはちがう文化世界で幸せに過ごせるような文化的迂回路を営々と築いてきたのです。

九〇年代後半には、最初に申し上げたように、若者たちが「一人前」のかたちで社会に出ることは、八〇年代よりもはるかに困難になっています。その結果、より懸命に「実社会」の、大人の要求にそって自分たちの振る舞いを自己規制してゆく心理が強まるかもしれません。しかしまた、その逆も考えられます。実社会での生活にはこれまでよりももっと期待をもたず、自分が気持ちよく生きられる世界を見つける志向の拡大です。私の観測では、いまのところ、この志向の方が強いのではないかと感じられます。「生のミニマリズム」と呼ぶことができそうなこうした志向は、いわゆる自殺ネットの流行やごく最近の家族殺傷事件（大阪河内長野市）のように、死に向かう誘惑をもふくめて、結局のところ、九〇年代末から日本の若者たちが直面している状況への文化的な反応なのだと思います。

第Ⅱ部

消費文化の大海を生きる若者たち

第5話　サブカルチャーの絶大な威力

1　変化した若者文化の構造

誤解

最初に、大人たちが若者文化をイメージするときの誤解、思いこみを正しておきたい。

若者文化をサブカルチャー、つまり、大人の文化のサブ（下位）と考えることは、この文化を日々生きている青少年の実感にそぐわないということ。青少年にとって若者文化はメインであり、彼らの生活や意識ほとんどすべてがこの文化を基盤にして成り立っている。普通、サブカルチャーと言えば、メインカルチャーの強い支配力、影響力を前提に存在するものだが、日本社会ではそうではない。ゲーム、音楽CD、ケータイなど、若者の「サブ」カルチャーをつくっているさまざまな「装置」の威力は絶大である。

サブカルチャーのこういう威力は、じつは、欧米諸国よりもはるかに強い。そうなった理由は複合的で単純ではないが、子ども文化の世界に資本が投入されやすく、きめ細かい文化商品が開発されてきた事情がある。ともかく、この結果、「メイン」であるはずの家族文化や学校文化の影響力は弱くならざるをえない。大人の文化（常識）と子ども（青少年）の文化（常識）との距離も拡大し、文化の世代間分離が激しくなる。

以上を踏まえるなら、大人（だと自認する人）は、若者文化について自分が無知だという自覚を持たなくてはいけないだろう。例外的大人はもちろんいるかもしれないが、たとえば、「ブレンパワード」や「ゆずっ子」や鳥肌実についてのおしゃべりに大人が加わろうとしたってまず無理というものだろう。サブカルチャーの世界、つまり青少年にとっての常識の世界では、大人（親、教師）が無知で「子ども」が「ものを知っている」という逆転が大規模に生じる。学校現場の教職員が日々経験するこの関係は、経験者が後継世代に知識や経験をつたえるという文化の流れをくつがえす新しい事態なのである。

「サブ」と「メイン」の、意識のうえでのそういう逆転現象を「生きる」のは、青少年にとってもしんどいところがある。大人たちが「常識だろ」と迫ることがらを彼らは、自分たちの常識にそぐわないが「覚えなくちゃいけない」「従わなくちゃいけない」「一応そういうことになっている」等々のこととして受けとめる。これはしかし形式的な処理の仕方で納得とはちがうから、「どうしてそうしなくちゃいけないか」を考えずにすむような「訓練」に支えられてはじめて成功する。「メイン」の文化を身につけるプロセスがそんな風に変容していることに注意するべきだ。

大人たちの誤解のいまでは最たるものが、青少年のサブカルチャー＝「おたく文化」という図式だろう。そうイメージされる「おたく」文化はいまや存在しない（かつても存在したかどうか疑わしいが）。さらに、「おたく」文化は危険というイメージもホラービデオや美少女アニメなどと結びつけられて大人の通念と化したが、これも根拠はない。美少女アニメや萌えキャラの世界はたしかに特異であり、やおいジャンルがそうであるのと同様に、日本の青少年文化の特徴を際立たせるものだが、その特異性を、「おたく」の危険という文脈で片づけてしまうと実態を見誤る。

そもそも、若者文化として青少年のサブカルチャーを一括りにすることがもうまちがいなのである。たとえば、モー娘や『ONE PIECE』、あるいは一時期のたまごっちやポケモンについて大人が「知っているぞ」と威張ってみても、若者文化を知っているなどとは決して言えない。それは、現在の若者文化がもっと複雑な層構造を成しているからで、右に挙げた例は、青少年のあいだで幅広く知られている、いわば共通教養のようなものにすぎない。何がそうした「共通教養」になるかは、ジャンル、作品等の時々の流行や年齢差、ジェンダー差、同世代の話題のつくられ方などによって左右されいちがいに言えない。しかしともかく、たとえば大学生女子なら『ＪＪ』ファッションならこういう感じ、といった「常識」、「教養」を持っているのが普通とされる。知らないとちょっと肩身が狭かったり話題についてゆけないというくらいの影響がある「共通教養」の世界である。大人はこの部分をサブカルチャーとしての若者文化だと誤解するが、それはＮＨＫの日曜大河ドラマを大人文化だと考えてしまうのと同じ単純化である。

若者文化の本体

近年ではしかし、若者文化のそんな「共通教養」の層が八〇年代と比べるとずっと薄くなっている。

マスコミが若者のあいだではやっているとつたえることがらを授業で持ち出してもきょとんとしている生徒がいるのは当たり前だ。アニメにくわしい生徒とマンガにくわしい生徒とのあいだでは共通の話題が成り立たない。次節以下でコミックや音楽シーンにそくしてそのことを述べるが、ジャンルのあいだ同士はもちろん、ジャンルのなかでもさらに細かい下位の区分があって「外部」にはわからない世界が広がっている。つまり、どんどん薄くなっている「共通教養」の層の下に、ぶ厚い、そして幾層にも分かれた文化がある。これが若者文化の本体だと言った方がよいだろう。

青少年文化のどんなジャンルであれ、各人が好みにしている「本体」の部分を探り当てるのも、交流させるのも、だからとても困難な作業になる。若者同士のあいだでも事情は同じ。自分の趣味（と言っては軽すぎるかもしれないが）にかかわる知識は他人がついてゆけぬほど深いとすれば、おたがいがそうだとすれば、そこには触れずにつきあうしかない。好みの文化を深く「掘って」しまう者はかつて「とんがってる」などと言われたが、いまでは「とんがってる」ことが普通になりつつあるようだ。

そうなると、今度は、だれでも自分が得意な、くわしいジャンルの一つももっていなければ恥ずかしいという焦りが出現する。サブカルチャーとしての若者文化のなかに、その文化内での「エリート」と「一般ピープル」のちがいが生まれる。勉強が「わからない、できない」よりも、若者文化のどこにも足場がなく自分の位置がない方がもっと辛いことかもしれない。少なくとも「一般ピープル」の水準をクリアした上で、そのちょっと上のレベルで自分が前に出られるような得意ジャンルをもつことが必要だと感じられる。そうした各人のポジションはその人のプライドやアイデンティティと深くつながっているので、そこに触れる場合にはそれなりの配慮がいる。大人たちはこの点にほとんど無神経なのでとくに注意すべきだ。

みてきたような若者文化の層構造を単純にジャンルの区分、細分化と同一視してはいけない。むしろ、ジャンルを横断するセンスのタイプ分けでつかまえた方が理解しやすい場合もある。センスのタイプ分けは「〜系」と表現されてきた。「癒し系」「なごみ系」……といった具合にである。こういう「系」はメディアがつくってしまう面があり、またそうやって相手を分類して片づけてしまえる点で暴力的な機能ももっている。とはいえその分類にまったく根拠がないわけではない。センスの分類が目に見えるかたちで行われていると、共通の場としての安心感は持ちやすい。「異文化」を生きる若者同士のコミュニケーション不全を解消できそうだと思える。それはそれで、話が通じそうにない相手と軋轢を起こさずにつきあってゆく現実的な「知恵」なのだが、しかし同時に、そういう対人文化の洗練は、人が触れあうことの意味や内容を知らず知らずのうちに変容させる可能性ももってしまう。

2　コミックを読む世界、描く世界

身近なマンガ

サブカルチャーの代表選手のようにみなされてきたマンガ文化の現状をみよう。

マンガは青少年の日常文化ではありふれたものであり、もっとも身近なメディアの一つである。マンガを読むことは普通の若者にとって暇つぶし程度の軽い意味を帯びているにすぎず、マンガにはまったり入れあげる者は少数だ。かつての『ドラゴンボールZ』のような超人気作品も出なくなった。それだけマンガ文化は三〇代男性までもふくめた「若者文化」として定着したとも言える。さらに、レディスコミックからの変形といえる、たとえば、ほとんどホラーに近い「嫁―姑」バトルを満載した専門誌などもあるから、多様化、分散化がすすんで、もはや若者文化としてコミックを語ることはできないかもしれない。もちろん、『バガボンド』のように出版部数累計で一〇〇〇万部をはるかにこえる作品があり、週刊マンガ誌の部数にしても大人向けの週刊誌とはケタがちがう等々、出版界でのコミックの位置は依然としてきわだって大きい。『少年ジャンプ』がよく読まれる雑誌のトップにランクされていることも以前とそう変わりはない。

とはいえ、コミック全体の発行部数は近年あきらかに停滞・減少傾向をみせており、この傾向はおそらく今後も続きそうだ。少子化による子ども人口の減少やケータイの影響など、原因はいろいろにささやかれているが、マンガという文化ジャンル自体の成熟も見逃すことはできないだろう。思春期にマンガ文化を通過する経験は、いまや五〇代に達した団塊の世代以降のすべての年齢層にわたっており、旧作の文庫化や廉価版再録なども急激に広まった。マンガというだけでは青少年文化に特有のジャンルにはならなくなったのである。加えて、若者文化の層構造ができあがってきたことも、共通教養としてのマンガ文化を成立させにくくしている。手塚治虫をみんなが読んだというような大人世代のマンガ経験はこれからはもう存在しそうにない。『明日のジョー』を熱く語るような真似はしない方が無難だろう。

表現欲求の爆発

「共通教養」としてのマンガ文化は消えても、膨大なマンガ「ファン」が集まってくる場所はある。九〇年代にブレイクし現在も巨大な参加者を集め続けているコミックマーケット（マンガ同人誌の即売会）というイベントがそれだ。有明ビッグサイトで夏冬二回開かれる最大のコミケには、五〇〇〇をこえるマンガ同人誌サークルが出品し四〇万人からのファンが集まる。高校生から三〇代まで、コミケへの隠れた――「大人」にコミケに出てるなどと言っても気味悪く思われるので言わない――出品者は日本全国に大勢いるはずだ。学校教師のなかにも。もちろん参加者はさらに多い。彼女たち（と、相対的に少ない彼らたち）の大半はプロのマンガ家をめざしているわけではない。マンガ文化の成熟が表現への欲求を未曾有の規模で爆発させたとみる方が当たっていそうだ。パソコンの普及で、かつてはプロにしか使えなかったソフトが比較的安く供給されるようになり、「素人」の表現手段が飛躍的に拡大したこと、ネット上で同好の士と簡単に交流できるようになったことも、コミケのような集まりの隆盛に拍車をかけている。表現、作品を通じ、自分が安心できる仲間を発見するという新たな回路が存在しているのである。

コミケのように大人の目につきにくい場所から広がり、いまでは街の書店の一角を占めるほどになったジャンルに、いわゆるボーイズラブ系作品群がある。美形の男の子同士の恋愛、セックスを描くもので、それだけを言うとゲイカルチャーとまちがわれるが、そうではない。思春期の少女たちが読む。そしていまや決して「特殊な」分野ではない。少女小説のジャンルにもなっており、したがって、八〇年代に確立した少女小説の性格もまた変貌していることになる。どうして日本に独特のこうしたジャンルが生まれたかは簡単には説明しにくい。日本の若者文化におけるジェンダー差の綿密な検討が必要だからである。ともあれ、少女マンガといえば、憧れの素敵な男性との恋愛関係(ラブラブと呼ぶ)を描くものとしかイメージしていない大人たちは考えを改めた方がよい。ラブラブの物語が通用しなくなった、それに満足できなくなった時代に少女たちが産み育てたのが、ボーイズラブなのである。恋愛を軸にした少女文化の世界は現在の少女マンガにも引き継がれているが、同時に、大人には理解しにくいこうしたジャンルもコミックの世界では立派に市民権をえるようになった。

ジェンダー文化のあり方という点では、幼児層にまで普及している『セーラームーン』などのいわゆる戦闘美少女系作品群についても注意しておくべきだろう。また、男子向けコミック文化として膨大な美少女エロマンガの存在も無視できない。ほとんど幼児と映るものも多く、日本がチャイルドポルノ大国と言われる所以だが、この状況がなぜ生まれたのかについて、後述する「暴力の文化」という視点にそくした検討をふくめて、短絡的でない検討が必要であろう。

『少年ジャンプ』ならいちおう読んでるという表層のマンガ文化の奥には、マンガを描いて暮らしたい、正確にはマンガ文化を生活の傍らにいつでもおいて暮らしたい、という「入れあげ」派もいる。これは音楽ジャンルなりゲームジャンルでも同じだ。松本大洋（この人はポピュラーに過ぎるかもしれない）や高野文子、黒田硫黄、魚喃キリ子など、それぞれが好きな作者の作品をしっかり読んでいて、思い入れがある。大人の大半にはまるで馴染みのない世界だが、「マンガなんかくだらない」とつい考えてしまう大人にとってはその思いこみをただす解毒剤になるはずだ。文芸誌などでの批評の対象になる点では、高踏派の大人好みともいえるが、これを一般的ということはできない。日常文化としてのマンガ文化を考えるとき、大切なのは、コミックを読むこと・描くことの日常経験としての役割や意味に目をすえることなのである。

3　生き方を支える音楽生活

生活に深く根づいて

マンガよりももっと深く若者たちの日常生活に入りこみ、ときには精神的支えにもなっているのが音楽である。「音楽のない生活は考えられない」というある青年の述懐は、多分特殊な事例ではない。

それなのにＣＤが売れない、とは最近の音楽業界の悲鳴である。一〇〇万枚をこえれば大ヒットだったポピュラー音楽分野で、二〇〇万枚クラスの超ヒット曲が複数出現したのが九〇年代前半のこと。それがいまはなくなった。宇多田ヒカルやあゆちゃん（浜崎あゆみ）のような、メジャーの人気者はいるけれど、音楽市場は停滞気味だと言われる。原因について確定的な説明はない。青少年文化を当てにする市場ではどこでも言われる少子化の影響、事実のほどはやや疑わしいが、ケータイなど通信料金に小遣いがとられていること、音楽業界に存亡の危機をもたらすと予測される、ネットを通じてのダビング、などなどである。

しかし、これらの推測をよく吟味してみると、ＣＤ発売枚数の停滞は青少年の音楽離れを示すものでは必ずしもない。むしろ実態は逆ではないか。つまり、どれだけお金をかけるかどうかは別に、音楽を自分の生活の不可欠な一部として取り入れている状態は変わっていないどころか、大人の世代よりもずっと深く根づいた、と言ってよい。メディア接触にかんする調査が示すように、音楽は思春期以後の青少年とりわけ女性たちにとって、一番身近な、そして「自分」という存在のありようを確かめるうえでも大切な手がかりである。ＣＤやコンサートにかける費用だって若年層女性の場合重視されている方だ。

したがって、どんな音楽が好きかは一人ひとり相当細かく、シビアな判断をしているし、おたがいのあいだでそう要求したり期待していたりもする。若者ならロックなどと一括りに片づけるのは乱暴きわまりない所業で、もっと細かいジャンル分けがほとんどバンド単位に分かれてしまうほどになされている。音楽が好きとはそういうことで、サブカルチャーの層構造がここでも成立する。つまり、共通教養は薄く、好きな部分の知識や入れこみ方は深い。Ｊポップの人気者やジャニーズ系アイドルの知識はいちおう共通教養に属するかもしれないが、それにまったく興味を示さず、海外のものしか聴かない者も、高校生くらいからは普通に出てくる。メガヒットが少なくなったことや八〇年代にはあくまでマイナーだったインディーズのレーベルが「そこそこ」以上に普通に売れるようになってきたことは、このように、好きな音楽の多様化、分散化がすすんだ結果でもあるだろう。「歌舞伎町の女王」から始まる椎名林檎の流行や、浜崎あゆみにみられる、アイドル歌手のメッセージ・シンガー化なども、九〇年代より以前には出現しなかった事態である。生活への受け入れ方に濃淡の差はあっても、文字通り音楽生活といえるような音楽とのつきあいが存在するようになった。ゴスロリファンのコスプレ志向にみられるように、ビジュアル系ロックファンとアニメファンとの融合現象などもすすんでいる。好きな歌手の曲を聴く、コンサートに行くだけではない、自分たちのパフォーマンスをふくんだ音楽「生活」が広がっているのである。

自分たちが演奏

音楽「生活」のなかには、それだから、たんに好きな音楽を熱心に聴くだけでなく、自分が演奏するという領域が当然ふくまれる。パフォーマンスとして自分（たち）を押し出す表現活動の広がりは八〇年代末以降飛躍的に広がる。原宿ホコ天という「表現」の場や、「いか天」（ＴＢＳ「いかすバンド天国」）はこの新しい状況を象徴的に示すものだった。大学内に数十から百を優に超えるバンドが出現していたらしいこと、インディーズ系バンドにもしっかりファンがつくようになっていったことなど、一種の地殻変動がこの時期に起きていたらしい。そういうバンドブームはいまは下火になり、流行が一過性のものだったかというと、決してそうではない。ダンスもそうだが、バンド活動もいまではごく当たり前になり、「バンドやってんだ」と取り立てて注目を浴びるようなできごとでなくなっただけのことである。団塊の世代が高校生の時代にはバンドができるだけで花形だったが、いまはまったく状況がちがう。メンバー調達が難しいドラムは「打ち込み」にしてデモテープやＣＤをつくることも簡単にできる。高校生だとスタジオ代の調達にはちょっと苦労するが、それでもアルバイトで何とかなり、赤字でもライヴハウスで演奏できる。スタジオやライヴハウスの実態を調べてみると、そうやって音楽を自然に生活の一部にし、プロになるつもりはなく、しかしこれからもずっと音楽で暮らしていきたいと感じている「普通」の若者たちのすがたが浮かび上がってくる。

聴くことだけでなく自分も「やってみること」への強い要求は、音楽生活を路上へ押し出す。全国の大都市ターミナルはもちろん、ちょっと人々が集まる繁華街の津々浦々で、唄い演奏する若者たちのすがたは多くの人が目撃していることだろう。これも調査がないため正確ではないが、九〇年代末から、ストリートミュージシャンの数は激増したと思われる。九八年、横浜伊勢佐木町で伝説のライヴを行った「ゆず」の影響とも言われるが、より根底には、青少年の表現基盤の拡大があることはおそらくまちがいない。「ミュージシャン」とは言いながら、芸人だったりプロ志向のバンドは一部であり、投げ銭をえることより、自分たちが唄える場として路上が選ばれている。本人かあるいは友だちのだれかが路上に出ていたという経験は、都市部では珍しくない。自室の延長であり、自室よりももっと自由に唄える場として駅頭や路上が「発見」されたのである。

自己表現の場としての路上の利用は、クラブ――真ん中の「ラ」のイントネーションを上げる日本のクラブよりももっと大衆化された――やライヴが音楽生活の主流である欧米社会とはいまのところ異なる日本社会の特徴かもしれない。音楽だけでなく、詩集を並べたり、朗読したりといったパフォーマンスや、さらにはフリマまでふくめて、「路上」は現在の青少年にとって身近な生活の場に変身した。もっとも、自己表現のそういう発現方法には男女差があるようだ。バンドもストリートミュージシャンもやはり男性の方が多いと思われる。女性が消極的なのではなく、場の開かれ方がちがっていて、女性には狭いということだろう。

「する」ことへの志向という点では、音楽「生活」の拡大は、文化的能動性の拡大だと、とりあえずは評価できよう。ただし、ここでいう自己「表現」はあくまでパフォーマンスという性格を保っている。「自分を外にさらす」という勇気の要る作業を、パフォーマンスという一種の役割演技形式につつむことでやりやすくする。気軽に路上に出られることと、こういう役割化の進行とは深くかかわっている。肝心なのは、パフォーマンスをとおして「思いをつたえる」、逆に、パフォーマンスのなかから「思いを汲み取る」ということ、そういうつながり方、コミュニケーションの特質である。

上のことを踏まえれば、聴き方を中心とした音楽へのさまざまなアプローチには、濃淡の差はあれ全体として、強いメッセージ性（思い入れ）の要素が息づいていると言えよう。ラップのように歌詞の内容に直接にメッセージがこめられている場合でなくとも、パフォーマンスとしてのさまざまなスタイルに「思い」がひそめられていたり、逆に、「思い」を読みとろうとするのである。浜崎あゆみという歌手の存在自体がそう受けとられたり、元ちとせやCoccoなどの曲が、いわば心情のリアルなコミュニケーションとして聴きとられたりするのはこのためだ。そしてこういう機能がはたらくようになったからこそ、音楽は、エンターテイメントの一ジャンルというだけでなく、青少年の精神生活にとって不可欠のものとして感じられるようになったのである。

4　教養は死滅するのか

活字離れ

若者文化の動向は情報環境の変化と密接に関係している。ケータイ・メールを典型とする豊富なコミュニケーション・ツールに支えられたサブカルチャーの普及によって、青少年が身につける知（教養）のかたちもまた変容する。「活字離れ」現象に着目しての教養の衰退ないし死滅論は、この変容にかんする世間一般の代表的なとらえ方であろう。「最近の子どもは本を読まない」という慨嘆は、マンガやテレビが普及し始めた高度成長期にも、ゲームやアニメが広がった七〇年代にもさかんに言われた。いつの時代でも大人はそう嘆いてきたことになるが、これは本当だろうか。

高度成長期も七〇年代も、片方で活字離れが嘆かれた時期は、同時に、出版産業が成長し、大衆的「読書市場」が拡大した時期である。七〇年代でいえば、文庫本ブームによってむしろ中高校生の読書機会は一挙に広がり、少女小説のような新しいジャンルが出現した。メディアミックスは活字文化のすそ野を広げたという見方もできるわけだが、長期の継続調査を行ってきた毎日新聞読書調査では、この時期には高校生の不読者（一ヵ月一冊も本を読まなかった）割合が漸増している。読まれる内容の変化とともに、なぜそうした変化がすすんだか検討が必要なところだ。

では、現在はどうか。

毎日新聞調査によるかぎり、読書冊数の大きな変化、減少はみられないが、やはり、高校生の不読者割合が増え、六七％と、いままでのピークである九七年の六八・九パーセントに迫っている。それにもまして大きな変化は雑誌不読者の増加で、小中校生すべてがピークで二割に達し、とくに小学生の不読者割合増加が著しい。活字離れ以上に雑誌離れがすすんでいることになる。もっとも、駅前書店で雑誌を立ち読みする中高校生のすがたはどこも変わりないから、ファッション誌やゲーム誌といったジャンルでは読者層はまだ健在だと思われるのだが。

問題は、およそ七割の高校生が一月に本を一冊も読まないでいることの解釈だろう。音楽生活と同じ意味での読書生活は若者のあいだに存在しないということだ。読書の古典芸能化といったら言い過ぎだろうか。教養を積む方法として読書がほとんど唯一のルートであったような時代は、少なくとも終わったのである。そのことを認めるところから出発しなければ活字離れの現実はみえてこない。

ところで、ケータイ・メールの浸透は、他方で、文字を用いたコミュニケーションの新たな広がりと言うことができる。インターネット、ホームページの普及も同様で、これらも活字文化と無縁なメディアではない。図書館で調べものをするより、ネットの検索エンジンを用いる方が、大学生の場合、いまやすっかり中心となってしまった。情報誌のはたらきを主とする雑誌群が衰退するのはそれだから当然だとも言えそうである。活字環境のそうした大変化が、「本を読む」というかたちでの活字環境の活用を組みかえてしまったのである。文字文化＝本という前提は崩れている。ネット上で文字を読んでいるという経験の一般化がどれだけすすんでいて、それが読書経験とはどんな風にちがっているのかについてきちんとした研究が必要だろう。

コミュニケーションの双方向性という観点からすれば、「本をよむ」という行為はひどく迂遠なコミュニケーション方式にみえるだろう。著者の言いたいこと、言いたいことをつたえる表現様式を「つかみとる」自分の側の作業、努力も曖昧でよくわからない。とはいえ、この技をきたえる「教養主義」ジャンルがないわけではない。若者文化のなかには、この文化のなかで深く「教養」を掘り下げる教養主義が存在することを付記しておく。昔なら「文学少女」などと呼ばれたこのグループは、おとなしい優等生と見られがちだが、大人の偽善を見抜く力は一流で、自分たちに独自の「教養」基盤を築いている。

しかし、もちろん、こうした教養層が多数派であるとはいえず、大方の青少年には、コミュニケーション手段としての本はあまりにも無力に映る。自分がそういう活字文化を用いて何かをつたえることだってイメージしにくい。ファックスで気軽に主張を送りつけられる時代に、投稿少女・少年であることなど難しい。活字離れとは、その意味で、旧来の活字文化を用いたコミュニケーションの無力化を意味している。

思いをつたえる道具としての文字文化

そこで、自分たちの思いをつたえる便利な道具へと文字文化を変身させるさまざまな試みが生まれることになる。路上の詩人がそうであり、目の前にやってきた相手に言葉を書きつけてみせるパフォーマンスもそうだ。要するに、「つたえるパフォーマンス」として文字を再利用するやり方である。時ならぬ日本語ブームも、パフォーマンスの一ジャンルとして言葉の利用をとらえ直す流れのなかにおいてみれば、流行の理由が推測がつきそうだ。言葉を「体を使ってつたえるもの」にするというコンセプトが人気の秘密である。「国語はパフォーマンスなんだよ」と頭を切り換えてしまうと、国語という教科も「古典芸能」から変身できるというわけだ。

「つたえるパフォーマンス」として文字文化がつくりかえられる最先端の部分がケータイ・メールであり、ネット上のチャット言語ではないだろうか。最先端とは文字表現の洗練という意味ではない。「自分がいるよ」とか「あなたに知らせているよ」ということをつたえるのが一番肝心なメール言語の場合、しばしば、つたえられる中味の質（正確さ、豊富さ、すじみちなど）よりも、「つたえている」という心情自体の適切さが優先され、それにふさわしい書きぶりが編み出される。もっとも、それは若年層だから特別にそうだというより、メールのやりとりがもっているコミュニケーション上の特性に由来するのかもしれない。活字離れのみならず、「文章も満足に書けない」という嘆きが教育関係者から発せられるこの頃だが、伝達手段としての文字のはたらきをかなり基本的なところから考え直してみなければ、問題の所在はあきらかにならないと思われる。

「てにをはも満足にわかっていない」という非難とは逆に、ネット上には、雄弁な「大論文」やとてつもなく細かい知識を盛りこんだ文章もあふれている。しかし、これらを活字文化での文章や論文と同じだと即断してはいけない。というのも、ネット上での文字文化は「ネタ文化」という性格を色濃く帯びているからである。「受けそうな」トピックをカットアンドペーストして練り上げられるのが「ネタ」で、ネタの優劣を測る基準は、真偽や善悪といった次元とは別のところにある。フィクションであるかノンフィクションであるかという区別も意味をもたない。作者やオリジナリティについての伝統的活字文化の常識やルールは通用しにくいのである。ネット上の文章がすべてこういう性格だとは言わないが、「ネタ文化」は活字文化を浸蝕し、文字による表現の世界を大きく変容させはじめている。

以上のような意味での「活字離れ」の進行は、したがって、情報環境の過剰を条件とし基盤にしている。活字文化自体、自転車操業のように出版点数が増えるなかで、それらを見渡し、比較し、質が高いと判断できるものを選び出すことは至難の技だ。過剰な情報環境下では、何が出ているかさえ把握できないから、自分に好みのもの（どんな好みであれ、つまり少女小説だろうがボーイズラブだろうが、ジャンルを問わず）だけを取り出せることがもう立派な力である。しかし大半の読者はそうできないから、集中的に露出される情報を取りあえず押さえておく、ということになる。活字文化に最初から近づかない層、『ハリーポッター』はいちおうチェックしている層、自分の趣味に浸れる層と、おおよそ三つに区分され、最後の層がもっとも薄い。そしてそのいずれも、「古典芸能」としての活字文化とのあいだには、深浅はあれ、溝が存在しているのである。

5　青少年文化における「暴力的なもの」

暴力表現の進化

さて、青少年の文化世界が「サブカルチャー」として取り出され、大人たちによる注視（警戒）の眼にさらされるのは、有害で危険な暴力・性表現がそこには満ちあふれていて、青少年犯罪や非行の温床になっている、と感じられる場合である。「アニメやゲーム、コミックなどでの目にあまる暴力表現が青少年に悪影響を与えており、彼らの非行、暴力を誘発している」という主張がたとえばその典型的なものだ。映画「バトルロワイヤル」をめぐる論争が示すように、この主張は、青少年向けメディアの「進化」にともなって間歇的に噴出し、そのつど社会的・政治的な論争を呼び起こしてきた。世間を震撼させた少年事件をつうじて、「すぐキレる」という青少年像が定着したかにみえるいま、そうした主張もまた一層力を増しているように思える。そこで、現代日本の青少年文化が「暴力的なもの」をどう扱い何が問題なのかを、文化の内容にそくして緻密に検討してみなければならないだろう。

暴力表現の「進化」という観点から青少年文化のジャンルをみるかぎり、コミックであれゲームであれ、その度合いは、たしかに、現在に近くなるほどすすんでいる。八〇年代にはできなかった表現がいまでは可能になっているのである。業界ごとに、また、対象年齢層や供給先（たとえば、コンビニによる規制など）に応じた自主規制はあるが、それでも表現の「進化」は長い期間に確実にすすんでゆく面がある。アニメやコミック、ゲームといった、世界の先端をゆく青少年文化でのそうした事情は、日本が子ども文化内での暴力・「性表現」に極端に寛容な特異な社会だという印象を諸外国に広く流通させている。

問題はしかし、大人社会による何らかの規制を加えればそれですむというよりももっと根が深い。ライヴでのパフォーマンスやさまざまなイベント、ネット上のサイトなど、大人たちからみえないという意味でのいわば「地下メディア」の世界では、表現だけを取り上げるなら、商業メディアよりもさらに「過激」なものはたくさんある。つまり、暴力性の表現は大衆的感覚の次元にまで浸透し拡散している。また、たとえば、ハードな「やおい」マンガの「性表現」――男性同士のレイプシーンは定番だ――について、表現が過激だという部分だけを問題にすることが必要かつ適切なのか疑問である。そういうシーンが女性読者たちの暴力を誘発するという恐れはありそうにない。

ラップミュージックの暴力的メッセージを禁止することの是非がアメリカで論争になったのと同様の仕方で、これら日本の暴力表現を、「直接暴力に駆り立てる」という視点からすべて一律に問題にすることは無理がある。だからといって、表現はバーチャルなもので現実とちがうからどう描いてもいいということにはならない。「暴力的なもの」の取り扱いにこめられているさまざまな意味とそれらが果たす役割についてていねいにみてゆくべきなのである。

見過ごされる暴力文化

たとえば、こういう指摘はとても重要だ。ＡＶなどで「性表現」とされているものの多くがじつは性暴力の描写であり、暴力性の発現が性的快楽として正当化され認知されるような特徴を持っているということ。暴力なのに何か別のものに感じられてしまう、扱われてしまう。見過ごされてゆく暴力と言ってもよい。目につきやすい暴力シーンよりもずっと広い範囲で、そうした見過ごされる暴力文化は存在している。「男の友情」を表す種々のトピックのなかにも存在するし、親であれリーダー、監督等々であれ、権威をもった者が力を振るう場面でも、それが暴力と意識されぬかたちでの暴力の正当化がしばしば描かれている。青少年文化の場合、主人公はたいてい若い男女だから、彼ら彼女らがこの社会で「見過ごしてもらえる」暴力の範囲は狭く、いきおい、安全に支配できる少女・幼女を描くエロゲーなどが流通する。青少年文化のそうした暴力性は、したがって、日本の社会全体が見過ごしている暴力性の反映であり、文化的な増幅にほかならない。

先述の「やおい」文化は、「暴力を振るえる序列」の最下層に位置づけられた少女たちが、男同士の関係だけを性的に描くことでひっくり返してみせた、ということもできるだろう。アニメ美少女戦士や『ルーガルー』（京極夏彦）、ＳＦ風少女小説などで描かれる少女たちの戦闘が、これまでの暴力像とどのようにちがっているのかも知っておきたい。何が暴力に当たるかは、暴力を振るわれたと感じる側の視点ぬきで判断できないからである。青少年文化の暴力表現・性表現にかんする問題はつねに大人たちの側から善導というかたちで指摘されてきたが、それだけでは「見過ごされる暴力」の問題は解決しないのである。

自分に向けられた暴力に対して

暴力的なものの文化的取り扱いには、攻撃的で支配的な暴力の描写やこれに対抗する暴力表現だけでなく、これらを受容するさまざまかたちについての描写・表現がふくまれている。日本の青少年文化で注目すべきなのは、この点での「洗練された」表現が数多く生み出されている点だろう。

松本大洋の『ＧＯＧＯ　モンスター』では、たとえば、自分をとりまく嫌な世界を消してしまうには自分を消してしまえばいいんだ、という小学生の述懐が出てくる。自分を抑圧するもの、侵犯するもの、要するに暴力的なものから逃れるために、自分の方を「透明な存在」にしようというわけである。このモチーフは青少年文化に頻出する。感情を動かさないこと、人間的なものを気取らせない無機的な表現を追求すること、クローンになること……あえて言えば、徹底した「無力」の追求が文化的に行われているということだ。隣でだれがいじめられ、殺戮されても眉一つ動かさずにいられる「平気感覚」、世界の理不尽さを淡々と認めることのできるような感性と力とが「陶冶」されている。これらを暴力文化ということはもちろんできない。自分たちの生きている世界が逃れようもなく暴力的でよそよそしいとき、それでも生きてゆけるための「無感覚」が追求され表現されているのだから。

これらもまた、子どもたちの日常世界が暴力的なものと無縁などとはとても言えない現実をよく反映しているだろう。暴力文化から青少年を引き離そうとする大人の試みは、この点を自覚していないかぎり、彼らからみれば、現実離れした空疎なものに映るはずだ。青少年文化にあふれかえっている暴力や無力の表現に触れて驚く大人たちに、彼らは「そんなの常識だろ」と大人の無知を嗤う。頼りにならない大人社会の方策を当てにせず、自分に向けられる暴力的なものをやり過ごす「技」を何とか身につけようとする。その描かれた「技」を読みとることができるかどうか、大人は問われていることになる。

第6話　ゲーム・コミックからケータイへ

子どもをめぐるメディア環境の変化

ここ数年のあいだに子どもをめぐるメディア環境には相当大きな変化が生じているようにみえます。一つは、ゲームソフト産業やコミック、ＣＤ売り上げなどの停滞傾向で、もう一つは、これと密接にかかわると言われるケータイ・メールの急伸です。後で述べるケータイ・メールの爆発的普及はだれの眼にもつきやすいのですが、前者については業界関係者以外にはあまり注目されることがありません。ここではまず前者の点からみてゆきます。

九〇年代半ばまで伸張を続けてきたゲームソフト市場は、このところ頭打ち傾向がはっきりと出てきています(図1)。書店の棚には相変わらずゲーム雑誌がたくさん並べられていますが、ソフト購入本数の減少など若年層の「ゲーム離れ」がすすんでいると言われます。ゲームだけでなくＣＤの売り上げにも停滞傾向が現れており、コミックの場合にはもっと以前から頭打ち現象が続いてきました。毎日新聞社の読書世論調査では、とくに、雑誌を読まない小中学生の増加が指摘されています。これまで子どもたちのあいだで人気のあったこれらのメディアが一種の飽和状態に達していることは確実です。多少の変動はあっても、おそらくこの状態は大きく変わらないと考えられます。

図１　ソフト市場の推移

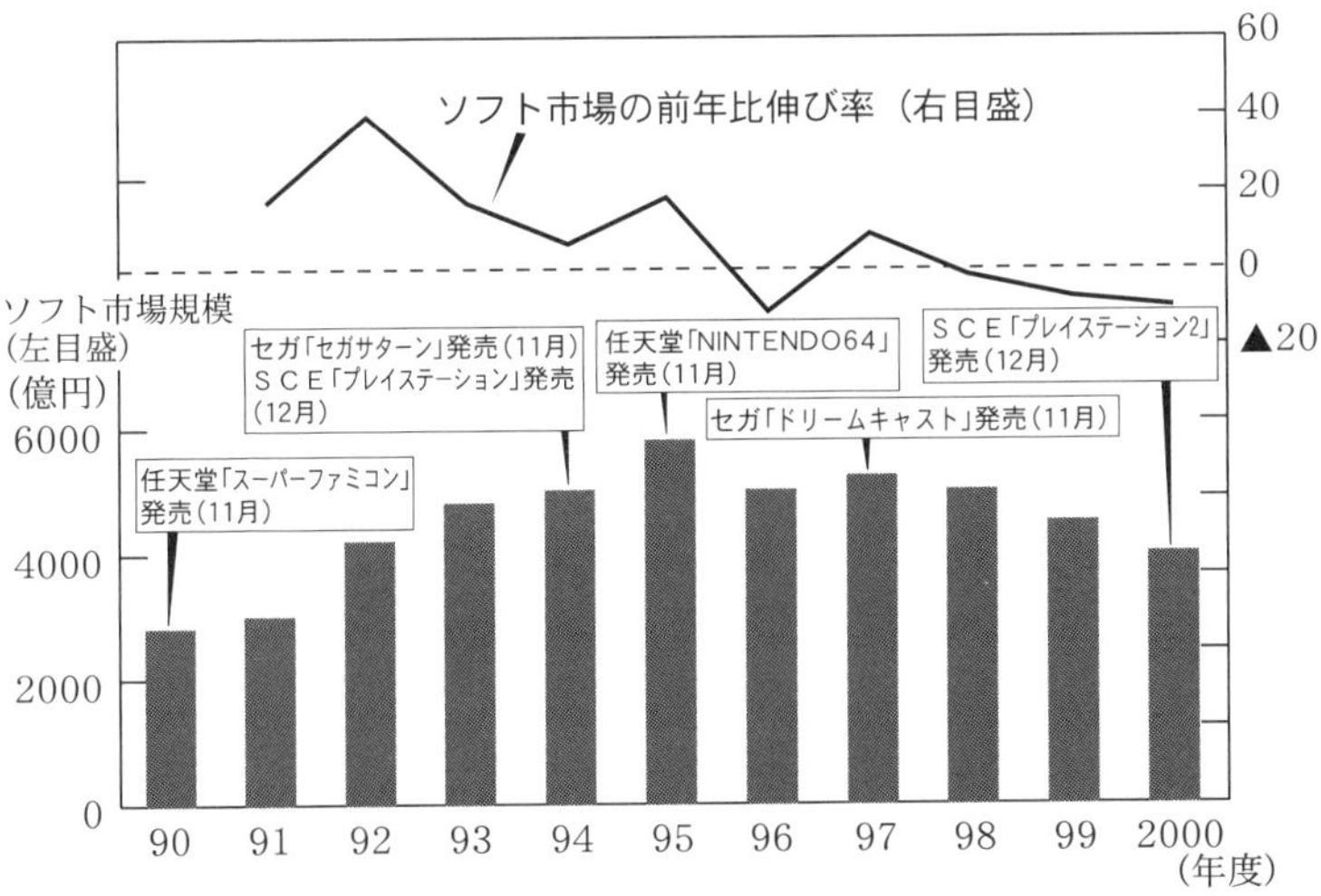

資料出所：東京三菱銀行調査月報　2002年２月号

もちろんその原因は複合的で、一律には判断できません。ただ、いくつかの共通要因を指摘することはできそうです。だれもが思いつくように、子ども人口の減少は子ども向けメディアの市場規模を縮小させます。そしてそこからすぐわかることですが、全体の規模が減ったからといって一人ひとりが消費する文化商品は必ずしも減るわけではありません。以前よりも「濃い」メディア環境のなかで生きている場合もあるのです。

経済状況の悪化が子ども文化の世界に及ぼす影響も無視できません。この点のきちんとした検討はなされていませんが、何を削って何に力を入れるかという判断がバブルの時代よりもはるかにきびしくなっていることが考えられます。

そしてこのことと関係してささやかれているのが、ケータイ・メールにかける費用が急激に増えたことの影響です。ケータイ・コミュニケーションの問題については次に述べますが、一〇代の少年少女たちが自分でケータイ費用を捻出するとすれば、その額がばかにならないことはたしかです。高校生が親にもらう小遣い程度の金額（五〇〇〇円をこえるくらい）は通信料であっという間になくなってしまいます。それだけで既存メディアの停滞を説明することはできませんが、ケータイ・メールの世界が加わったことによる変化は注視してよいことがらです。

ともあれこうして、七〇年代半ばから急成長したコミックの世界、八〇年代半ばからのゲーム世界など、最盛期には社会現象として世間の耳目を集めたメディア環境のよくいえば成熟化がもたらされようとしています。これらの分野では、それぞれが自分の好みで欲しいものだけを手に入れる、本来の意味でのサブカルチャー化が進行しているようです。もちろんそれでも、コミックマーケットのように三〇万人以上が集まるような世界があるのですから、そのエネルギーは巨大です。ただ、それと同時に、だれもがインベーダーゲームに興じていたかつてのような共通文化は生まれにくくなっているのです。

共通文化に成長したケータイ・メール文化

さて、最初に述べたように、ｉモード発売以来のケータイ・メールの急激な普及には目を見張るものがあります。ここ五年間のあいだに、一〇代、二〇代の若年層がもつ移動通信体の中心はメール機能付き携帯電話に完全に移行してしまいました。各種の調査によってみると、高校生の七割、中学生の三割強、小学校高学年の二割程度が携帯電話を所持しており、その割合は増加し続けています。中学生の半数以上がケータイ・メールを使う日も遠くないでしょう。高校生に代表される一〇代の所持利用率の高さは日本に特徴的なことがらです。同じように急速な普及をみせているインターネットですが、ケータイ・メールの浸透ぶりには及びません。思春期以降の少年少女たちにとってケータイ・メールはいまや新しい共通文化になりつつあるといえます。

若年層によって携帯電話の電話機能よりもメール機能が使われるのは、言うまでもなく、メール利用の方が割安だからです。ただし、首都圏男女を対象とした電通総研の調査（「生活者・情報利用調査報告」二〇〇〇年）では、毎月五〇〇〇円を越える利用料を一〇代男女が支出しており、それはCD購買額の三倍弱、ゲームソフト購買支出（男子）やライブイベント料（女子）の五倍になっています。各種メディアへの支出のうちでケータイ料金がトップの、そして「必要経費」として位置づけられていることはまちがいありません。経済的自律度の弱い高校生たちにとって、ケータイ料金のやりくりは毎月の配慮事項になっているはずです。ケータイ利用の扱いは、中学生の場合なおさらですが、親子のあいだでの新しい「係争」問題になります。「ちょっと使えば月一万や二万はすぐかかる」（という子どもたちの感覚です）ケータイを「がまんして」控えめに使っているのだというのが彼らの言い分なのです。

携帯電話利用の中心がメール機能であることは、メールを使った友だちとの日常的「おしゃべり」が広がっていることを示すものです。NHK世論調査所「IT時代の生活時間調査」（二〇〇一年）は、一〇代、二〇代の通話（メール、電話）相手が圧倒的に友人であることをつたえています（図2）。これは、会話ともポケベルともちがう、文字を使った新しいおしゃべりの世界が出現したことを意味し

図２　携帯電話の相手（全員平均時間、携帯利用者分母、月曜）

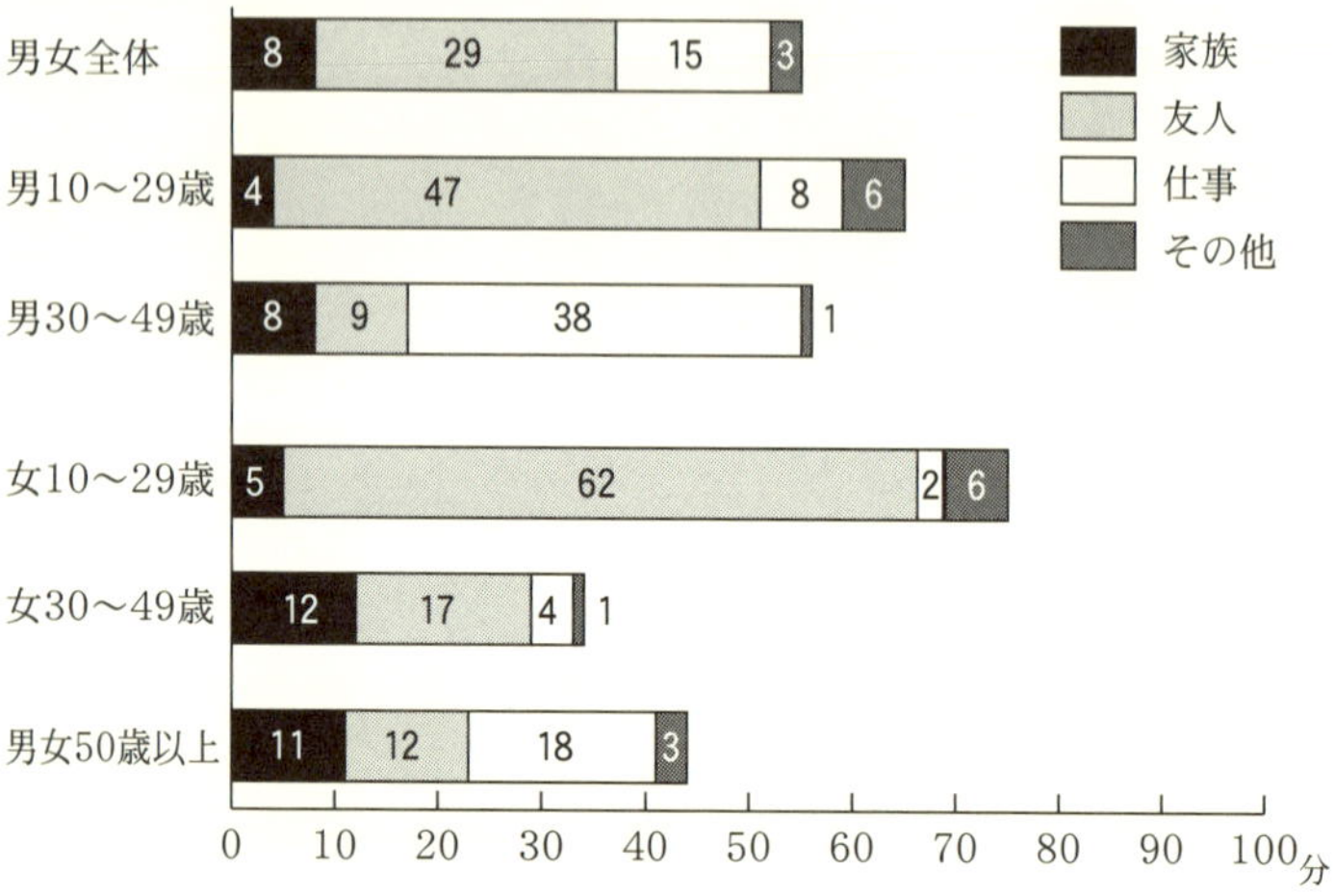

資料出所：NHK世論調査所「ＩＴ時代の生活時間調査」2001年

ています。手紙のように「かまえた」かたちではない、といっておたがいの肉声を聞くよりは距離のある、おしゃべりの延長としての文字文化の出現です。しかもこのおしゃべりは、テレビの「ながら視聴」よりもはるかに自由自在に「ながら」行動が可能なのです。大学生が授業中に平均一回以上メール発信しているという調査が示すように、ケータイ・メールは相当きびしい「情報遮断」の壁さえのりこえて、おしゃべりの世界をどこにいても並存させることができます。隣の部屋の相手に話すみたいにいつでも連絡がとれるのですから、対人関係の間の取り方や外し方にもきっと変化が生まれてくるでしょう。

　最近では、メールの他に、コンサート情報をみるといった利用も広がり、チケット予約のような実用機能も使われはじめています。オークションにはまる若者もいれば、出会い系サイトで遊ぶ若者もいる、という具合に、ケータイ利用の多様化もすすんでいます。連絡先などの記録もケータイ一つでできるから、手帳がわりにもなります。まるでドラえもんの四次元ポケットのように、これ一つもっていればたいていの用が足りてしまう驚くほど便利な小物なのです。だからいったん使い始めたら文字通り手放せない。ただし、情報がたくさん手に入るということは、逆に自分の情報もそれだけ露出していることですから、迷惑メールのようなリスクにぶつかる確率も高くなります。それも親にはわかりにくい場面で起きていることを考えれば、ケータイ・コミュニケーション世界に公共的ルールを確立することは社会全体の課題でしょう。

文化選択の幅？

メディア利用の時間的比重をみると、まだテレビ視聴が圧倒的です。幼児や低学年の子どもはもちろんですが、青少年層のあいだでもテレビというマスメディアの影響力が衰えたとは即断できません。パソコン利用度の高い層ほどテレビ視聴時間が減る傾向（前出、ＮＨＫ調査）からみて、またディジタルテレビの普及によるテレビ放送自体の変化やネットでの各種映像放映の普及などにより、将来的にテレビ視聴のかたちが変わる可能性はあります。共通文化をつくり出すうえでもっとも大きな役割を果たしてきたテレビの位置が変わることも考えられます。九〇年代はじめまで続いていた大ヒット作品が近年では出にくくなっていることも、その予兆といえるかもしれません。同時性を武器にしたリアルな映像の供給源としてのテレビの役割は簡単になくなるとは思えませんが、巨額の資本力を活かした番組（コンテンツ）の質がよりきびしく問われるようになるでしょう。

ケータイ・メールやインターネットの広がりによるメディア環境の多様化は、子どもたちによる文化選択の幅を広げる、といちおうは言えそうです。「受けとる」ことも「知らせる」ことも、以前の時代とは比べものにならないほど飛躍的に広がっています。この結果、受信にせよ発信にせよ、旺盛な「情報欲」がかきたてられるのは決して悪いことではありません。そして自分が取り寄せられる情報源がほとんど無限に近いまでに拡大したメディア環境のなかで生きる現代の子どもたちは、そうした「情報欲」を思う存分満たすことのできる新しい世界で生きています。だからこそ、この新しい世界に出現するコミュニケーションのすがたについて注意深く見つめてゆかなければなりません。子どもたちがたがいにどのように情報をつたえあったり、拒絶しているか、その現実をよく知ることが大切です。

青少年のコミュニケーション範囲の飛躍的拡大は、同時に、直接相手に触れる関係に比して間接的コミュニケーションの割合が大きくなることを意味しています。インターネットの世界では匿名性が確保しやすいために、相手の背景や事情を知らずに「つきあう」こともできます。つまり、これまでとはちがった「出会い方」をする可能性が開かれている、ということです。そういう新しい条件が商業主義に利用され、子どもたちを新しい危険にさらす事実は無視できません。悪意の噂を流すといった行為も、新たなメディア環境の下では想像を超えて広がってゆきます。

ただ、それは、ケータイやネットのせいだと即断してはいけないと思います。なぜなら、「異質なもの」や「未知のもの」との出会いがどんなかたちでなされるかは、その社会がもっている文化にもっとも大きく依拠しているからです。生活のさまざまな場面でどれだけ豊かな「出会い方」の文化をもっているかこそが問われるのです。バーチャルな世界への没入がコミュニケーションを貧弱にするのではなく、豊かな出会い方を保障しない社会に育つことがバーチャルな世界の貧弱さを生み出すのです。

現実の世界で出会うこととバーチャルな世界で出会うことはちがいますが、つながりはあります。場合によっては直接に会うよりも手紙を書いた方が思いがつたわる、というように、どちらにも豊かさや貧弱さがあります。バーチャルな世界でのことだからといって現実に無関係とはいえず、深刻な影響を及ぼすこともあります。新しいメディア環境のなかで広がっているどんな関係が問題でどこに豊かなコミュニケーションの可能性がひそんでいるのかを、ていねいに見定めなくてはならないでしょう。また、そこでの「豊かさ」とは何なのかも気になります。

ケータイ・メールやたとえば「2ちゃんねる」のようなチャットは巨大な「おしゃべり共同体」をつくりだしています。数千人、数万人に共有されるそこでの「ネタ」は、友だち同士のおしゃべりの域をこえ、噂よりも実体をもったトピックとして流通してゆきます。

現実に起きる事件の衝撃はたくさんのネタを生み、そのネタを介しておしゃべり共同体が広がるという具合です。そんな「ネタの磨き合い」と、ものごとを「議論すること」とのちがい、関係はどうなっているのでしょうか。

さらに、膨大に広がった情報源が視野を広くしてくれるとはかぎりません。自分が満足できる情報だけをとり出してすませること、つまり自己満足的な幻想の世界だけで想像力を満たしてしまうこともてきるのです。

ありとあらゆるスタイルを選べる環境は、自分自身の特徴を見つけ出すのに必ずしも有利なわけではありません。情報と表現の洪水に溺れてしまわない力が必要ですが、それは自然に身につくものではなく、新しいメディア環境の中で言いたいことを伝えたり受けとめたりできるコミュニケーション能力の陶冶が不可欠になります。

　したがって、新しいメディア環境が生み出している諸問題を解決するのに、メディアに規制を加えればよいと考えるのは単純です。情報の選択や自己表現の場が広がることは確かなのですから、この可能性を、コミュニケーションの現実的豊かさや社会活動の広がりにどのように結びつけるか、その試みや構想こそが必要ではないでしょうか。

第7話　現実感覚を変容させるメディア環境

1　メディア環境の多様化

メディア環境の変化に着目するとき、青少年文化のあり方、なかんずくメディア接触と利用や受容の領域にどのような問題が生じるかを検討してみよう。

いま進みつつある変化として即座にあげられるのは、ｉモードに代表されるケータイ・メールの急激な普及・浸透だろう。すでに契約者数一一〇〇万台を突破したその激増ぶりはすさまじい。そしてもちろん、利用層の中心は二〇代、一〇代の青少年層である。ケータイ非所持者は大学生では皆無と言えるほど日常的通信手段になっている。高校生とくに女子高校生のケータイ利用は諸外国に比して突出しており、農村部でもその普及は急速である。彼女たちのケータイ利用の中心は最近ではメールになっているとみられ、着メロを鳴らすこともなくしげしげとケータイに見入るすがたは、車内などでおなじみの風景だ。

ケータイの通信機能もそうであるが、ごく普通の人間が利用できる情報機器の高度化はいまや、以前にはとうてい考えられなかったような水準に達している。昔なら高価な機材を用い、スタジオ収録によってしか製作できなかったCDが、いまは自室でずっと安価な機器とソフトを用いてつくれる。動画編集にしても同様だ。マンガ同人誌をつくるアマチュア少女がパソコンによる描画を行うなど、いまでは珍しくもない。自分の気に入ったイメージを具体化できる表現手段はかつてなかった規模で大衆化したのである。パソコン雑誌でさかんに宣伝されている機種のスペックは、普通に写真をとりこんだり、ホームページをみるといった機能をはるかに越えている。CD製作やデザインなど各種の表現領域で、これまでプロしか近づけなかった機器やソフトが、一般向けに安く販売されるようになった。ほんの五年前に、高校生や大学生が気軽にホームページをつくるような状況が想像できたか思い返してみても、その変化は爆発的というほかない。

これらは総じてメディア環境の多様化ということができるだろう。メディア環境の多様化は当然のこととしてメディア接触の多様化をもたらす。多様なメディアへの接触機会が増える結果、本を読むとかテレビをみるといったメディア接触の時間構造もまた変化するはずである。メディア環境の変化が子どもたちの成長に及ぼす影響についての議論は、テレビの普及時代から続く「古典的」なテーマだが、現状はどうか。

このテーマは、読書とテレビやマンガ、アニメなどとの関係、つまり本と他の映像メディアとの関係の問題として扱われ理解されてきた。しかし、テレビ、マンガ、アニメ、ゲームなどを一括して扱うことは正しくない。ジャンルとしてみると、マンガ、アニメ、ゲームでは、それぞれのテーマ・表現革新がすすんだ段階がちがい、相互の影響関係だけでなく嗜好のシフトが存在しうる。毎日新聞の読書調査では雑誌読者の経年減少が指摘されており、とくに小学生の場合、二〇〇〇年調査の減少率は九五年の二倍と大幅な変化を示している。小学生ではマンガ雑誌の比重が大であるから、そのかぎり、マンガが読まれなくなっていることになる。読書についてそれほどの大きな変化はないから、映像メディアを一括したうえで、それらのために「本を読まなくなる」と言うのは必ずしも正しくない。メディア接触のジャンル別では、テレビが毎日三時間前後、ゲームが小学生男子では平均的に一時間程度であり（総務庁調査などによる）、映像メディアが圧倒的割合を示していること、小学生の場合、ゲームの比重が増していることは推測できる。ケータイや各種のウォークマンなどをふくめ、視聴覚メディアの浸透が青少年の文化行動を変容させていること――このことは疑いないが、変容の中味はそれほど単純ではない。

広がった視聴覚メディアのジャンルそれぞれについて、ただ「俗悪文化」を非難し排除するだけでは変容した文化行動にひそむ問題はあきらかにならない。もっとも、たとえば、ケータイ・メールの普及が、かつてのダイヤルＱ２のように、悪徳業者に恰好の活動機会を与える可能性はあるから、社会的批判と規制の課題はある。他人の「好きなもの」にとやかく言うなという商品社会の「モラル」で社会文化全体を律し判断してしまえば、そうした社会的批判は封殺され無力化させられてしまう。青少年の文化行動を強力に縛っている、「本人の勝手なんだから好きにしたら」という自由論は首肯されるべきではない。

とはいえ、本稿で焦点を当てたいのは、こうした問題群を解決しえたとしてもなお残る文化行動の変容であり、そのなかでもメディア環境の上述の変化がもたらしている独特の葛藤状況である。言いかえるなら、問題としてみえにくい青少年の文化行動上の葛藤について検討してみたい。

2　青少年に生じる葛藤

メール文化と「出会い方」の変化

ケータイ・メールの急激な浸透は、自分たちに便利だと感じられるコミュニケーション・ツールへの要求がいかに強いかを示している。それは、思春期の少年少女たちにとって友だちとのおしゃべりを求める気持ち、コミュニケーション欲求が依然として強力であることの証拠だ（ケータイの通信機能はゲームや各種のサイト接続にももちろん使用できるが、思春期世代にとっての核はいまのところメール交信であろう）。画面が小さく通信料が高いという制約はあるが、かつてのポケベルとは比較にならない通信機能をもつケータイ・メールは、「出会い系」のコミュニケーション・ツールとして、おそらく画期的な影響力をもちそうである。

画期的だという理由の第一は、この機器が、時間の「すき間」をとことんまで活用できる（動員できる）点にある。肌身離さずおいておけば二四時間いつでもどこでも通信可能で、しかもみたいときにみられる。「自分らしさ」を出すにはそれなりの技能が必要だが、そんな条件は若者たちなら軽々とクリアーできるはず。ただし、「いつでもどこでも」に慣れると、今度は肌身を離せなくなるし、だれからも連絡のないこと、時間のすき間ができてしまうことが恐ろしいという「逆転」した心理が生まれそうだ。身体と神経との待機状態、時間の感覚についてもおそらく変化が生じて来よう。

第二に、これとかかわって、「他者」の心理的近接化が生じることを指摘したい。夜中ベッドにもぐりこんで「つなぐ」こともできるし、別れた直後におしゃべりしながら歩くこともできる。「またね」と別れてすぐさまおしゃべりするこの奇妙な状況が意味するのは、現実に余儀なくされた空間的隔離を心理的に縮め、ないものとみなせるような対人距離の変換である。そしてこのように常時他者と「つなげる」ということは、どこでどんな風に相手との接続を切るかについての、つまりスイッチ・オフの新しい手法・文化行動が必要となる、ということである。電脳世界にかんするＳＦ的表象は以前からこうした状況を描いてきたが、それが感覚レベルである程度現実化してきたともいえよう。

こうした出会い方の拡大は、親密圏のパーソナル・コミュニケーションを肥大化させるとともに、親密さの内実を変質させてゆきそうだ。ポケベルでもプリクラでもそうだったように、メモリーにせっせとメールアドレスをためこむ友だちづきあいのかたちは、「たくさんの友だちやたくさんの親友がいる自分」という存在を標準的な像にする。ストックされたたくさんのアドレスは、多分、まだ発見されていない自己の寄る辺の代替物なのだが、そうであるがゆえに、親密ではあってもそうやって「記号化」された「いい人」「やさしい子」のストックは、自分を安心させてくれる都合のいい登場人物という役回りを割りふられるのである。

メールを使ったコミュニケーション世界では、つきあいの深度や主題の深浅について変容や逆転が生じうる。つきあいが深い浅いというモノサシ自体が変化することから種々の葛藤が生まれてくるが、紙幅の関係上、葛藤の具体的検討は省略せざるをえない。

これらのことからあきらかになるのは、ケータイ・メール文化の普及が必ずしも他者の「出会い」

を広げはしない、という点である。現代の少年少女たちが大規模に繰り広げている新しい出会い方の社会実験は、友だちづきあいの新たな文法を開発するかもしれない。これまでのつきあいのかたちを基準にして彼らのコミュニケーションの質を拙速に判断できないのはもちろんであるが、友だちが大勢いる元気な明るい子といった印象で子どもたちの実像を判断するのも危険なのである。新しいコミュニケーション・ツールを使って社会化を遂げてゆく過程には、まだ私たちにはみえていないさまざまな葛藤や矛盾がひそんでいるはずなのだから。

幻想の世界を「生ききる」可能性

表現手段の飛躍的拡大にともなって生じる問題に移ろう。

さまざまな表現手段の利用可能性が飛躍的に高まれば、それだけ、一人ひとりが自分の気持ちや感覚をつたえやすくなるようにみえる。実際、自己表現の機会は青少年の生活のあらゆる場面に広がり、ファッションや化粧までふくめて「自分らしさ」（正確には自分のキャラクター・イメージ）を打ち出すことは、たんにそうできるだけでなく、そうしなくては認めてもらえない強迫的な圧力にまでなっている。

「自己表現」の材料は山のようにある。キャラクター商品のような小物類にしても、写真にしても、コミケでパロディ化されるたくさんのアニメやマンガ作品にしても、自分という存在を社会的に定位させるための文化的素材としてはたらく。「自分らしさ」を適切な仕方で表すとは、したがって、ポリシー（こだわり）をしっかりもった文化的コラージュをつくりだすことにほかならない。

ところが、自分らしさがキャラクター・イメージとしてつかまれることは、オリジナルな自分（とかりに呼んでおく）がとらえどころのない空洞として雲散霧消してしまう危険性をもたらす。というのも、豊富な文化的材料のコラージュとして表現され、見えるかたちをもった「自分らしさ」は徹頭徹尾「社会化」され尽くしているからだ。言いかえると、少年少女たちがその存在を認知されるうえで必須の「自分らしさ」は、「〜系」という分類枠に自分を当てはめる帰属の指標でもある。つまり、特定の集団の文化コードを踏み外さず、その範囲内に収まっていることの証明としても機能している。自分をつくることのむずかしさはこの事情に由来する。すなわち、素材をもたず、空虚で中味のない「オリジナルな自分」は表現することが困難なのであり、他方、周囲に認められる自分らしさは集団的な性格をもたざるをえない。さまざまな表現手段を用いて自分を表現することは、したがって、オリジナルな自分を逆に見つけだしにくくさせうる。

この困難は、「オリジナルな自分」を何とか具体化しようとするいとなみに極度に主観的な性格を与えかねない。自分にとって気持ちいいものや自分好みの「気持ち悪いもの」で生活を埋め尽くすこと、思い通りにならない現実を回避して自分の想念としてある望ましいものをイメージとして対象化し自分の世界として定着させること。言ってみれば、自分のもっている幻想を「生ききる」ことが追求されるのである。

問題は、このような幻想の対象化が文化的に決して不可能ではなくなったことだ。極端にいえば、3Dアイドルを相手にして、現実のデートよりも気持ちよく戯れられる、そう感じる状況が生まれているのである。たんに自分の幻想的世界に引きこもるのでなく、引きこもった自分だけの小宇宙に「リアリティ」を付与すること、心地よいと思える人工的世界を、豊富になった表現装置を使って構築し、それを繰り返し味わうこと――そうやって自分の想像にかたちを与え（生産）味わう（受容・消費）循環を実現するうえで、表現手段の飛躍的進化はいまや大きな威力をふるうようになった。ネット上での「対人」ゲームが示唆しているように、こうした文化的世界の拡張は「幻想の他者」をそれなりの「生身」を備えたものとして生み出すことさえできる。桂正和のマンガ（「電影少女」など）やフィギュア収集のマニア的世界に表されていた「幻想の他者」づくりの文化的土壌が表現手段の革新とともに広がってきたのである。

幻想とはいうが麻薬のように一時的ではかないものではない。本来扱いにくい「他者」までもが自分の幻想世界にとりこまれることによって、この世界は持続し安定したものになってゆく。たとえば、現在なら、幻想のパートナーあっせん産業でさえ絵空事ではなくなるのではないか。各人の性格や好み、ライフスタイルにおうじて、ずっと「つきそい」、一緒に「暮らしてくれる」３Ｄパートナーを用意してくれるような「結婚」仲介産業である。宮部みゆき『ＲＰＧ』の描いた世界は、もはや現実に不可能ではない。

メディア環境の変化は現実とフィクションとの区別を失わせるとしばしば指摘される。しかし、こういわれるときの現実があやふやなものになっている場合、区別できるかできないかという問題の立て方そのものが意味を失う。むしろ、現実とフィクションの関係の仕方が変わったと考えるべきであろう。最近の青少年文化の世界では、夢や冒険は現実らしくみせかけられるのではなく、むしろバーチャル性を帯びたものとして描かれる。冒険やスリルを作品（フィクション）世界で味わわせることは、これまでの了解枠組みでは、あくまでも代償的なもの、架空の物語世界での経験であった。ところが冒険や夢の、上でいうバーチャルな性格は、対照的に、「現実の魅力」を発見する水路になっている。猿岩石の「冒険」がそうであったし、「未来日記」もその一例だが、フィクションの枠内に自分が放りこまれることによって、シナリオに触発された予期せぬ現実が浮かび上がる。

メディア環境の急激な変化は、こうして、現実にかかわる少年少女たちの関係を、そして現実感覚を変容させはじめている。この結果、自己幻想（思いこみ）の具現化と受容という自家中毒的循環や、他者と結びつくコミュニケーション回路の閉塞という困難が生まれてくることになる。

受容する力を

メディア環境の変化は、そこで育つ少年少女たちの生を多様な物語として描き直す可能性をひらくとともに、各人の物語を自足的なそれに閉じこめる新たな、そして強力な誘惑をもちこんだ。もちろん自分だけで世界のすべてを組み立てることはできない。しかし、「お気に入り」の他者の物語を組みこむことで自己中心性（自分の純粋さ）を保った世界をつくることはむずかしくないのである。そういう「純粋な気持ち」同士の出会いがシンクロであり、大平健『純愛時代』に描かれた思いこみの世界である。こうした出会いでしか実現できない他者との関係は脆く、壊れやすい。意に添わぬ現実を切り捨てることで成り立っている関係は、たがいの幻想のあやうい均衡の上に立っているからである。

わたしの生きる現実がわたしの思い通りにならない他者の現実をふくんで成り立っていること、またそのことがわたしの現実の豊穣さを支えてもいること——この事実を文化的に形象化し定着させるためには、自己の想像力を他者へと方向づけるコミュニケーションとメディア環境が整えられねばならない。他者の見えにくい現実にたいする具体的な応答能力をどのように育むかが問われなければならない。応答能力とは、言うまでもなく、他者への責任をふくんだ観念である。こうした課題を果たすための活動領域はきわめて広いがここではもはや論じられない。

現在のコミュニケーション環境やメディア環境にかんする議論がおおむね、発信すること、選択できること、フィルターにかけることに向けられているのにたいして、他者の現実を聴きとりつかみとる「受容」の文化の意義に注意を促しておきたい。「被害」の諸相のうちに隠され抑圧されたままひそんでいる人の尊厳や人間性の豊かな性格を発見し形象化し自覚するという作業。たとえば、青少年文化のどのジャンルでもあふれ返っているセクハラ表現を内側から無力化してゆく力は、たとえば、こうした作業ぬきでは育たないのである。あるいは、九〇年代後半からきわだってすすんだ社会環境の変化のために「かっこ悪い生」を生きざるをえなくなった若者たちの現実を、気持ちいいものに変換するフィルターにかけず描き受けとめること。心に「闇」をかくしもった怪物として現代の少年少女たちを描き出す支配文化のイデオロギーに対抗するうえでも、こうした「受容」の文化の構築が求められていよう。

第8話　成長モデルなき時代を生きる

現在の学校と教育は広大な消費文化の大海におかれた小島のようにある。子どもたちの日常の多くはその大海のなかにあり、成長も自己確認もこの環境と無縁には果たしえない。困難なことに、歴史的にみても新しいこうした文化状況の下で成長することの社会的モデルは存在していない。教育のいとなみにも問い直しを迫るこの状況のなかで、消費社会の直接的影響下におかれた子どもたちの文化行動について、その特質に迫ってみよう。

1　一括りにできない子どもたちの文化行動

現代の「子どもたち」が身につけている文化は、とても一律に特徴づけることのできない多様なすがたを帯びている。デジカメやノートパソコンを使いこなすテクノキッズ、父親とともに長髪を束ね、スケボーに興じる子ども、ゲームフリーク、サッカー少年、カラオケ少女たち、ダンス好きの一群、ひそかに少女マンガを描いている男の子……数え上げればきりがない。小学校の段階からすでにそうだ。そしてこれが大切なことだが、そういうあまりにも多彩な文化の洪水のなかに、ランドセルを背負って出かけたり、ジャージ姿で運動し、授業を受ける学校生活とそこでの文化、あるいはまた放課後の塾でのつきあいや文化が並存しているという事実がある。

あまりにも多様な文化の「並存」ということの事実だけからも、私たちはさまざまな帰結と推測を導き出すことができる。

ここであげた学校外の文化は多かれ少なかれ消費文化の枠内にあり、消費文化の特質を備えている。しかしそれだからといって、これらを一括して消費文化の是非というかたちで論じることはまちがいだろう。いまどき、「マンガなんて見ちゃだめ」などという粗暴な発言をする者はいないはずだが、消費文化の「悪」を前提にして「よき文化」の普及を提唱する図式はまだ依然として残っていないだろうか。

並存とは学校文化もこの全体のなかで具体的にはたらいていることを意味する。もちろんよい意味でとはかぎらないが、学校文化の「公定性」や建前性だけをみてその現実的影響力を無視することはおかしい。

そこで、たとえば、ランドセルと流行のスニーカーが一緒に並んでいる場面を想像してみよう。並存といっても、それぞれの文化が関係をつけたり折り合いをつけることは大変むずかしいだろうと推測できる。したがって子どもたちは、たがいの共有面をうまく確認しながら、好むスタイルを「系」として意識し、棲みわけるようになる。ということは、びっくり箱のような文化グッズの散乱が、各人の「好み」を基準にして層をつくってゆく、ということだ。当然ながらこの層構造はみえにくい。真面目な「優等生」の「スプラッタ好き」といった単純な二層構造ではとても見通せないほど。層というよりも、嗜好の襞がさまざまに重ね合わされて、好みの「濃い」ところと「薄い」ところが分布するといった方がよいかもしれない。

ところで、文化は歴史的に蓄積されるものであり、継承され学ばれるような何らかの型をふくんでいることが自然である。消費文化にもそうした性格がないとはいえないが、型をなぞり継承してゆくというよりも、多種多様に供給される文化商品を消費させる性格の方がはるかに優越しており、消費は伝承のかたちをもたない。子どもの遊びが変わったといわれるのは、消費文化のそうした特質からきている。

多様性の広がり

消費文化のこうした非歴史性とはうらはらに、この文化は表現様式や領域の多様性を飛躍的に広げる。好むスタイルとしての「系」が絶えず細分化してゆくことからもわかるように、一人ひとりがどのような文化を受容するのか、どんなかたちで自分の好みを実現するのかについてみると、選択できる材料にしても手法にしてもきわめて広い。その範囲は大げさでなく全世界に広がっている。これは日本の経済力を基盤にしてはじめて成り立つ事態であり、文化行動の新しい条件だといえる。子どもたちはこの新しい条件の下で、ありあまる文化商品を「自由に」組み合わせ、自分の好む――そのなかで生きている実感がもてるという意味では、好みといえども重大な――世界をしつらえようとする。

実際、現在の子どもたちがどれほどたくさんの文化商品をもち、利用しているかは具体例をあげるまでもないだろう。ラジカセやウォークマンは中学生の段階でもう、だれもがもっている「生活必需品」だ。テレビでさえ、小学生のときから個室に自分用のものをもつことも珍しくない。ということは、ＣＤやゲームソフトもまた、子どもたちの日常文化のもっとも行き渡ったアイテムということになる。彼らは大変なモノもちなのである。

そういう過剰なほどの文化装置を利用する文化行動に制約を加える社会的要因は逆に日本社会の場合、数少ない。経済的な制約だけでなく、たとえばテレビなら一定時間以上は子どもはみることができない、といった社会的・文化的制約も弱い。かつての「新人類」世代が親となっている今日、親子関係のうえでも消費文化の枠組みを共有してギャップを感じない親子は次第に増えている。子どもたちだけが消費文化の影響にさらされて生きているのだという「常識」は通用しない。

こうしてだれもが、自分の好きな文化商品を選び、そのときどきの嗜好にそった心地よい日常文化に浸ることができる。手づくりの文化だの、仲間とのつながりだの、それが良質だからといって、「こうあるべき」といった文化を押しつけられるのは嫌だと感じる。そんな無理をしなくとも、好きな者同士が集まって理解しあえる文化行動の可能性は、消費文化の洗練と成熟のなかからいくらでも出てくる。

と、こう考えるなら、肝心なことは、子どもたちが自ら好む文化をできるだけ自由に選択できる環境を一層整えることにこそある。はたしてそう言ってよいのだろうか。

2　消費文化の豊かさの苦しさ

たしかに、消費文化が提供するグッズの多様さを表面だけの底の浅い現象ととらえたり、商業主義に踊らされた行動として現在の子どもたちの文化行動を一律に批判してみせるやり方はまちがっている。日常生活のほぼすべてが消費文化に覆われ、そうした文化とかかわりあうことが生きることの基本条件になっているいまの社会で、外側から子どもにモノサシをあてがうそうした「批判」は、たんに無力なだけでなく有害とさえいえる。消費文化を生きることのむずかしさはその把握ではすっぽり抜け落ちてつかまえられないからだ。

消費文化がたんに俗悪な、内容上でこれほどひどいと叩いておけばすむようなもの（保守派の議員が間歇的に議会で非難を始めるような）であれば問題は単純である。そうではなく、子どもたちのだれもがＣＤラジカセで好きな音楽を聴き、こっそりとではあれ、自分のオリジナルなファッションで街を歩き、ネットで好きなサイトやホームページを見つけては楽しむ――そういう文化的な豊かさ・多彩さと洗練の内にさえひそんでいるような困難を筆者としてはとくに指摘したい。

子どもたちの文化行動を学校文化や家族文化の枠内にとうていとどめておくことができぬほどの文化装置の広がり、利用（消費）できる素材の豊富さは、それ自体としては文化的進歩といえるかもしれない。日常文化を根底から革新するほどのこの変化は、歴史上かつてない規模（だれもがアクセス可能だという意味で）と深さ（内面の文化と文化の既存の枠組みを壊すという意味で）で文化の変動を促しつつある。その全体像をあきらかにするのはここでの課題ではないが、子どもの成長という視点からみても、この新しい文化的条件は、いままで私たちが考えてこなかったような困難、課題、問題を提起しはじめているように思う。

「かたち」がつくる自分

「ビートマニア」以来ゲーセンで爆発的にはやりだしたダンスゲームを、たとえば思い浮かべよう。ダンスのステップがゲームとして切り取られ、自己表現の一つのかたちとして再編される。ダンスのゲームではなく、ゲームのかたちでダンスが日常空間の一部に組み入れられると考えた方がよい。よくできたホームページ編集ソフトにしても、アート系のソフトにしても、同様に、各人が「自分なりの」表現世界をかたちづくるうえで便利な手段として洗練されてゆく。消費文化が供給するそうした無限ともいうべき素材と形式を用いて自分にあったコラージュを思い思いの仕方で生み出すことができるわけである。原宿ファッションはそうしたコラージュ化のわかりやすい典型といえるだろう。

コラージュ化を「自分づくり」という視点からみたとき、洗練された表現形式が「自分」の特質を逆に規定してしまうという関係、つまり、「かたち」の方が先にあって、あるかたちを選ぶことで自分がつくられてしまう、といういささか転倒した関係が生じていることに着目すべきではないか。

「かたち」による「自己」の先どりとでもいえるこの関係が存在することで、思春期における成長のあり方にこれまでなかった困難が出現する。通念としての成長観では、自分の内面に自分らしさ、自我が形成され、それが表出されると考えてきたが、自分がどうであるかを示すそういうステップを踏む以前に自分を示せてしまうような「かたち」が存在している。内面と表出の関係が変わることによって、自分がどんな存在であるかを「示す」ことはもちろん、自覚することについても、新しい困難がもたらされるのである。これは、自己をまわりの社会と結びつけるという意味での社会化の困難ということもできる。

困難の現れは私たちが見聞する範囲に数多くあり、特別な病理というわけではない。したいことがコロコロ変わり、粘りがない、親や教師がこの子はこんなことに興味があるんだと肩に力を入れてサポートしても肩すかしをくらう。本人は「かたち」を選りすぐっているだけなのであるが。あるいは、「言いたいこと言ってごらん」と持ちかけても喋ることもおぼつかない。何て幼いと言いたくなるが、自分にふさわしい「かたち」がないと感じており、その感じ方に正直な者は、そうした「失語症」に陥るしかないのである。大平健のいう「モノ語りの人々」は、こういう成長の困難の一例だが、自己をつかむことも示すこともむずかしい状況はさらに広い地盤をもつ。

消費文化がもたらした変化は、こうして、自分を確認したり示すことの困難を、その意味での新たな成長の困難を生み出した。コラージュ化の社会的圧力は消費社会デビューの始まる小学校高学年期にはっきりと感じられるようになるが、自分の「内面」にふさわしい「かたち」をまとってゆくことがそこではできない。しかし、消費文化のなかで自己を示せるような「かたち」の選択には社会的モデルがあるわけではない。学校文化や家族文化が提供する成長段階のそのときどきの像もまた今日では激しく揺らいでいる。政策的には各人が自己実現を図れるような道を選びなさいという教育理念によって、むしろ、「かたち」を選ぶことの圧力だけが学校でも加重される状況になっている。

他者の承認

ただ一つ、「自分なり」の文化行動を選択するうえできわだって重要な制約となるのは、同世代の他者の承認である。「自己」というもののありようを示す社会的モデルは存在しないが、他者によって「それもありだよ」と言ってもらえるような条件だけは絶対的である。成長のこの未体験ゾーンでは、出発点において特定の「かたち」を表出させるような内面はまだ存在していないことを想起しよう。それでもなお、かたちだけは示さなければならない。とすれば、さしあたりの「自分らしさ」を表現できるのは「流行にのる」というかたち以外には存在しにくい。

エーリッヒ・フロムはかつて、自己の空虚さにたいする不安が他者への同調性を生み出すと述べた。成長という領域にこの議論をおきなおすならば、子どもたちにとって「自己の空虚さ」というのは避けることのできない出発点である。これから自己（自意識）を形成する子どもたちが、自己を承認する他者のすがたを「流行」——それが特定の集団内でだけ通用するような場合もふくめて——のなかにおぼろげに感知することでコラージュ化の圧力をやりすごそうとする。自分を社会のなかに軋轢なく位置づける一番確実な方法として、流行という実体のない「約束事」が利用されるのである。

「こだわり」の発見

とはいえ、ただ流行にのってしまうのは恥ずかしいことでもある。流行にのっているすがたを自分らしさの表現と認めてもらうのはむずかしい。みかけを気にしながら（これは「かたち」と自分らしさとのこれまでの記述から当然のことと了解されよう）「人をみかけだけで判断しないで」と訴える。他人のことは「うざい」などと決めつけながら、自分については「中味」をしっかり見てと要求する——そういう振る舞いは身勝手にみえるけれども、どちらもすでにみた日常文化の変容に由来する、リアルな感覚なのである。自己を表現する「かたち」と「見て欲しい自分」とのこの乖離ないしねじれは、大人たちが両者の関係をつかみにくいというだけでなく、「本来の自己」にたいする本人自身のつかみ難さや不安（不安というより、空洞感という方が適切かもしれない）をもたらしている。

こうしたダブルバインド状況は、自分を表に出すこととかくすことの、やはりねじれ、転倒した関係としても出現する。今日の子どもたちの文化行動には、「表す」ことと「かくす」ことのあいだの、一筋縄ではゆかない関係がひそんでいる。たとえば子どもたちが、流行のフレーズやどこかでみた覚えのある現代的な決まり文句を駆使するのは、一面ではかくしておきたい自分の鎧として役立つからである。それでももちろん、これらのレトリックによってつたえたい部分はある。「本音」をずらし、ずらしながらつたえようとする「苦闘」と言ってもよいだろう。誤解されぬように付け加えておけば、ここで「本音」といったのは、自分の核になっている動かし難い感情や信念といったものではなく、後述する「こだわり」感覚（要素）のことである。

子どもたちの文化行動にふくまれるメッセージがダブルバインドになっているこうした状況は、彼らの「積極性」を促し評価する教育のいとなみにも、さまざまな新しい課題を提起する。流行している文化のなぞりになっているような文化行動を拙劣な模倣として斥けてしまうことの愚、教師の追求（励まし――もちろん善意の）から逃れて確保しておきたい自分用の場所について了解（斟酌）することの必要などをとりあえず指摘しておこう。

ダブルバインド状況をただ了解するだけでよいのか、という正当な反論が予測される。大きくいえば、「社会」のなかに子どもたちがそれぞれの自己を位置づかせられる文化プロセスはどのようなものか問われなければならない。無数ともいえる自己表現の「かたち」に先行された彼らの「自己」が、「こういうのがわたし」といえるような秩序をとり戻すのはどのようにしてなのだろうか。

この問いに十分に答えることはできないが、「こだわり」の自覚と追求とがそのプロセスの一つであると筆者は考えている。こだわりの対象は千差万別だが、敢えていえば、対象が何であるかはさしあたり問題でない。多くの場合、それらは消費文化に浸されたものであるが、それもまた問題ではない。こだわりのもっとも中核的な意義は、一人ひとりに「立つ瀬」を与えるところにある。何かにこだわりをもつ存在として各人はそれなりに承認される。何がこだわりの対象でどれだけ知っているかが問題ではなく、どれだけ強いこだわりをもっているか示されることが重要なのである。こだわりの相互確認は多くの場合競争関係を排除する。他者との優劣の比較という、社会的評価にはつきものの基準を、こだわりの棲みわけではうまく回避することができる。

こだわれるものの探索は自分の思い通りにはならない。自分がそれをつうじて社会的な存在として「落ち着ける」かどうかは本人にとっても未知のことがらだからである。もうすでにこだわりをもった生き方を確立していると思える存在が文化的なモデルとなるのはこうした文脈の下においてであり、こだわり方をなぞる努力が各種の場面で行われる。疾風怒濤の時代としての思春期は、こだわり方にたいするたえまない「なぞり」の時期という性格を帯びるようになったのである。

子どもたちの文化に向き合う

こだわる対象にそくした批評性の獲得や、こだわりをつうじた視野の延長が、結局各人の狭い嗜好の範囲に文化行動を押しとどめてしまう危惧はもちろんある。また、嗜好の棲みわけがたんに棲みわけに終わらず、特定の個人や集団にたいする排除や攻撃の可能性を孕んでいること、とりわけ消費文化にはそうした格差化や差別の特有のメカニズムが存在していることも無視することができない。誰かのケータイを集中的にしかとするといった例はいくらでもあげることができる。前述した表現手段の豊かさは文化的な自閉の拡大・深化を決して解消させはしない。

にもかかわらず、一人ひとりのこだわりのなかにふくまれている「社会化」への手がかりを筆者としては意味あるものと評価したい。日常文化が「それを使って感じ、考え、生きる」装置であり、空間である以上、そこで生まれた文化行動と振る舞いとのなかに、現代の子どもたちが自らを育ててゆく土台が存在しているはずだからだ。

以上の議論を踏まえるなら、子どもたちの文化に向き合うとは、大人たちが彼ら自身のものとして持ち合わせているべきこだわりを文化的にあきらかにすることを意味しよう。この点を無視しておいて、子どもたちの文化にたいしもっぱら外的なモノサシとして振る舞うことは、大人たちの（大人文化の）空虚をさらけ出すだけである。

これはもちろん、私たちが子どもたちの文化行動と同列に並ぼう、無批判に受けとめよう、という主張ではない。自らのこだわりを社会的に位置づかせるさいに本来要求される公正な振る舞い（文化的公正）に、大人の側は自覚的で意識的でなければならない。現代日本の文化がそうした自覚の点できわめて貧弱な状況にあることを考えるならば、学校文化とそのにない手は一層鋭くこうした自覚を要求されているともいえよう。必要なのは、子ども文化を「正しく」させる万能のモノサシを振るうことではない。自らの文化をこだわりをもって公正ににない、生き抜いているさまざまなモデル（唯一のではなく、お手本でもない）こそが求められているのである。

第9話　九〇年代に生じた青年文化の地殻変動

限られた時間ですので、特に、九〇年代の日本の青年文化・青年問題をどう捉えるかという点に焦点を絞って話をさせていただきたいと思います。

まず、青年文化という場合、「青年」という言葉、「youth」という観念、そういう観念自身が、すでに、問題含みの観念であることをあらかじめお断りしておかなければいけません。その点についてもじつは、きちんと議論し、青年という概念そのものが、どういう意味で語られるのか敷衍しなければいけないんですが、その時間がありませんので、カッコをつけたうえで、「青年」という言葉をいちおう使っていきたいと思います。

私がこれまで主として問題にしてきたのは七〇年代半ば以降の日本の消費社会の成立と関わって、思春期の少年少女たちが、いったいどんな内面の文化の周辺にぶつかっているのかということでした。しかし、ここ数年さまざまなかたちで報道されているように、青少年をめぐるいくつかの現象は、たんに消費社会の中での問題、あるいはその延長というだけでは説明できない点をふくんでいるように思います。そこで、九〇年代における青年文化・青年問題の変化は、主としてどんな点に現われているのか、表面的になるかもしれませんが、いくつかの特徴的な点でまとめてみたいと思います。

1　九〇年代若者文化の変容

まず最初に、みなさんよくご存じの「ルーズソックス」に象徴されるような、「思春期」（この言葉にもカッコをつけておきますが）の消費文化が特異な儀礼ritualとして顕在化してきた。しかも、それが社会問題としても取り上げられるようになった、こういう現象があります。ルーズソックスのみならず、これに類することはいくつもあるわけで、たとえば、最近の原宿ファッションです。『フルーツ』という雑誌にその原宿のファッションが出ています。中学生・高校生をふくめて一見してわかる、外国人が見るとびっくりするような格好をして歩いている若者たちがたくさんいます。ある様式的な特徴をもったファッション、スタイルが見えやすい場所なのです。そういう現象が原宿にかぎらず、ルーズソックスにしても、いくつかの行動にしても、九〇年代には、都市部の高校生を中心に、はっきりと社会的に顕在化してきました。

そしてそれにともなって、「思春期」と仮に呼んでおきますと、その「思春期」問題の低年齢化が同時に進行してきている。小学校高学年の段階で、全国的な規模で、授業が成立しづらくなってきている事態もこれと関係しているはずです。今までの小学校では想像もできなかったさまざまな新しい問題が全国で生じてきた。これは「思春期」の低年齢化にともなう現象という一面をもっている。もういちいちトピックを取り上げるには及ばないほど一般化した、社会的に目に見えるかたちでの「思春期」特有の行動の表面化――これが九〇年代の変化としてまずあげられると思います。余談になりますが、今の学生たちにとっても、儀礼化された集団的スタイルの問題は不思議に見えているらしい。また、彼ら自身も、同じような儀式的な認可といいますか、自分たちがどうしてそういうことをしてしまうのか、どうして同じになってしまうのか興味をいだいている。なぜこうなるんだろう、と疑問をいだくようになっている。

二点目の問題は、もう少しマスメディアと密着した部分で出てきている文化的な問題です。一九八〇年代の半ばまでは、消費文化を通じて、日本の「思春期」の少年少女たちは、ほぼ共通の文化的な経験(経験というのにもカッコをつけたほうがいいと思うんですけれど)、消費文化の共通経験を経てきた、と言える。男の子と女の子では文化的な経験の中味はちがうわけですけれど、しかしそれにもかかわらず、たがいに、たとえば少年マンガ雑誌であるとか、少女マンガだとか、あるいはアニメーションであるとか、さまざまなサブカルチャーの文化装置を通じて同じような文化的な経験を積み重ねることが成り立っていた。

ところが、九〇年代に入りますと、そうした、いわば趣味の共通性をともなった共通経験の部分があきらかに衰弱してきた様相をみてとれます。たとえばマンガ雑誌でいいますと、少年マンガ週刊誌は一九八九年から九〇年あたりをピークにしてだんだん減少に転じ、その減少の度合も九五年くらいから急速になってきます。ひとつの典型は音楽です。たしかにメガヒットは生まれるわけですけれど、個々の好みをみていきますと、細かい格好で分化している。これはどういうふうに解釈することができるか。

文化的な一種のブロック化といいますか、じつは階層の問題と深く、また微妙に関係していると私は考えていますが、文化的、階層的なブロック化とかかわって趣味が分岐していく、こういう現象が進行していた。既存の消費文化論ではマスメディアが提供する消費文化は無階級文化（class-less culture）であるというテーゼ、共通の理解がありました。しかしそのような前提、無階級文化という性格は、実際の文化のありようをみていきますと、薄れつつあると私にはみえます。文化的次元での階層性の問題が趣味の分岐というかたちでむしろ顕在化してきているようにみえる。趣味の次元では社会的階級や階層の現実がストレートに反映されるわけではもちろんないのですが。

こうして、八〇年代半ばまで消費文化が創り出していた共通経験の影響力は、九〇年代にはあきらかに弱体化してきたと考えています。これとの関連で、八〇年代の後半に、特に音楽の場面を中心に生じていた文化的な分化、サブカルチャーの分岐ですね、これが対抗文化としての性格をどれほど持っていたのか、という興味深い問題があるわけですけれども、私自身はまだそれについてまとまった分析ができておりませんので、その点についての評価は留保しておきたいと思います。若い世代の研究者の中には、八〇年代の後半には、私がいうような意味でのサブカルチャーの共通経験の中から、自分たちの、まあこれが対抗的と言えるかどうかは別として、より分化した、細かいグループの中での文化活動（たとえばインディーズの浸透）が割合自覚的なかたちで出現してきたという人たちもいます。この点はもう少し検討してみないとわからないことだと思います。

ただ、八〇年代半ばすぎまでにあった共通の流行のようなものは生まれにくいようにみえるわけですが、それにもかかわらず、『エヴァンゲリオン』にみられるような、サブカルチャーの部分でのヒットが出てくるわけですね。これはいったいなぜなのかという問題があると思います。

私はそれを、サブカルチャーにもとづいた縦軸の結集――縦軸とは年齢層の区切りを越えた結集という意味ですが――という新しい様相があるからだといちおう考えております。『エヴァンゲリオン』を理解する世代は基本的に「新人類」以降の世代なんですが、それが世代を越えた縦の軸で集まってくる。これは後でも言いますけれども、「思春期」の成長とか、社会化のプロセスにかんする理論的なとらえ直しが要求されるひとつの根拠にもなると思います。大学生が興味を持って追いかけている文化を、高校生はもちろん中学生でさえ、同じような感覚で、同じ問題構造で受けとめ考える事態が生まれてくるわけです。

で、その縦軸の結集を可能にするのは、それぞれのサブカルチャーが表現しているような問題の、歴史的な妥当性、歴史的なアジェンダとしての妥当性だということができると思います。『エヴァンゲリオン』の主題であるアイデンティティ・ポリティクスの問題もそうでありますし、近田春夫さんの言葉を借りるならば、スピードの歌の、「せきたてられるような」感覚をもとにした音と楽曲の作られ方にも、ある種の歴史的背景があるといえそうです。スピードの歌というのは、おそらく、九〇年代の中学生・高校生たちのライフコースの問題と切り離せないかたちで、一種の文化的な主題が出現している例ではないでしょうか。本人たちの意識とは別にそういう問題がある。したがって、そうした文化的な主題、歴史的な妥当性にもとづいて、サブカルチャーにもとづいた縦軸の結集が実現する。これがヒットというかたちで現われるわけですけれども、八〇年代半ばまでのヒットとは、すでに、性格がちがっていると思います。そういう構造変化、いわゆるヒットや流行の構造変化なんですが、その基礎には分化したサブカルチャーというものを指摘できると思います。

それから、三点目ですけれども、これはある意味では八〇年代からずっと進行してきたということもできるわけですが、現在、学校教育を中心とする八〇年代までの社会化のさまざまな装置、その機能が、その中心的な、しかも広範な部分で、機能不全に陥っている、という問題があるように思います。学校の場合が典型的ですが、「思春期」以降の子供たちの社会生活にたいする（これは別に悪い意味でいってるわけではなくて）レギュレーションの機能が、都市部を中心にして解体状況に陥りつつある。いまや東京圏でいいますと、都市部の高校は公立高校を中心にして、学校に来ること自体が当たり前のことではなくなりつつある。毎日学校に来る、それが普通なんだとごく自然に考える高校生が多数派であるとはいえなくなっている。

そのことに象徴されるように、学校教育、あるいは学校制度が戦後の日本社会の中で持っていた子どもたちの生活にたいする社会的なレギュレーション機能が目にみえるかたちで不全化してきた、もっといえば解体状況にある。これはもちろん、全国的にみますと地域的な違いがありますので、一律には言えないことですけれども、おおまかにいいますとそういう方向に進んできていることは疑いえないと思います。八〇年代に教育運動の側が行ってきた管理主義教育批判・学校批判はもはやこの段階ではそのまま通用しない、大変に大きな変化が学校生活にかかわって生じているのです。

それから四点目に、家族関係の中で個別的に実体化されてきた、企業社会と消費社会との接合関係の変化をあげたいと思います。家族関係の中でそうした接合がどんどん維持し難くなってきた問題を指摘することができると思います。私たちが八〇年代までの家族についてイメージしていた、企業社会秩序を前提とした家族像は現在急速に変貌しつつあるのではないか。この変化はしばしば事件として現われてきます。たとえば、年金の受給日に、金を返せといって知り合いの老人を殺してしまった思春期少女たちの事件があります。それから姉妹のあいだで、どちらかが片方を殺してしまうといった事件も起きている。

これらの事件に反映されているのは近隣関係をふくめた親密圏での関係のあり方が相当変容しているのではないかという問題です。ただ、それについて具体的な調査を私はそんなに知りませんので、親密圏の変容が全国的にどんな状況にあるのか、もっときちっと調べるべきだとは思いますけれども、おそらく、八〇年代まで私たちが持ってきた家族イメージをかなり重要な部分で変更させるだけの変化が起きているのではないかと考えております。

五点目は、これらの変化にともなって、「暴力の文化」というべきものの洗練と肥大化が起きてきている。ここで暴力の文化というのは、「相対的な弱者の発見」、発見というとあらかじめ弱者がいるようにみえてしまいますので、むしろ相対的な弱者を創出すると言ってもよいと思いますが――相対的な「弱者」を創出し、規定し、そしてそうすることによって抑圧するような手法と回路の総体を意味しています。そうした暴力の文化の洗練と肥大化がこの間進んできた、ということであります。

いじめの問題に端的に現われてきますけれども、いじめについて子どもたちの議論といいますか、感覚についての報告をみていきますと、いじめで自殺した子どもたちにたいして、最近では、「あてつけで死んだ」という反応が増えています。あてつけで何かをする、という受けとめ方で、人間関係の中での暴力的抑圧の問題や、社会的な孤立の問題を解いていくというのは、九〇年代のいじめにたいする反応の新しい特徴といえるのではないか。こういう受けとめ方の中には、他者との関係をつくっていくさいに、相対的な弱者をどうやって創出するか、だれかを弱者と規定することによって自らの安全な回路をいかに確保するかといった、「暴力の文化」を生き抜くうえでの鋭い探知能力が反映されているように思います。

そしてこのような感覚とは対照的なようでいてじつは同じ基盤をもつ自閉の回路、つまり「やられてもしようがない」「死んでしまってもしょうがない」といった感じ方も、同時に生まれているように思います。それは私が以前、「サリン気分」と呼んでいたものなんですけれども、自己の存在根拠もふくめて自閉させていくという、そんな回路が片方で生まれてくる。そしてこれはセットになっているように思います。その両者の関係から、文化的な支配の新しいかたちが現在生まれつつある。これが「暴力の文化」をめぐる九〇年代の新しい状況だと思います。

2　学校から社会への移行問題の変容

以上、五、六点申し上げましたけれども、こうした変化は消費社会の中に潜むさまざまな問題が顕在化したということだけではおそらく理解できない、了解できない、そういう性格をはらんでいるのではないかと思います。そこで、そういう変化を規定しているものは何かを考えてみます。後藤道夫さんの理論を援用するのですが、九〇年代、バブル崩壊期以降に始まった大衆社会の再収縮が、日本型消費社会に潜む矛盾を顕在化させている、こういう大きな背景があるのではないか。これが九〇年代の文化変動を理解するうえでの一番基本的な考え方です。

ここで消費社会について、「日本型」とつけておいたのは、いうまでもなく、日本の消費社会化が企業社会の形成と切り離せないかたちで進行したこと、すなわち、企業社会と消費社会の独特に結びついたセットを考えているからで、したがって、九〇年代の初頭に始まった企業社会の体制転換が、消費社会のあり方にも大きな影響を与えるのは当然のことであるわけです。問題は、日本型消費社会にこの体制転換が与える影響が、文化的にはどういうかたちで現われてくるのか、その解明が必要になるわけですが、それがそう簡単ではない。文化次元での変化をみてゆくむずかしさがそこにはある。ただ、九〇年代の変化を規定している一番大きな背景が大衆社会の歴史的な再収縮にあるだろうということは、いえるのではないかと思います。

ところで、大衆社会の再収縮といわれるような新しい歴史段階は、大衆社会化や消費社会化を通じて極度に発達させられてきた、近代化をいわば反転させるという大きな問題をはらんでいます。どういうことかといいますと、たんに、消費社会のこれまでのあり方、企業社会のこれまでのあり方が続けられないということだけではなくて、その中で、達成されてきた文化的な新しい枠組みや水準や中味、こういうものが反転させられることによって、近代がそもそも前提にしてきたいくつかの観念や世界観や考え方が動揺にさらされる、そういう問題をはらんでいるように思います。

その一番典型的な、具体的な現われといいますのは、生命観のゆらぎでありますし、私は『情報消費型社会と知の構造』（旬報社、一九九七年）で「信の解体」という言葉を使っていますけれども、自然と人工との区別、両者の間に自然の境界がある、根源的な自然と人工的な世界とが区切られている、という近代的な前提そのものへの不信や乖離が、この反転の結果、強烈なかたちで生まれてこざるをえない。

生命観という点でいえば、たとえば今はやっている「タトゥー」（いれずみ）のようにさまざまに身体を変形させ操作する、そういう試みであるとか、それから各種の摂食障害、こういった現象をふくめ、自分の身体というものを、自己の外部の自然とはもはやとらえることができない。そしてそういう外部の自然としてはとらえられない身体を操作することによって、自分という存在の確さを手探りで探っていこうとする一種の試みの内に、生命観や、自然と人工との区別をめぐる深いゆらぎの進行を推測することができそうです。

そういう問題を引き起こしているわけですから、企業社会とセットになった消費社会の問題を解決すれば、新しい展望がみえてくる、という問題ではなくて、むしろ現在進んでいる問題は、近代社会が持っているさまざまな前提、特に、人間中心主義といってもいいと思うのですが、フマニスムをどうとらえるかという問題抜きには解決できない、こういうことになっていると思います。

そこで注目すべきなのは、「思春期」の少年少女たちの日常的な行動、行為が、そういう問題の深さを実際の行動の中で具体的に示してしまっていること。つまり彼等がぶつかっている問題は、近代が持っていたいろいろな前提を無自覚的にせよ懐疑にさらしていること、したがって近代の問い直しをふくめた新しい前提を自分の生活の中でどう再建するかという地点にまで来てしまっている、ということです。

ライフコースの閉塞状況

次に、今の大きな話にくらべますとやや小さな問題にみえるかもしれませんが、さきほども言ったように、企業社会・消費社会というセットが、九〇年代の企業社会の転換を通じて崩れていくということです。この転換によって当然既存のライフコースの閉塞状況が生じてきます。現在でもすでに、これはたんに不景気の影響ということだけではないですけども、高校卒業者が安定して就職できる条件は、日本の社会では一切なくなってきた。先ごろ札幌で話をきいたんですが、北海道の新規高卒者の有効求人倍率は〇・二だそうです。高校を卒業しても北海道ではほとんどもう就職できない、要するに、八〇年代のヨーロッパ並の状況がもうすでに生じてきているわけです。これは高校生たちの、多かれ少なかれ、全国的な問題であるといえる。したがって、高校生たちがそれまで生きてきた消費社会を中心にした生活場面から、企業社会に渡っていくその掛橋が、現実に進行している急激な変化のために相当強烈なかたちで切り離される事態を生んでいる。

この結果、消費社会と企業社会が連続しているという前提の上にたって社会化を遂げてきた「思春期」の日本の青少年が、いまや、消費社会を生きる延長線での自立、社会化コースをもはやそのままでは持続できない現実に直面している。学校を出て一人前に仕事に就いていくプロセス、イギリスで「スクール・トゥー・レイバー」と呼ばれ社会政策の対象とされる時期ですが、そういう移行問題が、新しいかたちで出てくる。これに照応した文化的な「転生」の課題が、高校の段階で生じることになっているのではないかと思います。

文化的転生という言葉を使いましたけれども、現在の、特に女子高校生を中心とする高校生たちにかんする調査をみていきますと、高校の時が人生で一番楽しい時期で、今遊ばなければ、今自分を実現できなければもう先がない、という意識が非常によく現われています。

いったいなぜ、九〇年代に入ってこういう意識がこれだけ強く現われ、今のうちに何とかしなくちゃもうおしまいだ――これは最近では高校生から中学生にまで意識が下がってきているみたいですけれども――高校を終わったら先がないから目一杯楽しまなくっちゃ、といった「人生観」が蔓延することになったのか。先ほどの企業社会の転換を念頭におくとよく理解できます。高校を卒業したその先のステップが、大学進学は別として、見えない。学校から社会への掛橋がもはや思春期の少年少女たちにとっては見え難いものになっているのです。これに関連していろんな問題が出てくると思いますけれども、消費社会と企業社会とのこれまでの接続が切れることによって、消費文化の中で生きていく、消費文化の中で成長していくあり方がいやおうなく変更を余儀なくされる、こういう問題があると思います。

ところがそれにもかかわらず、これは、八〇年代までの日本社会と九〇年代の変化とをつないでいるメカニズムなのですが、日本型消費社会の中で徹底して繰り広げられてきた私秘化privatization、商品化は、九〇年代の変化によって制約されるのではなくて、むしろ逆に正当化され、ますます強化されることになるのですね。消費文化の中にあった私秘化の要素、人間関係もふくめて徹底的に私秘化していくような力なりシステムが一層亢進させられるという問題がある。思想的には消費文化と新自由主義的な価値観との親和性ということができるかもしれません。ちょっと脇道にそれますと、宮台真司氏の議論をどう評価するかという話は、おそらくこの問題とかかわっていると思います。いずれにしても、八〇年代までの消費社会化の中で現れた私秘化をめぐるさまざまな矛盾が、九〇年代にはより一層強烈に現われてくるという関係になるかと思います。

最後に、これは政策的な側面ですけれども、社会政策としての青年政策が、企業社会・消費社会のセットの中では相対的に欠如していた。そういう時代から、治安政策の一環に位置づける格好での青少年対策がすすむ。この転換は、現実の少年犯罪の「悪化」を理由にしながら、現在少年法の改悪を焦点として進行しているように思います。こうした背景の中で、青年文化・青年問題の変化が起きている、ということではないかと思います。

そこで最後に、それでは青年文化・青年問題の内容上の新しい問題点がどこにあるのかいくつかお話しして終わりにしたいと思います。

3　アイデンティティ・承認・文化的支配

ひとつは、アイデンティティ形成をめぐる問題です。これと発達・成長をめぐる問題とは密接に関連しますけれども、ここでの問題をみていきたいと思います。二つ目は、社会的承認の問題、これは他者の問題ということにもなるわけですが、その二つを中心にみていきたいと思います。

なぜ「自分探し」か

もともと日本の青年問題、「思春期」の少年少女の問題を考えるうえで、彼らのアイデンティティ形成問題がどんな特質を持ってきたのか。日本におけるアイデンティティのとらえ方の特質は一言で言うと、私秘化の深い浸透を背景とした特異な私的性格にあるといえます。西平直さんが指摘されているように、エリクソンのアイデンティティ観念はそもそも、成長なり社会化というものの社会的な枠組みや性質と切り離して考えることができない。したがって民族的な出自であるとか、あるどこかの集団に帰属するという問題と、アイデンティティ帰属の問題とは切り離して考えることができないわけですが、日本の場合、消費社会化の進行の中で、アイデンティティ問題が、「わたし探し」「自分探し」として定式化されてきた。その結果、アイデンティティのありかをもっぱら私的にのみとらえる感覚が極度に進行し、アイデンティティの社会的な基礎を問いかけたり、あるいはアイデンティティを社会化する手がかりを失ったかたちでアイデンティティの問いが提起されることになった。この傾向は、先ほども言ったように、消費社会と九〇年代の変化とが、私秘化の点では連続しているだけではなくて、さらにその傾向を強めるという結果から、一層強く現われてこざるをえない。

言い方をかえると、商品社会にのっとった我の通し方、我というのは自己ですね、これが徹底して追求されることにならざるをえない。ところが、二番目の社会的承認の問題ともかかわるのですが、そうした自己は、消費社会の枠組みにそう仕方で他者によって社会的に承認されなければ確証できない。したがって、私秘化と社会的承認との激しい矛盾がそこで生じることになってくるわけです。

社会的承認と抽象的にいっていますけれども、たとえば、自分がこれこれのブランド品を持っているというようなことが、自己確証であり、成長の証である、自分が何者かであることの証明である。どんなすがたで自分が存在しているかがいつでもどこでも消費社会の社会的評価の対象になる。それが消費社会における承認形式の大きな特徴なわけです。そうした社会的承認形式と私秘化との矛盾が九〇年代の日本社会では一層強く現われてこざるをえない。

しかしここで先ほど述べた消費社会の限界の問題が同時に出てきます。消費社会の中で成長してきた子どもたちは、その延長線上で社会化を遂げる道を閉ざされますので、その結果、新たな移行問題の出現によって、自立問題、成長の課題は、新しい困難をむかえざるをえないことになってきます。そこで、「思春期」とか「反抗期」、あるいは「青年期」という言葉を考えてみたときに、私たちは、個人の成長・社会化の問題として一連のなめらかな発達の軸でとらえていますけれども、そもそもアイデンティティ形成の問題であるとか、「思春期」であるとか、あるいは、社会化、一人前になるプロセスを考えていったとき、そうしたなめらかな発達の軸でもって成長・社会化を考えていくことがどれだけ妥当なのかという問題にぶつかることになります。九〇年代の変化はそういう問題の所在をあきらかにしているように思えます。

フィル・コーエンというイギリスのカルチュラル・スタディーズ派で青年問題を主として扱っている人の最近の論文をみてみますと、その中で彼は、青年期や思春期、反抗期という観念は、一九世紀の七〇年代、八〇年代から形成されて二〇世紀初頭に確立されてきた観念だけれども、現代社会では解体の危機にさらされている、問い直さなければならない、こういう趣旨のことを述べています。日本の九〇年代の変化はまさにそういう問題を新しく提起することになったといえる。

たとえば「思春期」についていいますと、現在の「思春期」は小学校の高学年から始まるわけですね。その「思春期」の意味の中には、「思春期」に入ると同時に消費社会的な枠組みの中にデビューするという内容が含まれています。ところが消費社会にデビューしたものの、今度は高卒の段階で消費社会を生きるという生活のかたちを離脱しなければならない。ですから小学校の四年生か五年生から高校三年の一八歳くらいまで考えますと、その時期の「思春期」というのは、消費社会の中を生き抜いてそこから出ていくという、いわば「消費社会中心の人生」を含んでいるわけです。

そういうふうにみたときに、小学校高学年から高校の二年生、三年生にいたるまで、じつは意識としても文化の構造としても、同じ問題を抱えていることがある。したがってそれを発達の段階で小学生、中学生、高校生と分けてしまっては理解できない現象あるいは問題が出てくることになる。そういう格好で少年や少女、青年、「思春期」、「反抗期」など、一人の人間の成長・発達をひとつの軸で支えてきた観念群が、現在、問い直されるべき状況になってきたのではないでしょうか。この点にかかわっていろいろな問題がコロラリーとして出てきますけれども、そういう指摘だけをしておきたいと思います。

だれかに認められること

社会的承認の問題ですけれども、消費社会の中で他者によって承認されるという消費社会の承認形式がきわめて不安定で浮動的なものであるのはいうまでもないことですが、しかし不安定で浮動性を持つ承認形式と、その中でのパワーゲームとが、九〇年代の変化の中では、安全確保の戦術にもとづいて再編されるという新しい様相を帯びてきているのではないか。つまり、どういう格好で自分がこの社会の中にいていいと認められるか、という問題が、どういう人間がこの社会の中にいてはいけないかを確定するパワーゲームの問題として、より一層純化されたかたちで表に出てきている。したがって自分を承認してもらうためには、承認互助組織としての小集団がたくさんないといけないことになってきます。この承認互助組織としての小集団が、場合によってはカルト的な集団もふくめて、叢生する可能性が日常的にはらまれる。

それから、どこからも承認されないという、自分がなかなか認められない状況の中で、自己の存続のためにはどうしても承認してもらわなければならないという絶対的必要性がある以上、それを満たす社会的な回路が狭い場合、逸脱的な承認回路を求める行動が必ず出てきます。それを私は文化的な出口と言っているのですが、たとえば、ナイフを使うといった行動は、自分がどこからも認められない、何者でもない苦しい状況を脱出させる文化的な手段として映るわけです。文化的出口と見なされるような事件、出来事は、それゆえ、確実に模倣を産み出さざるをえない。これが現在、あらゆる新しい事件について生じている出来事だと考えられますし、そういう点でいいますと、消費社会における社会的な承認形式が九〇年代の変化の中で、病理的なかたちもふくめて、新しいさまざまな形態と問題とを産み出していることがわかるのではないかと思います。

逆転の文化

以上、アイデンティティの問題と社会的承認の問題にしぼって述べたわけですが、さらに青少年の内面の文化について考えた時には、文化的な能動性と受動性の関係の問題がありますし、また別に、文化全体の公正さを社会がどのようにして確保するかという問題もあります。時間がありませんのでそれらの点については省略をさせていただきたいと思います。ただ、九〇年代の新しい変化に応じて文化的な解放のかたち、カウンター・カルチャーのかたちがどこにありうるかについて少しだけ述べておきます。

カウンター・カルチャー、文化的な対抗のかたちが現在はっきりあらわれているとは私は思いませんけれども、しかしはっきりしていることがひとつあると思います。それは八〇年代までの消費社会化を経験してきた世代の少年少女たちにとって、これからの社会におけるユートピアというものは、現在あるもの、既にあるものを新しいかたちに組みかえる方向以外には考えられないという点です。私たちがユートピアというときには、特に二〇世紀初頭のユートピア構想には対照的な立場が存在していました。一方では、機械的生産力もふくめてトータルに人間世界の富を増やしていくことによって自らの生活もふくめたある種の豊かさを実現していくユートピア・イメージが存在していた。ところがこうした構想は八〇年代までの日本の社会では、ある意味では実現されてしまっている。

中学生・高校生たちの中で今欲しいものを聞きますと、「今のところ何もない」という回答が現在ではつねに高位に入ります。つまり「何も欲しいものがない」という状況の中で、それにもかかわらず、今とちがう、文化なり社会の枠組みをどういうふうに構想するかが彼らのユートピアの中核になる。すべてがあるところから、そうでない社会をいかに構想するか、というのは非常に困難でかつ逆説的ですけれども、そういうユートピアの問題が生まれてきている。それから、もうひとつ「寄る辺」と「立つ瀬」の問題がありますが、これは省略します。

もうひとつ、九〇年代の青年文化・青年問題の変化の中で、新しい文化的支配の可能性が生まれていると言いました。そうした支配と従属とをともに拒絶する文化がありうるのか、という問題があります。被害の文化が果たしてあるのかという問題でもあります。現代の日本社会というかこれはもうすべての消費社会でそうだと思いますが、いったん事件の被害者になるということは、文化的な意味でも社会的な意味でも、敗北者になることを意味するわけですね。なぜかというと、被害者になることによって文化的な無力性が社会的に刻印される、そういう文化的なかたちを私たちの社会は持っていて、それを逆転させるような装置は存在しない。だから、レイプ事件が一番典型的なんですけれど、被害者はまったく正当で一〇〇％悪くないにもかかわらず、つねに文化的には無力な状態におかれ、したがって敗北者として扱われるという状況が存在する。

こういった文化を逆転させるような装置や仕掛けがないかぎりは、支配と従属とをともに拒否するような文化の可能性は生まれてこないと思います。強い個人の論理が支配する文化の中で生き抜こうとすれば、より自分が強いことを証明することによって敗北者であることを免れようとする追求が文化的に中心になっていきますし、他方では、そうした強さを求める文化は、相対的な弱者をどこまでも創出してゆける文化的なかたちをも追い求める結果をもたらす。この構造を逆転する文化が存在しない限りは、文化的な対抗などというものは実現しないだろうと思います。それを逆転の文化と呼んでいるわけですが、そうした逆転の文化の可能性を、現在の少年少女たちの文化がいかにして具体化できるかが、九〇年代の青年文化の一つの大きな課題だと私は考えています。

第Ⅲ部

縁辺化する若者たち

第10話　青少年の縁辺化と教育改革

今日は教育改革の問題に触れながら、九〇年代後半の青少年の現状とその中で教育改革が何を問題にしているかについてお話をしたいと思います。

1　九〇年代日本における青少年——縁辺化と成長・社会化の困難

九〇年代後半における日本の青少年の現状をどうとらえるかをお話ししたいと思います。二〇〇〇年の『世界』一一月号に佐藤学氏、苅谷剛彦氏たちが政府のすすめる教育改革にたいする自分たちの構想を出されていますが、その中で触れられていますし、私は二〇〇〇年三月に『世界』で学力低下に関わって青少年の現状を「縁辺化」「周辺化」と特徴づけてみました。八〇年代アメリカの学校教育と青少年の現状に関して、アメリカの教育社会学者ヘンリ・ジルーが同じ問題を扱っていて面白いと感じていたのですが、高校を卒業して働く人たちを中心に日本の一〇代、二〇代の若者たちの縁辺化が急激に進行するようになったと思います。しかし、現状についてきちんとした社会の認識はまだまだ少ないと思います。

社会的縁辺化の実態

高校を卒業してすぐ働く若者の就職難は、九〇年代にすさまじい勢いで進んできました。大学卒の就職問題も九〇年代後半にはかなり問題になりましたが、それとは比較にならない状態が続いています。九〇年代の求人をみますと前年比二割減、三割減で、この一〇年間で八割ほどが減ってしまったことになります。一〇八万人ほどあった求人が八割ほど減るというのはたいへんな事態です。

かりにうまく就職できたとしても、九六年に就職した高校生たちは九九年には五七％が退職、ほぼ三人に二人は三年経たずに最初に就職した企業をやめているということです。これは八〇年代水準とくらべると高いといえます。大学生も九六年卒業の三〇％は退職しています。親たちが考えるように「とにかく大学出てとりあえず就職してくれたら安心だ」という話は通用しなくなっています。進路指導の先生方は就職させるために苦労していると思いますが、高校生は就職したとしても三人に二人はやめてしまうという状態、本人が悪いという単純な問題ではないことはあきらかです。

全体として若年層の中では、非正規雇用の労働が急速に拡大しています。フリーターはのんきなものだという目でみられてきましたが、一五〇万人をはるかに突破して二〇〇万人以上に達していま す。この人たちは好き好んで自分たちがフルタイムでずっと勤めたくないというわけではなく、もちろんそういう人たちもいますが、むしろ働く場所がないとか、とりあえずフリーターで働かなくてはならないという人たちが生まれている状態です。学校を出てフルタイムで働いている場合でも、大変にきびしい労働条件下で働く人たちが増えています。

失業率は四％を超えて五％弱のところで推移していますが、二〇〇〇年の一一月時点で、一五歳から二四歳までの失業率は一〇％を超えました。これは八〇年代はじめのイギリスやアメリカで新自由主義の政策が打ち出されていくときの失業率にほぼ匹敵する状況で、九七年から青少年層の急激な不安定就業化、失業化が進んできています。

現にいま高校や大学に行っている学生がこうした状況に組み込まれていて、リクルートの調査では都市部の高校生は平均年間一〇〇日、月三万円くらいのアルバイトをしています。彼らのアルバイト労働は不可欠な労働力の一環として組み込まれていて、彼らがいないと仕事が廻らないという分野がたくさんあります。自分たちの意識では小遣い稼ぎのつもりで働いていたとしても、深夜労働の割増し率などの知識も不十分で、深夜のコンビニなどで無茶な労働条件がまかり通っている実態があります。

このように、縁辺化といわれる現実が九〇年代半ば以降急激に進行しています。その縁辺化には階層性があり、大学生の中ではまったくアルバイトをしなくてもいい人たちもいて、ちょっと時間があると海外旅行に行くというような、そういう階層性をはらみながら進行していますが、全体として青少年層の社会的な意味での縁辺化というものが進んでいます。

七〇年代半ば以降に確立された企業社会・消費社会がセットになった社会構造が崩れてきていますので、親たちが考えている標準的なライフコースがガラガラと崩れ始めています。現在の高校生は親が想像するライフコースをたどっていけないという歴然たる事実があります。大学生もほぼ同じで、私たちから見てみどころがあるな、面白い考えをもっているなと思える人が、大学を出た後、職人になる修行をするとか言い出す、親はそういうコースを想定していません。大学を出たら一人前になってくれる、つまり会社に就職して「落ち着く」だろうと思っていますが、決してそうではなくなっています。大学を出てもフリーターとして稼いでゆける額は月一〇万円程度です。だから実家に居る。

いま結婚年齢が三〇前後、それまで家を出て行かない、行けないという状態は、彼らの個人的趣味、趣向というだけではない。現状では九〇年代後半に進んだ社会構造の変化の中で自分たちが社会的に働いていても、それだけで社会人として生きていける基盤なり条件が保障されない。そういう現実が進行していることが一番の問題だと私は思っています。

学校に関連してもう一つ付け加えておきますと、学校は勉強するために存在する場所だということになっていますが、小・中・高とだんだん勉強が嫌いになって、勉強はステップを踏むための手段だと意識の上では転換するわけです。学校へ毎日きて、授業には出なくっちゃならないという就学動機を支えていたのが、「高校を卒業しなければ」「大学を卒業しなければ」だったのです。ところが就学動機を支えていた「卒業しなければ」が、卒業しても職がないとなれば、そういう動機が衰弱していくことは火を見るよりあきらかです。

行動文化と意識の急激な変容

社会的な縁辺化は、彼らが持っている行動文化や抱えている意識を急檄に変えざるを得ません。七〇年代半ばに確立した企業社会と学校システムの接続関係が変貌しつつあり、在学意識が衰弱していく。七〇年代半ばは消費社会化が文化変動として大きな規模で進行していた時期ですが、これに関してはまだきちんと議論されていません。消費社会化の持っている意味についてはほとんど論じられていません。しかし、この時期に起きた文化的変化はきわめて大きく、成長プロセス、社会化をとげていく過程の基本的な枠組みがこの時期に変わったと判断しています。高度成長期の社会的な変化がきわめて大きいというとらえ方が普通ですが、私は文化的には高度成長期の社会的変化よりも、七〇年代に生じた消費社会化の変化、それにもとづく消費文化の影響力の拡大の方が大きかったと判断しています。

基本的な成長様式が、学校と家庭・地域との間を振り子のように往復して成長していくかたちから、消費文化というもう一つの軸ができることによって、トライアングル型に変わっていきます。学校や家庭と並んで消費文化的な世界がもう一つ軸として自立をする、これが七〇年代半ば以降の変化です。この意味は大きいと思います。少年少女が同じ文化・同じ意識を持って行動する世界が、七〇年代半ばから生じて八〇年代にははっきり目に映るようになるわけです。その結果、家庭や学校が持っている成長過程に関与する力は総体的に低下せざるを得ない。その頃から知識の内容やかたちに大きな変貌が起きます。中高生は従来の思春期に加えて、消費文化世界を生きるという意味で二重の思春期を生きざるを得ない。その中で成長し、その中で認められるという新しい課題が付け加えられていきます。

そういうかたちで作られてきた企業社会・消費社会セットの社会システムが崩れていくとなると、四半世紀続いてきた消費社会を生きていく、大人になって企業社会で生きていくという二重の課題の接続関係が変わっていかざるを得ない。消費文化的な自律性と社会的には端に置かれているという寄生性との激しいギャップが起きてきます。同時に学校教育と企業社会との接続関係も変わり、相当努力してもうまくいくかどうかわからないという問題が起きてきます。大学三年になると、公務員試験のための塾に行き、猛勉強をし、それでも通るか通らないかという世界で、教員や親たちが指示したようにやっても、うまく社会に出て行くステップが踏めるかどうかわからない。おそらく八〇年代の赤川次郎の小説などに出てくる、大人になりたくないという閉塞感とは違う、しかし激しい閉塞感がでてきます。社会に出ていこうとしても出ていくことすらうまくいかない現実が目の前に突きつけられます。女性の場合、戦後社会の中では一貫して主婦になる道がイデオロギー的に作られてきて、だめだったら結婚という名の「就職」をしてうまくやっていこうというライフコースを想像させてきたわけですが、今の高校生はそう考えません。ライフコースが閉ざされているという感覚は私たちが想像する以上に深いと思います。

意識調査をみてみますと、「学校の先生のいうことを聞くか」「道で大声を上げてもいいか」「電車の中で座り込んでもいいか」「援助交際がいいか」など、だいたい三分の一は個人の勝手と答える。後でお話しする新自由主義教育改革にうまくフィットした意識であり、そういう意識がのさばったらたまらないので無理やりにでも押さえつけて訓練しなければだめだという改革論が出てくる基盤にもなっています。

ある意識調査では、「学校をさぼることが大したことでない」と感じる高校生が三人に二人、「異性の友だちとの外泊は大したことない」が中学生でさえざっと半数になっています。それも女子の方が多い。性意識も急激に変化しています。九〇年代前半とくらべても変化しています。規範意識がなくなったと単純には判断しませんが、急激に変化しているのは確かです。

社会構造の変化にともなう青少年問題は欧米社会でも起きていますが、日本の社会では欧米のように階級的区分が必ずしも明確ではないかたちで、階層をまたがって広い層の青少年の間に共通の問題として意識変容が起きているといえるのではないかと思います。

社会的縁辺化への適応と葛藤

社会的縁辺化の中で何とかしなければという葛藤状況が青少年の間に広がっているように思います。ごく一部の、何の問題もなくクリアーしていける学生たちがいることは確かです。ネットワークや縁故関係もふくめて社会的上位の階層にある人たちが生まれています。九〇年代のはじめには私のゼミの学生は一年中誰かが海外にいるという状態でしたが、九〇年代半ば以降はよほど恵まれた層でないかぎりそういうことはなくなりました。

大多数の中・高・大生は、縁辺化の危機に対応していくためにはこれまでと違った努力をしなければならない。消費文化世界を生きる成長課題と、大人が期待するかたちで社会に出ていくという二重の課題のうち、消費文化社会を生きるという課題を完全に切り捨て、新しい状況に完璧に適応していこうというコースをたどる人もいます。優等生といわれる人たちですが、彼らの困難を私は「自己クローン化」と呼んでいます。完璧な適応をめざす場合、そういう風に作られている自分を自分のクローンのように感じる状況が、出てこざるを得ません。クローンというイメージは九〇年代サブカルチャーの世界にはどんどん出てきています。自分が今考え行動することが自分のクローンかもしれないと思うとそうでない自分はどこにも発見できない。出口のない自閉的状況が起こってくるわけです。外側からうち破られないと抜け出ることができませんから、外から破ってくれるチャンスを求めるしかありません。一九九九年に事件を起こした新潟の少年は「人を殺せば自分が死ねると思った」と裁判で供述したと報道されましたが、そうした感じ方には広い基盤があるように思います。

完璧な適応を試みる人はもちろん少数で、大半の人はこれまでに倍する努力で縁辺化を克服していこうという道をたどります。公務員試験のための努力もそうですし、高校へ入るために内申が良くなければいけない、ボランティアもやらなければ、そういう積み重ねの結果でしか高校や大学に入ることができないと考えるとほんとうに涙ぐましい努力をします。しかしその努力が必ずしも結果に結びつかない状況が大きな問題になっています。努力が結果に結びつかないルサンチマン（怒り）はきわめて激しいものにならざるを得ない。八〇年代は親や学校が暴力性の防波堤でもあったのですが、それが誰でもいい、一般的な社会と自分との関係で怒りをぶつける可能性が広がると思います。

大学ではどこでも授業評価をやるようになっていますが、「こんなひどい教員で、こんなひどい講義をして、金返せ」という記述が出てきます。自分たちはそれなりの投資をして努力しているからそれなりの見返りをよこせという要求です。「無能な教員はやめさせる」という教員統制論の支持基盤はこういうところにあります。

しかし努力と結果は必ずしもともないませんから、多数は途中で適度にあきらめる。私はこれを柔軟な多数派と呼んでいます。大学でいいますと就職でのあきらめ方に典型的に出てきます。三年生の冬休み前にガイダンスをやって、春休みが最盛期でほぼ一年にわたって就職活動をしていきます。就職活動をやり続けるというのは決まるまで落ち続けるということで、三カ月、四カ月落ち続けたときアイデンティティが萎えてくるのは間違いない。どっかで折り合いをつけてやめないと自分が保たれないという状態になり適度なあきらめをもちます。「状況がきびしいから俺たち大変なんだよな」という状況を共有できる意識があるところであきらめることができます。

ただ、あきらめた結果その後はない。将来的な生活の保障や社会的な保障がある、つまり何年間かは親が見てくれるということがあきらめの前提にもなっています。親は「新人類」（六〇年代前半に生まれた人で現在三〇代後半で、トライアングル型の成長構造を最初に育ってきた世代）と「旧人類」（四〇代以上、現時点の高校生の親以上）に分けてみますと、「旧人類」の親たちがリストラに会わなければ当分は生活を見ていくことができる状態です。将来的にはできなくなるでしょうが。

やがて分解する多数派

青少年層が縁辺化にみまわれているだけでなく、この社会構造全体の変化は親の世代も直撃しますから、親子がともにリストラにあったり、子どもはフリーターで親はリストラにあったという世界がこれからもっともっと拡大していくに違いありません。適度なあきらめをもつ多数派はやがては分解していきます。

なんとか自分たちの世界を作り上げて、小さな安心できる集まりで集団化していくという道がないわけではありません。それを私は「思春期的小集団の一般化」と呼んでいます。小さなグループで持続できる世界を作ってまとまっていくかたちです。八〇年代は「オタク」と呼ばれていましたが、最近ではコアと呼ぶこともあるようです。コミックマーケットというマンガ同人誌の即売会が年二回ありますが、全国から一〇代、二〇代を中心に二日間で四〇万人くらい集まります。四〇万人集まっても静かに自分が求めているところに行くという、面白い場所ではありますが、お互いに知っている五〇人、六〇人が半年ごとにお互いに生きていられていいよねと確認してまた半年後に会うというようなつながり方です。三〇代で赤ちゃんを連れた人も出てきました。自分の生きられるわずかな仲間を作って生きていく。極言ですが、クラスという枠組みはそういう意識からは何の意味もありません。同じクラスだからといって私とあなたとは何の関係もないでしょうと感じるのは自然です。

小集団の問題もふくめて、それがもう少し進みますと「ひきこもる」、自分がうまく位置が取れない社会から撤退をしていく、こういう可能性を探す人が出てきます。縁辺化の葛藤を回避する心理的な操作、やりすごしをやっていきます。今の内面的な意識状況に関しては、たとえば大平健さんの『純愛時代』（岩波新書）がうまくつかんでいます。重要なのは自分の思い、自分の気持ちが純粋か、思いが強いかどうかを基準にして他の人間や人間関係をはかっていくということ。他人はそんなに思うようにいきません。自分の思いが強くても簡単に他人とつながるとはいかない。九〇年代の少女小説の主題を見るとわかりますが、思いの強さが超能力として表現されたりします。超能力の強さとは自分の「思い」の強さで、相手とうまくいかないのは自分の思いが強くないから、この心理の延長線上はストーカーの心理と地続きだと言ってもよいでしょう。その道に入り込んでいくと途中では止まらなくなる。自分の思いの中だけで生きられる世界をいかに整えられるかという問題の立て方からそうならざるをえない。

私たちが人間関係を考えるとき、恋愛関係にしろ何にしろ具体的に一つひとつ違うはずですから状況の中でたがいのあり方は変わる、と考えるはずですね。たとえば、教員と学生との関係でも相手によって対応するということがあると思います。他の学生に言ったのと違うじゃないですかと言われて、そうじゃないといってもそこが理解されにくい。「人に応じてなんてわかりにくいことではなくて、きちんとマニュアルにしてくれ」と言います。自分がその中で安心して生きるためにはマニュアルの方が安心できる装置に映ることになる。

外的現実との関係で、いかに自分を保ち続けるか、それでも自分を排除する関係からいかに自分を引き離すかということで、潜在的には引きこもりの可能性が開けていることになります。明確な引きこもりでなくても、社会の中で自分が身を置くことのむずかしさを今の子どもたちがいかに深く感じているかわかります。小学校から友だち関係にいかに気を使っていくか、人間関係の気の使い方とやり過ごし方を覚えるにはたいへんな努力をしなければいけない。それでもうまく社会に出ていけない現状の中で、その困難はさらに深まっています。

2　教育改革の性格をめぐって

教育改革論の九〇年代

教育改革国民会議の報告が出されましたが、メンバーの一員である河上亮一氏は、「文部省の教育自由化路線に対して自分たちはいかに激しく闘ったか」と述懐しています。会議の中に二つの対立した考え方があって、教育の自由化論に対してそうではない方向で闘ったという総括になっていますが、ここでは自由化論と奉仕活動義務化のような強制論の対抗関係が問題にされて、新聞や雑誌でもこのようなことが言われていますが、私はこれは見かけ上の対立だと思っています。

八〇年代の後半に中教審答申が出され、新学力観が打ち出されて、教育の目標に関して一種の理念転換が打ち出された。各人が自分たちの能力を発揮するための目標を定めてその目標に向かって様々な努力をしていく、それを支えるのが教育の役目だという位置づけを行いました。同時に事実上の複線化に認知を与えたということがいえると思います。八〇年代はじめに中曽根臨教審の第一部会が出して必ずしもうまくいかなかった教育自由化路線が、九〇年代には現実化していく。そういう転換が起きてきました。

これと並んで九〇年代には戦後の教育体系を実質的に改変するさまざまな「改革」が高校教育分野でなし崩しに進んできました。今の親が自分たちの育った時代を基準にして考えると想像もできぬほど、高校教育の実際は大きく変貌しています。学科・コースの多様化や入試改革など教育のかたちが九〇年代には相当変わってきたのです。なし崩しに教育の変更が行われていったことと、自治体の財政改革を背景とした学校教育制度の改変が結びついて進んできたこととは、九〇年代前半から半ばにかけての高校教育の特徴といえます。学校の統廃合もふくめて教員のコントロールも自治体リストラの中で行われてきたことを見逃してはいけないと思います。

九〇年代前半から半ばにかけて教育改革と銘打って打ち出されてきた主張のうちで、財界の教育改革構想は出されるつどに話題を呼んできました。従来の民主教育と呼んでもいいし進歩主義教育といってもいいのですが、注目すべきは、そこで主張されてきたことがらと一部重複する内容が財界の改革構想にふくまれていたことです。経済同友会の合校論が出たときも、教育学者がかなりの部分評価できるところもあると言いましたし、学校の管理的なあり方を改めて自由にしていくという部分はいいという教育研究者の話も聞きました。最近では社会経済生産性本部の「選択・責任・連帯の教育」論も同じ線上に乗った話ですし、『日本のフロンティアは日本の中にある』もそうです。これは、小渕内閣の時に作られた、河合隼雄氏が全体を統括している二一世紀日本の構想懇談会の報告で、その中に教育構想が盛りこまれています。この報告で触れられたことが教育改革国民会議の報告にも相当引きつがれています。

これらは、全体として、九〇年代半ばから後半にかけての教育改革構想の本線をなしていると私は位置づけています。

教育改革における新自由主義スキームの特質

いま学力低下論が言われ、新しい指導要領でやっていけるのかという議論が強烈に起こっていますが、それにもかかわらず教育改革の本線は新自由主義スキームの枠内で考えられたものであると私は判断しています。そう判断した上で、教育改革国民会議の中で起きている対立をどう理解できるのか見ていかなければいけません。

教育改革全体が何を目的としているかといえば、グローバル資本主義という新しい世界秩序の中で、日本の企業が「勝ち組」になれる社会経済システムを作っていくこと、その社会経済システムを支えていく有能な人材を確保することが本線なのです。新学力観にもとづく改革論の推進者と目された寺脇研氏は『論座』に載ったインタビューで、学校はもっと自由であってもいいと言います。自由な学校システムを作ることによって新しい日本の社会経済秩序を支える人材を確保することであり、そのためには自由化が絶対に必要なんだという議論の筋になっています。この基本線、統治層のめざす改革の方向性は揺らいでいないと思います。二一世紀日本の構想懇談会の報告の中にもそういった発想が入っていて、たとえば小中学校は週三日でいいと書いてあります。週三日は社会統治のために必要だから義務として学校に来なければいけない日、教師も週三日以外は塾でもなんでも自由にしていいと、自由（サービス）の部分と義務の部分をはっきり分けていて、全部自由にするという議論はありません。国家社会を統合していくために必要な教育という構想が自由化の議論の中に入っている点を見落としてはいけません。

国家統合を考えていったときに、自由か強制かは対立ではない。新自由主義の理念は、経済学者ハイエクの主張が典型的で、福祉国家的なあらゆる制度を市場にたいする制約として否定していく特徴をもっていますが、国家の強さをまったく否定するわけではありません。選択したり自由に行動するためには、選択をしなければいけないような状況を強制しなければならない。ある場面で国家を強力に機能させる必要の承認は新自由主義的スキームの特質です。しばしば誤解されていますが、教育の自由という主張は国家という枠組みを否定したり、弱いものにするということではありません。小沢一郎さんが論じているような国家の論じ方で、分権化を言いながら外交面は絶対分権化しない。国家方針に関わるところでは住民投票だとかで決めるのは許さないという枠があります。教育の中でも絶対に許さない枠をもっていると思った方がいい。寺脇氏の言う自由はそうじゃないと論じても、現実には自由化の部分と強制的義務の部分とはセットとして出てきます。新自由主義の理念は国家への強力な統合を一面では要求しているのです。

自由化による公共性の縮減

その上で問題になってくるのは、教育を自由化し教育年限も変えていくとなると、自由化によって実際に生じるのは、少数のエリートがリクルートされていくしくみはできるだろうけれど、多数は落ちこぼれていくことになるので格差が出てくる事態です。あきらめて教育にも期待を持たない、教育で自分の能力を伸ばしていく望みを持たない人たちがどんどん出てきたときに、そうした人を放置する。これは教育の公共性が枠として切り縮められていくところに大きな問題があって、自由化か強制かという対立が問題なのではなくて、自由化による公共性の縮減を招くところにこそ問題があります。

欧米でも自由化を進めたときに同じような問題が起き、失業率が高く、高校を出て一〇年も職がなく、これが青少年の犯罪の温床になるのだというキャンペーンがはられていきますが、日本もそうなっていったときに、学校教育の中での子どもの問題や思春期の問題が、社会不安を引き起こす青少年問題として扱われるようになります。これに対してどう対応していくかという問題が直接に教育改革の内容にはならないとしても、統治の問題として出てきます。今回の少年法の改定も大きく言うとそういう状況に関わってきますが、社会不安の原因になるようなかたちで落ちこぼれていく人たちは厳罰主義で押さえ込んでいく、少年司法改革等々のかたちでそれが進むと思います。

七〇年代半ば以降の企業社会と学校の接続関係は特異で、欧米では日本風の学校での進路指導はありません。それは青少年向けの社会政策の枠組みで作ってきた分野で、スクール・トゥー・レイバーという領域になる。新聞の紙面でも必ずあり、学校から社会へ出ていく場面の問題を扱っていて、学校教育というより社会政策として扱われてきました。ところが日本は学校教育の枠組みと結んで就職していくという独特のマッチングがあり、社会政策として作られてこなかったところに、現在、雇用の流動化、縁辺化に照応した教育や学習の再編の問題が出てきます。奉仕活動の話で思い浮かぶのは、八〇年代のサッチャー政権の職業政策です。学校を卒業して職のない人には、職業訓練として安い値段で働かせるスキームをいろいろ考える。人によっては「職業訓練主義」と呼んでいますし、「訓練国家」と呼んでいる人もいます。こぼれたり「さぼる」人間を自由にするのではなく訓練を強制して、社会に出て働けるようにするという発想です。奉仕活動の議論を発展させるとそういう部分が出てくると私は考えています。

この面でも自由と強制の対立が単純にあるわけではなく、自由化という枠組みを保持するためにそこからこぼれたりうまくいかない人をどう訓練するかがセットになって出てくると考えた方がいいと思います。教育改革国民会議の報告の中にも、職業訓練などの話がたくさん出てきますので、関係がそうなっていると見ておくべきだと思います。職業訓練がいけないということではなく、自由化と社会統合としての強制という側面、すなわち、労働力を社会に送り出していくときに自由化の新しい枠組みの中で労働力の質を高めていくことと、うまくいかない部分を逃がさないで訓練して外へ送り出していくことがセットになるだろう。

こう考えたときに新しい国家統合と労働力訓練システムの枠組みと教育基本法の理念がうまく合っているかどうかという問題がでてきますので、教育基本法を変えようという政策も当然出てきます。

3　青少年の社会的自立と教育の課題

教育改革国民会議の議論の対立がもっている意味を申し上げました。九〇年代後半から二一世紀にかけての青少年問題と学校教育をめぐる矛盾の構造を全体としてとらえたときに、どういう特徴が見られるかについて大きなとらえ方の話をして、矛盾の構造を突破していく道筋をいくつか申し上げて終わりにしたいと思います。

矛盾の噴出

七〇年代に形成された企業社会・消費社会システムの基盤は九〇年代半ばからあきらかに狭まっています。私は非常に大きな変化だと思っていますし、労働問題関係者や企業経営の専門の人たちの議論でも大きなシステムの変化だと言われていますが、このシステムを前提としていたライフコースの中にはらまれていた矛盾が一挙に噴出します。七〇年代半ば以降の成長過程の中に潜在していた問題が九〇年代に一挙に噴出するという問題が一つの位相として出てきています。

二つ目には九〇年代の縁辺化が青少年の様々な葛藤として現れ、様々な事件につながってきていきます。その同じ社会変動がグローバル資本主義秩序内で経済的な勝利を得るために必要な人材にたいするリクルート要求や能力開発要求を財界に噴出させた。何とかしなければ人材育成はピンチだという認識がはっきり出てきた。既存の枠組みを強力に打ち壊してでも制度改革をやっていくという要求が出てきている。九〇年代独特の二番目の位相です。

三番目に、七〇年代半ば以降の日本社会の変化は、青少年層に限って見たときに歴史的な実験だと思っています。消費文化がこれだけ強い軸になって出現しているような社会は日本以外にない。韓国も似ていますが、アメリカとくらべても際だって強い。「新人類」以降の育ち方というのは、今まで子どもが大人になるまでの過程にない環境で育ってきて、新しい問題が出てくることになったと思っています。新しい社会的な環境を歴史的に長いスパンで見ますと、二〇世紀の社会、国家のあり方が新しい格好に移行していくプロセスにあるということとつながっています。二〇世紀の国家のあり方が変化の時期を迎えている。私たちがイメージしている国家とは二〇世紀の国家像で、全体戦争を遂行できる国家のかたちが、私たちがイメージする国家として形成されてきました。その二〇世紀の社会・国家のあり方が大きな意味で変わらざるを得なくなっていて、いま変化の胎動期にあると思っていますが、人間や生命について数百年間私たちがもってきたとらえ方の前提が深い懐疑にさらされていると思います。

「人を殺してはなぜいけないのか」「自分がなぜ生きていなくてはいけないのか」――ルネッサンス期のオランダの思想家エラスムスが対話集の中で、「やがては神の国へいくならば生まれなくてもいいのではないか」と問い、「やはり人間は生まれた方がいい」という回答を与えていますが、同じ問いが今また問いかけられています。日本社会だけでなく二〇世紀を通じて私たちがそれを基盤にして生きてきた社会や国家のありようが大きな変化にさらされていく中で、その中で生きる一人一人の人間の生命観や人間観が否応なく変化せざるを得ない。しかも日本社会ですごいのは、子どもたちの日常感覚の中にそういう問いかけが潜んでしまうという点です。それはやはり七〇年代以降の日本の社会の変化を考えないと出てこないことで、「人を殺してはなぜいけないのか」と中学生が問うその問い自体を許すような社会は日本以外にはほとんどない。ごく普通に考えてそういう感じ方が出てしまうところに、今日の青少年の懐疑の深さを感じざるを得ません。

これは深刻な問題です。たんに教育改革・学校のしくみを変えるだけでは解決しない問題で、人間にたいするとらえ方、生命にたいするとらえ方、知識の受け止め方、社会を作る基本的な枠組みや考え方を、一つひとつきちんととらえながら、近代社会の中で私たちが獲得してきた理念をもう一度再生させたり、問い直して豊かにしていく営みがなければ解決のつかない問題だと思っています。

教育改革のリーダーである河合隼雄氏は、人間の力を超えたものにたいする畏敬の念とか、西洋には神がいるが日本にはないから人為的にでも作ってそういうものの力によってもう一度精神的な秩序を再獲得しなければならないと提起しています。そういうと私たちは戦前の国家主義にもどるのではないかと考えますが、そうではなく二一世紀の国家・社会を考えたときにそこで必要な人材の水準、そこで必要な精神としていかなるものが必要かという問題と関わってこうした議論が出てくると思います。子どもたちが育っていくとき、そこでの他者の見方、人間の見方、お互いに社会を作っていく場合、その社会に潜んでいるモラルをどういうかたちで表現することができるか問われていると思います。

教育の根源的課題

青少年の社会的自立を考えたときに教育の課題は何かについて、私なりの基本的な発想をお話しして終わりたいと思います。

最初に「平等」とは何かという点です。悪平等という観念はあり得ない。共同と違って平等には強制が含まれていて、同じにならないことを同じにするという機能を含んでいますから、悪平等主義と非難するのは平等という理念を否定していると思います。

アメリカの政治哲学者マイケル・ウォルツァーが教育の平等について「民主的教育は単一平等で始まる。一つの共同目的のための共同の仕事、教育はそれぞれの子どもに平等に配分される。より正確に言えば、それぞれの子どもが同一のまとまりある知識を習得すべく援助される」と述べ、お手本として日本の教育システムをあげています。「市民として社会で行動できるために必要な力に関しては平等の教育が必要だ」と。教育には平等という次元があるということと、その平等な教育を保障するために、教育の公共性を確保しなければいけないというのが一点です。

平等観の深いところでいいますと、教育の自由化論とは鋭く対立するところですが、お互いに違う能力を発揮する社会的な条件を整え、精神性を変えていくことが必要なので、能力主義批判として平等という考え方をどういうふうに社会に根づかせるかが大切です。その点で教育の自由化論と平等論は徹底的に違うと思います。能力主義批判としての平等の確保という考え方は、社会的理念として平等という理念を見たとき絶対に必要だと思っています。

能力と平等との関係で見ますとノーベル経済学賞を受けたアマルティア・センが、能力の違いを平等の観念との関係でいかに考えるべきか論じていますので見ていただければと思います。

平等観の上に立つ社会的な自立の追求を教育の一番根底にある目標と考えたときに、どんな人間であっても人間の生の尊厳をいかに保障するかを考える課題が出てきます。人間の生の尊厳性を基盤にした教育のかたちを考えていく必要があります。この問題はむずかしい論点を含んでいて教育改革の中では論じようがないので論じていませんが、いじめを克服するという話がたとえばそうです。いじめは指一本触れなくてもできるわけです。今みんな携帯電話を持っていますが、ある人間に対して一週間誰も電話しなければ神経的にはおかしくなります。電話するかしないかは自由なわけです。人間の生の尊厳を考えたときに、寝たきりのお年寄りのところに一カ月誰も訪問しない。社会的な人間の生の尊厳に関わると考えたときには何か考えなくてはいけない。そういう部分は尊厳の平等性に存在していて、そうとう高い社会的・精神的文化水準が必要でそんなに簡単な課題ではない。そこまでふくめて人間の生の尊厳を保障していくことが教育の根源にはあると私は思います。

もう一点、九〇年代後半の社会的な縁辺化に対して、「今の若い人は自由で勝手で」と外から見ると確かにそういうところはあるわけですが、消費文化の軸で見ていく青少年像で子どもたちをとらえて、野放図で育っていっては人間ができない、きちんと教育をしなければならない、道徳を教えなければいけない、押さえ込んででも教育しなければいけないと言うわけです。しかし、問題になっている縁辺化しつつある少年少女たちが社会の成員といえる位置を占めているかというとそうではない。そこが問題で、自由勝手に振る舞う人間をいかに教育するかと発想する前に、社会に出ていったとき安心して生活できる条件を大人の社会が確保することなしに消費文化の軸でいくら自由勝手だと論議していてもしようがないと思います。

学校を卒業して社会に出られること、安心して働き生活できることを保障できる社会全体のプログラムがないとだめだ、しかし、これは教育改革だけでできることではない。教育社会学者の広田照幸氏が「あたかも教育を変えれば子どもたちが全て変わるような幻想に陥るのは大間違いだ」と言っていますが、その通りだと思います。社会に出ていってきちんと生きていける保障が片方にあって、それと結びついて教育のあり方が構想される必要があります。このためにやることはたくさんあると考えています。

第11話　ライフコースの大転換に直面する若者

1　不平等な社会で育つという経験

大人社会がいだく九〇年代の青少年像は、ルーズソックスなどに眉をひそめた風俗的関心から、彼らが社会や大人に向ける独特の攻撃性に驚きたじろぐ凶悪化言説へとめまぐるしく変わってきた。青少年に向けられた視線のそうした変化は、じつは、日本社会そのものの激しい変動に規定されていた。というのも、青少年の社会的位置と成長過程とを変容させてきた最大の要因は、およそ四半世紀にわたり勤労諸階層のライフコースを縛っていた企業社会—消費社会システムの動揺と転換だからである。転換の行方は定かではない。

しかし、この転換過程で、青少年の生き方はいま否応なく変化を迫られており、そのことを意識せざるをえない彼らは、新たな状況にそくした振る舞い方、「身の振り方」を模索しはじめている。親の世代の期待や見通しからそれはじめた現代日本の青少年をとらえるには、したがって、変化した状況にふさわしいパラダイムが必要になる。今日の青少年がおかれている状況について、どのような切り口や視点からアプローチできるか、すべきなのかが鋭く問われている。以下は、この問いにたいする簡潔なアプローチの試みである。

青少年の社会的位置や成長過程の変容をとらえるものとして縁辺化という観念を用いたい。縁辺化の内容については簡潔に触れたことがあり、ここでは繰り返さない[1]。高校では多分よく知られているように、高卒就職希望者をはじめとする若年層の就職は九〇年代後半から困難をきわめるようになっており、かりに就職できたとしても不安定就業の占める割合は急増している[2]。雇用のミスマッチにもとづく自発的離職・転職が若年層の就職問題の中心だとする為政者側の公式見解には欺瞞的な問題のすりかえがふくまれている。企業社会の雇用構造が「上から」強行的に転換させられてきた結果、若年層の社会的排除 social exclusion がすすんだのであり、その変化に応じて自分たちの意識の方も変えろというのがミスマッチ論の本音なのである。

社会・経済的縁辺化はいまや青少年のライフコースの基礎的条件、出発点となった。したがって、彼らが自分たちの将来を展望する仕方や態度は、やや大げさにいえば、これまでとはまったくちがうものにならざるをえない。青年の社会的自立をどうとらえるかについても、新たなつかみ方が必要になっている。

ここで注意しておきたいのは、縁辺化が青少年層のあいだで一律にすすんではいない点である。そもそも層として青少年を一括することには留保が必要だが、縁辺化にかんしてはさらに留意すべき点がある。縁辺化は青少年の生活や意識を分化させてゆく力としてもはたらいている、という点がそれだ。青少年の教育コースに階層的な差異化が進行したことは八〇年代末には指摘されていたが、縁辺化に対処するという新たな「作業」をつうじて、青少年のライフコースにおける階層的差異や地域格差、ジェンダー格差（差別）はさらにはっきりと顕在化しているように思う。

縁辺化が青少年層を分化させてゆくのは、それが日本社会の不平等化の一環だからにほかならないからである。この不平等化のメカニズムを解明するのは重要な作業だが、本論ではこれを論じる余裕がない。さしあたり確認しておきたいのは、青少年層の少なからぬ部分が、低学歴・ドロップアウト、性差別、地域格差、家族的背景など位相をちがえた縁辺化要因をつうじ、さまざまな径路から「下層階級」[3] under-class へと「配分」されはじめたことである。従来見かけることのなかった職場への若者の「進出」や、若年層ホームレスの増加などはこの状況をうかがわせるものだろう。はっきりと目に見える有利・不利、格差が存在する環境のなかで、与えられた環境を抱えて生きなければいけないという経験、不平等な社会で育つという経験は、それに見合った生き方や振る舞いを育ててゆく。

一元的能力主義秩序の動揺

簡単にくつがえすことのできない不平等な階層秩序の下で生きることは、こうして、その状況にそくした感覚や意識を育てずにはおかない。階層秩序という表現を用いるのは、青少年のライフコースが、いまや、棲みわけられた領域に区分され、再編されようとしているからである。「ダウナー系」だったら、社会的に上がり目のないことを前提にした生き方になるという具合に。どの領域に編入されるかをめぐる横並び競争の層は薄くなる。能力主義秩序が一元的にはたらいていた企業社会システムの下では、格差や差別への怒り、不満は、おおむね、「自分の能力がきちんと評価されていない」という主張に収斂されたから、能力主義の一元性はいちおう維持されてきた。しかし、自分の努力とその結果とが一致し難くなる階層秩序の下では、そうした能力主義秩序が動揺にさらされる。

努力したってうまくゆくかどうかなんてわかるもんじゃないという洞察――九〇年代後半に浸透したこの洞察の範囲は社会的地位のみならず家族生活の将来像にまで及んでいる――は、企業社会秩序に事実上よりかかって青少年の社会化を促す大人たちの態度をことごとく欺瞞的なものに感じさせる。勉強する、努力するといった姿勢には意味もリアリティも感じられない者から、いちはやく薄い競争の層を見かぎり、それなりに安住できる領域（コース）の探索に移ってゆくのである。刈谷剛彦氏らが危惧するように、この新しい状況は、多数を占める普通の子どもたちの学習動機を深く衰弱させつつある。もっとも、階層秩序を前提にしたそうした探索が、格差はあるが安住できる領域をだれにでも保障するわけではない。分化したコースの先行きはみえない。大人になったときどんな位置でどんな役割を果たすのかわからないのが普通であり、その意味で青少年のライフコースは、総体として、また、女子の場合一段と深く、閉塞状況に陥っている。

一元的能力主義秩序がもっていた統合機能は、このように、弱体化せざるをえない。能力に応じた処遇、扱いなのだから仕方ないという従順さは減少し、この統合を基盤にした「社会」への解体的な振る舞いが広がる。社会解体感覚は今日の青少年の行動文化をつらぬく特徴になりつつある。報われるかどうかわからぬ努力を強いたり容認する大人たちの社会秩序にたいしては、徹底した無関心ばかりか敵意さえ向けられるようになる。敵意まで至らなくとも、「援助交際」までもふくめ各人が勝手にしてよいとする規範意識はごく普通になっている。その分大人たちの苛立ちも増すことになるが、他方で今日の社会機構は青少年のこの感覚を助長しているから、大人たちのユースフォビア（青年恐怖）は自縄自縛なのである。すなわち、大人社会の苛立ちは青少年の逸脱行為や自己中心主義に向けられることはあっても、青少年の社会形成を阻害するメカニズムは見過ごされている。青少年の文化世界における共同的なあり方を変形・解体する商品化のはたらきは不問に付される。また、周知のように、九〇年代の教育政策理念は、各人にそれぞれに異なる潜在能力を自己責任の下に追求させる新自由主義的な性格を顕わに備えている。この点は後述するが、青少年の「自己中心主義」はこうした理念の忠実な反映とも言えるのだ。

これらの変化は一元的能力主義秩序がになっていた統合機能を弱め、能力主義秩序の組みかえを促すことになるだろう。階層化された不平等を公然と認め正当化するかたちの能力主義、各人の成育環境や「素質」を生得的な能力差として容認する能力主義への組みかえである(4)。これと同時に、各人が正当に要求できる公正や正義の範囲は、自分が購入できた商品の「性能」へと切り縮められる。商品交換の正義、買った値段分のものはきっちりよこせという要求の範囲にである。学校教育の「質」ももちろん、ここでの商品の性能にふくまれる。student consumerism と言われるような態度が広まるアメリカの状況は、その意味で、日本社会のきたるべき未来を予見させるものだ。

2　困難を切り抜ける努力のジレンマ

九〇年代後半にはっきりと出現したこの縁辺化と不平等化がもたらしている自分の人生の閉塞状態

にたいして、大多数の青少年は個人的に（家族単位で）困難を切り抜ける努力を余儀なくされている。閉塞を感じずにすむ層はほんのわずかにすぎない。また、各人が困難を切り抜ける仕方には当然ながらちがいがあり、そのちがいは意識における階層分化の中核的な要素にもなっている。青少年の困難をみるさいに、このように分化した意識のどの部分に着目するかによって、青少年像の異なる特徴づけも生まれる。ここでは、特徴的なタイプのいくつかについて触れておこう。

第一は、これまでに倍する徹底した努力によって縁辺化を切り抜け、満足できる位置を獲得しようとする志向とこれにひそむ問題である。努力が努力として感じられぬほど完璧に内面化されている場合、どこからみても優等生のタイプが出現するが、そうした内面化はしばしば、「自分本来のもの」が完全に空洞化されてしまう感覚を招き、自分のどんな感情や行為も自分のものとは感じられず、「自己クローン化」としてとらえられてしまう危険をはらんでいる。この状況の困難さは、いまの自分から抜け出そうとする努力自体も自分のものとは感じられないこと、したがって、何であれ外部の衝撃（人を殺してみる等々の）によってしか事態を打開できないと感じてしまうところにある。

さらに、こうした努力は、すでに述べたように、功を奏するとはかぎらない。「こんなに努力したのに」それに見合う結果が得られないという現実は、「社会」への漠然としたルサンチマンを醸成してゆく。その憤懣が、たとえば「無能な教員」にたいする罷免要求として現れるならまだわかりやすいが、たまたま自分の目に映った「社会」にたいして暴発する可能性までもが存在する。「何の関係もないだれかが、社会を代表して攻撃されるのである。また逆に、努力が実ったときには、「能力差」にもとづく不平等な処遇を当然と思い、そうした秩序をきびしく要求するようになるだろう。

多くの青少年はしかし、それほどに適応の努力に徹することができない。幸いなことに、というべきだが、ある程度のところで「無駄な努力」をあきらめる柔軟さを備えている。これが現実的には多数派をなすタイプといえる。彼らがあきらめられるのは、自分たちがおかれた状況を共有する力をもっているからであり、共通に抱えている状況を自分一人だけの努力で切り抜けようとする「歪み」にどこかで気づいているからだ。あくまで自己責任の頑張りを要求する体制や権威にたいして、たとえそれをうまくすり抜けるかたちではあれ、対抗的な感覚が、このタイプにはある。ただし、彼らがそうできるのは、すでに述べたように、家族単位での保障がある程度存在するからで、この条件が崩れるときには、適度な「あきらめ」も不可能になる。

適応へのこうした見かぎりを前提にしたうえで、自分が満足できる小社会、小集団を確保しようとする探索も行われる。企業社会の秩序から外れるという方向での探索は以前からあったが、支配的な秩序の転換にともなって、そうした小社会の再編も不可避である。この方向での「社会」形成のルートがどんな風に出現するかは未知数であり、青少年の社会形成を支援する運動や理念のあり方によってもルートの配置状況は変わってくる。

新たな不平等化の進行は、一人ひとりに以前よりはっきりと、「無能だ」とか、「実力がない」という宣告をつきつける。この残酷な宣告や、これを逃れようとする努力と競争に耐えられない青少年のあいだでは、現実社会からの撤退傾向が広がっている。生活のミニマリズム（最小限主義）とでもいえそうな、他者とかかわらず、負担を与えず、空気のように透明にすごすかたちが好ましく思えるのである。

こうして、新たな縁辺化、不平等化の進展は、その受けとめ方の差異を核にした意識分化をもたらす。今日の青少年問題をとらえるうえで、階層的差異ともかかわるこうした異なる意識のせめぎあいを見落とすことができない。

3　社会形成の課題

企業社会秩序が支配していた日本では、学校教育と企業社会との独特のつながりが欧米福祉国家にみられるような青少年への社会政策的な対処を欠如させてきた。しかし、現在の青少年問題の焦点は、この欠如した領域に当てられつつある。前節でみたような、新しい競争秩序内で生きることへのあきらめや集団的脱落は、支配層にとって、社会統合を妨げる危険な兆候となる。自己責任を当然のこととして認めながら精力的に不平等社会を生き抜けないようでは困るのだ。「すぐれた」人間の能力は「劣った」人間に邪魔させずに伸ばし、「怠惰」に甘んじる者には訓練を施す。訓練国家(5) training stateの思想である。自由と強制とがそうしたかたちで使い分けられ相互補完的に機能するのは、新自由主義的な政策理念の一つの特質なのである。

この状況はしかし、逆にみれば、新たな社会秩序から脱落しそうな青少年層がいかに多いかを示唆するものでもある。縁辺化や不平等化は若年層のライフコースを閉塞させ、彼らの現実の生活を悪化させることで、この社会にたいして不断にみきりをつけさせもする。その判断はリアルであり、そうした判断の広がりは、個体化の進行や自己責任の押しつけにもかかわらず、多くの青少年を共通の状況認知に導き入れざるをえない。フリーターやアルバイトで働かざるを得ないという現実は、同時に、企業社会が自分の人生をそれなりに保障してくれるという甘い幻想を青年層の意識から取り除いてもゆく。困難を切り抜けようとする彼らの努力は、またその努力が直面してしまうジレンマは、「社会」の側を改変したいという潜在的な気分と紙一重の次元に存在している。縁辺化のきびしさはともすれば「暗い現在」だけを浮き彫りにしがちだが、共通に生きる基盤が鋭く意識されやすくなっていることも見逃されるべきではない。

もちろん、このことは、青少年のライフコース閉塞をいますぐうち破りはしない。企業社会秩序を土台にした時代の大人世代のライフコースとは異なる、自分たちのものとしてのライフコースはまだ見えているわけではない。企業社会秩序によりそって生きるのとはちがう生き方が、たとえ個々の大人にあったとしても、社会的な像としては確立されてこなかったこともこれにかかわっている。また、自前のライフコースを創造してゆくうえで、「社会」をつくり広げる力を青少年層がどのように獲得できるかが課題になるだろう。自己を社会に正当に位置づけるための権利、能力、資源を手に入れてゆくこと。この場合の資源とは、たんに青年層が集まれる場所や手段の拡大だけではなく、自分たちの取り結んでいる関係、きずなを自らの社会をつくる資源としてとらえ直すことも意味している。したがって、孤立や不平等を自分たちのつながりの内側に許してしまうとすれば、それは社会形成の資源を貧困にするものなのである。

青少年の社会形成を権利として要求する領域についても論ずべきことがらが多くあるがここでは触れえない。社会成員として正当に承認されるうえでは、青少年の市民権の内容が検討されるべきである。安心して働き生活できるようにするためには、それを具体的に支える青少年政策の確立を要求しなければならない。

これらいずれの課題も、今日の青少年が新しいライフコースを発見し創造するいとなみに深くつながっている。そのそれぞれについてくわしく論及できなかったが、現在の青少年の振る舞いや意識について、その意味や可能性や困難についてみるさいにも、こうした社会形成の課題とのかかわりがつねに注意されるべきなのである。

新しい見方、感覚を育てること

青少年問題はいま、風俗的関心や病理的関心から離れ、社会体制のありようと不可分にかかわる社会政策上の問題になり始めている。それは、企業社会―消費社会システムの再編が青少年の社会化様式を否応なく変貌させているからであった。新自由主義的政策理念の誘導方向はどうあれ、社会に出てゆくコースの変貌は、青少年の「普通の人生」にたいする新しい見方や感覚を育てざるをえない。そしてそれらは、彼ら個々人にしか通用しない「自分だけのもの」ではなしに、多かれ少なかれ共通の境遇に裏づけられた共有可能な見方や感覚なのである。もちろん、それらが分化し階層化されていることは触れてきた通りだが、それらの感覚や態度を、もっぱら「個人的な体験」の枠内に押しこめるのはまったくのフィクションにすぎない。だれか一人の努力や失敗を、その個人に閉じられたものとしてだけとらえさせようとする理念は、このフィクションの上に立っている。不平等な秩序の下での成長・自立の困難を自己責任として甘受させようとする政策と、したがって、青少年の現実とそこから生じる感覚や意識とのあいだには避けがたいギャップがある。支配層による教育改革論がおしなべて社会的共同の精神を提唱せざるをえないのは、このギャップを埋める必要があるからだ。問題は、したがって、青少年の現実の生き方、共通の境遇に裏づけられた共有可能な感覚や見方を、彼らが自分たちの力で目に見える社会的共同のかたちにまで高められるかどうかであり、また、これを援助し支える力を社会運動、教育運動の側がどれだけ広げ強められるかではないだろうか。

（1）本書第10話、参照。
（2）二〇〇〇年二月の「労働力特別調査報告」では、一五歳～二四歳雇用者のパート・アルバイト比率は一〇年前より倍加しており、女子では五人に一人を超えている。
（3）青年層の縁辺化を下層階級問題としてとらえる欧米の青少年問題把握に通じる。
（4）斎藤貴男『機会不平等』（文藝春秋、二〇〇〇年）は教育改革論のこの面を衝いている。
（5）訓練国家は英米の新自由主義教育政策の一翼をになう政策思想である。

第12話　「もう一つの社会」への萌芽

1　若年層における就業行動の大幅な変化

若年層の就業行動が大きく変貌を遂げていることは、近年、ほぼ共通の認識となりつつある。筆者はこれを青少年の縁辺化をもたらす基礎条件ととらえてきたが、このあきらかに新しい事態が若年労働者の社会的結集にとってもつ意味を検討してみたい。「組合離れ」といった程度の表現ではとうてい足りぬほどに既存の集団世界からかけ離れてしまった若年労働者の再組織、新たな「社会化」の道程を探るうえで、それは欠かせない課題だからである。

若年層の雇用状況、就業行動が近年どのように変化しているのかについては、たとえば乾彰夫による手際よい概括（乾彰夫「〈戦後日本型青年期〉とその解体・再編」『ポリティーク3号』旬報社、二〇〇二年）など、各種の調査・研究をつうじて確認されてきたが、それらを踏まえ簡潔に動向を整理しておこう。なお、以下で触れる変化が顕著に出現したのは九〇年代後半からであり、本稿では急激な変動期を、新規学卒者求人数が前年比で小康状態から再びマイナスに転じた九七年以降ととらえている。

改めて指摘するまでもないが、まずあげられるのは、失業率の上昇に反映されている雇用機会の減少が若年層を直撃し、きびしい就職難をもたらしたことである。新規学卒求人数の減少は、後述するように、高卒就職の既存の枠組みを揺るがし、新規大卒者の「シュウカツ」にも大きな影響を及ぼしている。玄田有史が『仕事のなかの曖昧な不安』（中央公論社、二〇〇一年、四〇ページ）で指摘するように、統計上で非労働力人口にカウントされる若者たちのなかにも就業希望者が多くふくまれており、働きたいがその機会を与えられない若年労働者が増大している。

第二に、これも容易に確認できる変化として、非正規・非典型労働に従事する若年層労働者比率の急上昇をあげることができる。二〇〇一年七月の総務省調査（「〇一年事業所・企業統計調査（速報）」）は、パート、アルバイトなど、正社員以外の労働者比率がこの五年間で三割増加したことを報告している。宮本・中田の推計[(1)]では、卸・小売業・飲食店分野での非正規従業員比率は二〇〇一年には四五％に迫ろうとしている。こうした非正規・非典型労働分野に大量の若年労働力が流入しているのである。たとえば、日本マクドナルドのアルバイト人員およそ一〇万人は従業員総数の九割以上を占めているが、そうしたアルバイト人員の主力が、学生アルバイト[(2)]をふくめた若年労働力であることは言うまでもない。一五歳～二四歳の非正規雇用比率は男性で二割弱、女性で二五％強（二〇〇〇年総務庁「労働力調査特別報告」）であり、非正規・非典型労働は若年層にとっていまや「普通の働き方」に組み入れられようとしている。男性労働者の職業キャリアにとってこれを従来のように一過性のものとみなせるかどうかも予断を許さない。二〇〇〇年度『労働白書』がフリーター人数を一五〇万人と推計し、これを機にフリーター論議が広がったのも、こうした変化にひそむ質的意味が意識されはじめたからこそではないか。

なお、これらの変化は、「七・五・三転職」と言われるような若年層の高転職率をもたらす原因にもなっている。(3) 若者の「転職志向」は単純に彼らの就業意識や職業観に起因するとみるべきでなく、いわば綱渡り転職とでも言うべきかたちで中途採用市場へと押し出されるのが転職の実態であろう。したがってここでも雇用構造の変化を考慮すべきなのである。

以上みてきた変化は、日本型雇用の一環である新規学卒労働力の調達方式に変更を迫りはじめている。とりわけ、新規高卒者の就職率が低下し、パート・アルバイト就業が拡大していること（日本労働研究機構『大都市の若者の就業行動と意識』、二〇〇一年、に示された調査では、男子二八％、女子二五％）や無業者の増加は、高校の進路指導をつうじてのマッチングによる入職径路が機能しなくなってきたことを意味する。学校を媒介とした企業と高卒新規学卒者とのマッチングは日本型雇用のスキームに高卒労働力が編入されてゆく標準的様式であるが、これがいま崩れつつある。普通高校の場合にこの程度が著しいのみならず、商業科でさえ就職率が五割程度に低下していることをみるなら、(4) 新規高卒者の就業パターンが質的に変化してきたことを看取できよう。そしてこの変化は、就業行動の変化を促すだけでなく、就業回避、先延ばしとしての大学、専門学校進学などをも促している。

就業、キャリアパターンについてさらにみるべきは、ジェンダー間の差異である。非正規労働の拡大は、新規大卒労働力市場では、一般職正社員の枠が狭まることを意味しており、大卒女子の就業行動に強い影響を与えている。高卒労働力市場の縮小は、フリーターへの進路変更にはっきりとしたジェンダーバイアスを生じさせている。[5] さらに、フリーターからの離脱成功率についても男女差が報告されており（日本労働研究機構『大都市の若者の就業行動と意識』）、男子七割五分にたいし女子は半数弱にすぎない。日本的雇用の「底辺」をになわされてきた女子パート労働に、新たに、若年層女子非正規労働のキャリア類型が加わろうとしているのである。もちろん、両者が接続され、非正規・非典型労働への一生をつうじての従事というキャリアパターンが標準的なものとなるかどうかは、まだ断言できない。すなわち、後でも述べるそうした「低位」のキャリアパターンがみえてきたからこそ、意識のうえでは、中高年パート労働に収斂することへの拒否感がはたらくようになる。その結果生じるさまざまな「回避」行動が、もともと職業アスピレーションにおけるジェンダーバイアスとして存在してきた自営業種（花屋、フードショップなど）への誘因を増幅させ職人志向などにまで広げていると推測できる。

とはいえ、そうした回避戦術が、職業的社会化の回路にではなく結婚願望の実現に水路づけられることにより、新たな、そして実質的には従来の富裕な専業主婦層とははっきり異なる「低位の主婦化」をもたらす可能性も大であろう。それはそれで、結局のところ、現在の若年女子労働者層をパート化の水路に導くものであり、日本的雇用の差別的性格を再編しつつ継承するものにほかならない。

最後に、「父学歴が相対的に低い階層でフリーター・無業が多いことなど、社会階層とフリーター・無業の出現率の間の明瞭な関係が見いだされる」（日本労働研究機構『大都市の若者の就業行動と意識』一四八ページ）ことが示すように、キャリアパターンにおける「低階層」一貫類型の拡大、固定化傾向に留意するべきである。ただし、こうした「低階層」一貫類型と対照的なエリート層のキャリアパターンの方は、同じように明瞭に出現しているとは、いまのところ言い難い。それは、教育政策もふくめ、エリート向けキャリアパターンがいまだ十分に確立していないことの反映といえる。(6)

2　若年層雇用の政策的位置づけ

これら、若年層における就業行動の急激な変化が向かう先を検討する前に、変化を促している政策的要因およびそうした変化への政策的対応について、これも簡潔にみておきたい。

前節でみたさまざまな変化は、たんに景気変動にともなう就業構造変化の結果というだけでなく、新自由主義的な雇用の構造改革、雇用流動化政策によって拍車をかけられ拡大してきたものである。その意味で、若年層の就業行動変化には誘導的側面がある。もちろん、フリーターの増加が社会的注目を浴びるようになったのは、若年層の働き方にたいする不安が背景にあったからであり、政策的にも、失業者や非正規労働者をかつてない比率でふくむコーホートがそのまま年齢を上昇させてゆくことの危険性は意識されている。若年層の就業行動変化を危惧し、社会政策上の課題としてとらえる必要性が、ともかくも自覚され始めたと言えよう。新規学卒労働力をスムーズに企業社会秩序内に送りこむスキームが安定して存在していた時代には考えられなかった状況である。

ただし、何をどのような理由で危惧するかについては、異なる考え方がある。よく知られたパラサイト・シングル論は、フリーターの増加等々について、親世代の蓄積に寄食する若年層が職業的社会化を先送りしているとし、社会資源を空費し社会的活力を衰退させるものとして若年層の行動に警鐘を鳴らす[7]。要は、学校を出たら早く「まともに」働けということなのだが、こうした危惧に当てはまる若年層労働者は、フリーターの意識類型にかんする検討をみても、一部にすぎない[8]。これまでみてきた若年層の就業行動変化は、何よりもまず、就業構造の変化に規定されており、それなりの努力の甲斐なく「プー」になるという関係を「甘え」とだけとらえるのは誤りだろう。

雇用流動性の促進

それはともかく、急激な就業構造変動および職業生活への移行過程の変化に対応する政策的検討として、雇用のミスマッチを解消させるような紹介・斡旋制度の確立、職業能力開発・訓練制度の再編、失業・不安定就業層の拡大にともなう社会的コストへの対処などがすすめられている。それぞれ、雇用流動化によって生じる労働力配置の不効率、労働力の質的劣化、雇用流動化がもたらす社会的コスト増大といった難点に対応しようとするものである。これらはしかし、就業行動の変化を規定している就業構造変動をくい止めようというものではなく、変動を与件とし前提としたうえで、就業行動変化が雇用秩序に及ぼすリスクにもっぱら焦点を合わせている。

たとえば、「高卒者の職業生活の移行に関する研究」最終報告（文部科学省・厚生労働省、二〇〇二年三月）を踏まえて打ち出された、校内選考による一人一社応募方式から複数社応募方式への転換にせよ、民間の職業斡旋市場を広げる規制緩和にせよ、雇用流動性をより一層促進させる政策にほかならない。職業能力開発についても、自己の職業能力のスクラップアンドビルドを労働者個人々々に不断に強いる[9]という点で、資本が必要とする労働分野に素早く移行できる新たなシステム構築をめざすものであり、やはり、雇用流動化政策の一環を成す。すなわち、若年層の就業行動にたいする政策的「危惧」の性格は、若年層の行動・意識変化を、新たにつくられつつある流動的雇用秩序の枠内にとどめるという点にある。

ここで注意しておくべきは、「流動的雇用秩序の枠内にとどめる」という政策意図がはらんでしまう矛盾である。若年女子労働力の変化が「低位の主婦化」に帰結する可能性を述べたが、これは、女性労働者のライフコースが若い時期から一貫した「低位キャリアコース」としてみえてしまうことの一つの現れにほかならない。小泉政権の下でにわかに強調された保育所待機児童一掃政策[10]が代表するように、流動的雇用秩序内への女性労働のこれまで以上の吸収をめざす女性労働力の積極的動員策が、為政者側からは追求されている。そうでなければ男子労働者の新たな「低位コース」が成り立たないという意味でも、これは焦眉の課題なのである。しかし他方では、むしろそうした努力の結果ゆえに、「低位キャリア一貫コース」が可視化されることによって、これを忌避しようとする行動と心性とが育てられてしまいもする。結婚や家族形成にかんする地滑り的な意識変動が引き起こされる可能性が生じ、これはまた将来の社会コストを著しく増大させかねない。

流動的雇用秩序がどのようなかたちの社会的格差や階層化をもたらすかは、女性労働者にかぎらず、若年層労働者の動向をみるうえで重要な焦点であろう。新自由主義的な雇用流動化政策は、当然ながら、階層の固定化一般を政策的危惧の対象とはせず、むしろ競争の結果としてこれを正当化する。ただ、階層化の進行が流動的雇用秩序や就業・仕事競争のインセンティヴを阻害する場合や、別のかたちで社会的コストを増大させる場合には、これらを弥縫する必要に迫られる。その意味から、若年層の就業行動変化が階層化とどのように関係するかは、新自由主義構造改革がはらむ矛盾を検討するうえで大きな意義をもつ。日本にあっては、若年層の階層化が、英米におけるアンダークラス論と同じタイプ、性格をもつとは言えそうになく、実態にそくしてより一層つめた分析が必要である。この点とかかわって、以下では、変化した就業構造に規定された若年層のライフコース、キャリア形成の変容を、従来の標準にたいする第二標準が出現する可能性の問題として述べたいと思う。

3　非正規労働・低位キャリアパターンの第二標準化

若年層を激しく襲っている就業構造の変動は、このまま推移するならば、日本的雇用の下で想定されてきた標準的ライフコースをドラスティックに組みかえるものとなろう。もちろん、派遣、有期労働やフリーターの働き方が今後時系列で三〇代を越えてなお拡大し続けるかどうかは予断を許さない。というのも、現状での非正規・非典型労働の処遇水準では、通常の生活を維持することがおぼつかないからである。たとえば、リクルート調査「若者アルバイト実態調査報告（首都圏版）」（二〇〇〇年）によるフリーターの平均年収、男子一二八万、女子一一一万という水準は、家族生活を独立していとなむレベルにはとうてい達していない。おそらくそれだからこそ、意識のうえでも正規労働への就職・移行を望む若年層が多数なのである。したがって、いずれはフルタイムの正規職に就きたい、就くつもりだという希望は、依然として若年層の多数派を占めるといってよい。

しかし問題は、就業構造の変化がこの希望を満たす方向には動いておらず、労働力政策もまた、非正規・非年功労働をこれまで以上の規模で生み出す方向にすすんでいるところにある。派遣労働や介護労働の処遇実態、保育・児童施設の民間委託にともなう賃金水準の変化などからほぼあきらかになりつつあるように、雇用流動化の波にさらされた職種における賃金水準は、月収二〇万、年収二〇〇万円台程度に収斂している[11]。

つまり、新自由主義構造改革をつうじて生み出される新たな雇用秩序の下で、労働者下層のライフコースを支える賃金水準がこのレベルに位置し、若年層の就業行動、キャリアパターンに出現している変化は、このライフコース確立につながる可能性をもつ。新規学卒・正規職就職という従来の標準とならんで、男女共働きの非年功・低位キャリアパターンがいわば第二標準化してゆく方向である。女性労働者における「低位キャリア一貫コース」の拡大は、この全般的可能性を先取りするものと言えよう。また、正規職の処遇水準がこの第二標準に吸引されることで、正規、非正規の平準化がすすめられる可能性も、先にみた調査例からみて、大いにある。

「よりよい」第二標準への願い

若年層における就業行動や職業観、職業的社会化にたいする態度などは、すでに、こうした第二標準の出現を見すえ予測したものになっていると思われる。従来の標準をクリアすることのむずかしさは、職業的社会化過程からのさまざまな「脱落」形態や迂回戦術（進学による先延ばし等）を生んでいるが、そうした意識のありようは、おおむね、日本型雇用の下での従来の標準像とは異なる魅力的なライフコース探求の基盤となりうる。第二標準が魅力的だというのではなく（意識のうえではその逆だろう)、どのみち第二標準へと吸収されてしまうのであれば、低位の処遇水準であっても自分が満足できるような仕事に就きたいと感じるのだ。子どもたちの職業アスピレーションまでふくめた、「職人」労働にたいする人気は、第二標準が現実のわが身に迫る状況下であるからこそ生まれた現象ではないだろうか。

したがって日本型雇用のこうした転換局面で大切なことは、若年層における就業意識や就業行動の変化を、たんに第二標準への「転落」に抗う個人的離脱の試みととらえるのではなく、むしろ、第二標準を安定的で魅力的な形態へと転換させる可能性につなげることであろう。前者のような水路づけは、起業論にみられるような、新自由主義的な自営業推奨と軌を一にするものにほかならない。「七・五・三転職」に象徴される転職率の上昇は、ともすれば、「一つの職場に居着かない」若者の個人的な浮動性と映るかもしれない。また、巷にあふれる転職の奨めは、総じて、成功幻想をあおる新自由主義的冒険譚の類であるから、若年層自身が自らの就業行動をもっぱら個人的上昇の物語として内面化している可能性もあるだろう。

しかし、自ら納得できるかたちで働くことができ、しかも生活不安が解消される基本的保障が存在するなら、その働き方が社会的にみて第二標準であることは必ずしも忌避されることがらにはなるまい。むしろ、従来の標準には決して到達できない「引きこもり」青年やプロをめざさない街場のバンド青年にいたるまで、若年層のライフコースが、実質的に、「よりよい」第二標準のあり方を模索する点で共通の幅広い地盤を、潜在的にではあれ、もつにいたること――そこにこそ着目するべきである。

新たな雇用秩序を支える競争の観点からこの状況をみるとき、裾野の広い社会基盤から個人的上昇の物語が紡ぎ出されない状態は、当然ながら競争を阻害するものとみなされよう。「低位」のライフコース、キャリアパターンである第二標準を、「転落」形態ではなく自足可能な水準へとつくり変えられては困るということである。より多くの労働者をこの水準に振り落とさねばならないが、そこが彼らにとって自律性をもてる世界になっても困るという、矛盾をはらんだ課題が、新自由主義政策によるライフコース組みかえには存在している。為政者側からすれば、職業的社会化過程からの「脱落」や迂回にたいしては、競争の敗者としてそれなりのスティグマを付与しておかなければならない必要が、「敗者復活戦」への動員とならんで存在することになろう。

現状ではもちろん、「魅力的な第二標準」は社会的現実性をもって存在していない。従来の標準から閉め出されている、閉め出されそうだという実感は、したがって、一方ではつねに、自己の「無力性」[12]の自認や閉塞的将来像に結びつく。実際、自らのライフコースを思い描くさいの基本的トピックになってきた、結婚、離家、出産、子育てといった家族生活像をあらかじめ断念したり、希薄にしか感じられない意識状況が、すでに急激に進行している。[13]他方で、高校からのアルバイト経験の日常化や性体験の一般化、要するに、個人化 individualization と個人レベルでの「大人の経験」の早期化は、職業的社会化と深く結びついてきたライフコースの段階そのものを曖昧にしている。ここでは、職業的社会化のみならず、「大人になること」としての社会化像そのものが揺らいでいるのである。既存の社会化像そのものを掘り崩すことで、自分たちの就職・就業、生活スタイルを社会的に正当化させようとする試みだと、それは言えなくもない。

職場の枠をこえた結集の展望

以上の考察から、就業構造の大規模な変動にさらされる若年労働者の社会的結集にかかわる論点を最後に提起して結論に代えたい。

失業や非正規労働からの脱出が若年層労働者にとって切実な要求であることは疑いないが、それにもかかわらず、流動的雇用秩序の拡大は、キャリアパターン、ライフコースの先に述べたような第二標準を出現させざるをえない。正規労働者層もふくめ、少なからぬ若年労働者がこの標準に収斂する職業人生を現実の可能性として意識せざるをえなくなっている。親の世代がかつての企業社会秩序下とは異なるきびしいリタイア生活を余儀なくされるにつれ、ある程度までその庇護下にあった若年層にもその可能性はさらに広がるにちがいない。

しかし、第二標準への収斂可能性は、従来の、職場、企業を単位とする結集とは異なる横断的な結集の基盤を生み出すことにつながる。従来でも、ノンエリート労働者の、職場の枠にとらわれない友人ネットワークは存在してきたが、[14]第二標準の社会的顕在化は、職種や働き方を基礎にした横断的な結集基盤を意識化させ、可視化させる可能性をもつ。もちろん、第二標準の具現化もこれを基盤とした結集の具現化も現状ではまだ萌芽として以上には存在しないから、流動的雇用秩序に応じた若年層の行動は、個人的脱出の社会的集積以上にはとらえられていない。が、それらもまた、労働者側からの第二標準つくりかえの線上に位置づけてとらえ直すべきであろう。職場を「ころころ移る」ことが問題なのではなく、そうした就業・転職行動をより横断的な結集条件に転換できるような回路の存在が重要なのである。労働側に求められているのは、この視点に立つ視野の広い組織化のプログラムと運動ではないだろうか。

既存の職場意識、仲間意識からの遊離は、望ましい仕事の魅力や友人関係形成の断念ではない。職業をつうじての社会的自立や生活的自立への渇望は、新自由主義的個体化、無力化、孤立化の罠に落ちこむ危険を抱えながら、同時に、「もう一つの社会」を希求する若年層の要求を内に秘めている。

（1）宮本大・中田喜文「正規従業員の雇用削減と非正規労働の増加――一九九〇年代の大型小売業を対象に」、玄田有史・中田喜文編『リストラと転職のメカニズム』東洋経済新報社、二〇〇二年。
（2）コンビニ、ファストフードなど小売・サービス分野でのアルバイトは、絶えず入れ替わりながらも「通常戦力」であり、従来のアルバイト観には収まりきらない特徴をもつ。
（3）太田聰一「若者の転職志向は高まっているのか」『エコノミックス』二〇〇〇年春号、東洋経済新報社。黒澤昌子・玄田有史「学校から職場へ――『七・五・三』転職の背景」『日本労働協会研究雑誌』四九〇号、二〇〇一年。
（4）堀内達夫他編『専門学校の国際比較』（法律文化社、二〇〇一年）によると、九〇年の七五％弱から九八年には五二％強へ減少している（一九ページ）。
（5）小杉礼子「増加する若年非正規雇用者の実態とその問題点」（『日本労働協会研究雑誌』四九〇号、二〇〇一年）によれば、進路変更に男女で二〇ポイントの差がある（四九ページ）。
（6）ここで詳論はできないが、新自由主義教育改革の眼目は、エリートのキャリアパターンに接続する教育キャリアの新たなコースを確立することにある。
（7）たとえば、山田昌弘『家族というリスク』（勁草書房、二〇〇一年）参照。
（8）よく知られた日本労働研究機構調査による類型分けをみても、「夢追求型」のフリーターは男性の二割、女性三割にすぎない。日本労働研究機構『フリーターの意識と実態――九七人へのヒアリング結果より』、二〇〇〇年、二二ページ。

(9) いわゆる、employability の向上という訓練視点は、この性格をよく示していよう。

(10) ただし、この構想での保育、ケア供給は、駅前保育という言葉に象徴される民間の均質的な「大衆サービス」抜きでは実現しえない。

(11) 木下武男がこの点をいち早く指摘した。厚生労働省「労働者派遣事業実態調査結果報告」(二〇〇一年)での介護労働、正社員月収二二万強、厚生労働省「介護労働実態調査中間結果報告」(二〇〇一年)の派遣労働者平均月額給与一八・八万など。

(12) 無力性にかんしては、中西新太郎「新自由主義国家体制の転換と暴力の水位」(『ポリティーク4号』旬報社、二〇〇二年)参照。

(13) 本書第14話、参照。

(14) たとえば、小西二郎「仕事は好きなんすよ。でもやっぱ、友達と家族が一番すね――北海道小樽市の〈ノンエリート〉」(『北海道大学大学院教育科学研究科紀要』八六号、二〇〇二年)による長期の興味深い観察を参照。

第13話　「生きやすさ」を求めはじめる若者

最近取材のために筆者の下を訪れたワシントンポスト紙の記者は、「日本の若年層サラリーマンは次の職の当てがないのになぜ簡単に会社を辞めてしまえるのか」という疑問をぶつけた。きびしい就職事情にもかかわらず「七・五・三転職」と言われる若年層転職率の高さは変わっていないから、これは当然の疑問である。就職難が不本意就職を余儀なくさせることや、雇用者側による過酷な要求（たんに即戦力たることを求めるだけでなく、しばしば不当で抑圧的な）の増大によって、以前とくらべ、若年層は最初から職場に定着しにくくなっている。どのみち同じ会社に一生勤められるわけではないと思っていれば、若いうちにさっさと辞めた方がまし、ということにもなろう。

右の疑問にはさしあたりそう答えられるが、そうだとすれば、若年層のそういう「割り切りのよい」決断と行動とは、リストラと雇用流動化を進めたい資本家にとってまことに好都合である。経営側の言うなりにならず、職場に根づいて自分たちの権利と労働条件を守るために闘わなくてはだめだ、先が不安なのにそう簡単に辞めてしまうな……などと励ましたり忠告することが必要なのだろうか。既存の就業構造か崩れつつあるなかで、そうしたアプローチではとらえきれない若年層意識のあり方に迫ってみたい。

1　若年層における就業構造の地盤は変わった

意識の問題に入る前に、若年層の就業や転職がどのように変わったかを押さえておかねばならない。現状と動向について筆者はすでに概括を試みており[1]、ここでは繰り返さない。フリーターと言われる非正規労働の増加、高卒就職率の急激な低下と無業者の増加など、要するに、新規学卒者が「普通に」(正規で)企業に勤めるルートが狭まったことを、若年層労働の問題を論じるすべての議論は共通に指摘している。平均の倍ほどに高い失業率や、非正規・不安定就業の増加ももちろんのことながら、そもそも学校を出て仕事に就く道が極端に狭められている。地域的な差異はあるが、高校を卒業したら就職できると考えるのはもはや普通ではなくなりつつある。つまり、職業的社会化の入り口からしてふさがれかけているということだ。企業社会秩序にあって想定されてきた新規学卒者の一斉就職というかたちがいま崩れ始めているのである。しかしそれだからといって、既存のコースに代わって、社会的・経済的独立を遂げてゆくための新たなコースがみえているわけではない。

こうした状況に直面した青年層の就業行動がさまざまな試行錯誤を生み出すであろうことは想像に難くない。また、職業的社会化の基本的なあり方が変化していることは、これから社会に出てゆく学齢期青少年の意識、将来展望にも大きな影響を与える。親の世代と同じ教育・職業キャリアをつんで行けそうにないことを早くから自認させられ、ちがう仕方で進路も人生の行く末も考えざるをえないのである。若年層の意識を検討するさいには、「想定の地盤」のこの変化を考慮しておかねばならない。

就業の困難や非正規・不安定就業の増加が景気後退にともなう一時的な現象であれば、地盤の変動などと言う必要はないであろう。短期の「間に合わせ仕事stopgap work」にアルバイトなど青少年労働が充当されることは以前から存在していたが、それは、若年層がやがて正規職に移行してゆくことを前提にしていた。現在でもフリーターの多くはいずれ正規職に就きたいと望んでおり、安定した職と暮らしを獲得したいという願望が薄くなったわけではない。[2]すでに多くの論者が指摘していることだが、若年層の定着意識が希薄であることや「身の程知らず」の夢を持たせすぎるような教育、子育てが若年層の浮動的な働き方を生み出しているのではない。

若年層就業の問題は、彼らが基本的には安心できる働き方を望んでいながら、将来にわたってそれをかなえられるような展望、条件が見出せない点にこそある。それは、学校を出て会社に就職するという企業社会秩序の「普通」が、上から、資本のイニシアティブと雇用・労働政策によって崩されてきたことの結果であった。[3]やがてはフルタイムの職に移るというかつての前提はおそらく通用しなくなるであろう。現在若年層が直面している就業状況は、筆者のみるところ、「男性正規職＋主婦パート」という、企業社会体制下で通用してきた労働・生活標準に代わって（加えて）、月収二〇万前後の職をもつ夫婦共稼ぎ家庭という第二標準[4]が確立される移行過程での特質にほかならない。従来の標準に比して切り下げられ、年功性をもたない労働標準の鋳型へはめこまれる最初の世代が現在の若年層なのではないだろうか。

現実のフリーター層が第二標準に達するには、しかし、一〇万前後という月収水準からみても大きなギャップが存在している。親の経済的庇護なしに（つまり、「パラサイトシングル」と非難されずに）

かろうじて生活を維持する状態からみれば、非正規であれ何であれ、月収二〇万の働き方はいまより「魅力」だろう。安定して暮らせることの中味が、第二標準への到達を意味するということは大いにありうる。したがって、若年層の就業行動やこれにかかわる意識を検討するさいには、第二標準への移行（誘導）過程という現局面の特質を踏まえるべきなのである。リストラに直面しているといっても、若年層がおかれている状況は、父親世代が企業内で遭遇しているそれと同じでない。

2　雇用流動化と若年層の意識

「非正規の人生」を受容する意識

では、前節で述べた第二標準への移行という新たな現実に直面している若年層は、自らの職業人生を思い描くとき、これまでとは異なるどのような態度、意識を出現させているだろうか。

いずれ正規職へという期待、願望が現在のフリーター層にとっても多数であることを述べた。正規職に就けない若年労働者が出会う職種の多くは不安定な、一時しのぎのものであり、そのまま定着できる見こみのないことを彼らはよく承知している。好きなことができて「かつかつ」暮らしてゆけるならいいと思っていても、自分に合う仕事で、かつ「食える」という条件設定が困難なこともわかっている。皆が「普通に」就職しているのに自分だけフリーターになるのは嫌だという圧力がはたらいている場合には、そんな事態を避けるために懸命にならざるをえない。つまり従来の「普通」なら、一時しのぎ労働の存在は安定した条件のよい正規職に就くための競争を支える。自分だけ「こぼれる」ことへの恐怖・不安が、企業社会秩序内の労働・生活標準に到達しようとする横並び競争を支えていたのである。

しかし、こうしたインセンティヴのかたちはいまや衰弱し始めた。企業社会秩序内に収まる従来標準的だったライフコースは急激に狭められつつある。高卒就職者のみならず、大卒就職者にとっても、その状況は共通する。「普通」に就職し勤め続ける従来の標準はこれまでもよりも到達困難な上位目標にその位置を上昇させ、いわば特権化させられている。逆に、たとえば、「派遣」であれ何であれ就職は就職、という風に、若年層の就業意識における「標準」は「切り下がって」いるのである。そうなれば、特権化し始めている上位標準に到達しようとする競争は一層激しくなる、と思われるかもしれない。が、意識の実態は必ずしもそうなっていない。「優秀な幹部社員」と認められるためのより激しい競争に参入する層、すなわち上位標準をめぐる競争の基盤は縮小している。第一に、教育キャリアをめぐる競争のあり方が階層化され、早くから競争を降りる（降りなければならない）層が増大しているからであり(5)、第二には、上位標準をめぐる競争が、企業目標や価値への徹底的同一化とこれまで以上に過酷な労働を要求しているからである。さらに、この標準には、それほどまでにするだけの「見返り」、魅力に乏しいことも、競争への誘因を殺いでいる。

これらの事情からして、上位標準への競争を早々とあきらめる意識が若年層に広がってゆくことは少しも不思議ではない。企業社会秩序のレールに乗った安定的人生の展望がいまや「普通」として描けない現実――この現実をとりあえず受容するしかないと感じる。大きくいえばそれは、第二標準の枠内で何とか生きようとする態度、心性への転換・移行ということができ、そのかぎりでは、雇用の流動化、弾力化をつうじて労働・生活条件の切り下げを図る新自由主義構造改革を所与の現実として受け入れる意識だともいえよう。自分たちの力で生活基盤をつくり守るだけの社会資源に乏しい若年層が、資本にとって使い勝手のよい、安価で柔軟な労働力、酷使に耐える労働力として利用されるのに、そうした意識は好都合でもある。[6][7]

ただ、そうだからといって、第二標準への移行を所与の現実として受容する意識がそのまますべて新自由主義的なイデオロギーにとりこまれた虚偽意識だ、ということにはならないであろう。むしろ逆の面すら存在するのではないか。若年層の意識には、新自由主義構造改革にとって障害となりかねない、経営側からみても「危険」に満ち対処を要するような性格がはらまれているように思う。上位標準への競争が「才能ある人材」にまで忌避されることへの支配層の問題視は当然のこととして、第二標準を受容するさまざまな態度のなかにも、支配層が危惧せざるをえない「危険」がひそんでいる。第二標準の枠内で何とか生きようとする姿勢、態度の内側にさらに分け入ってみることでこの点を検討してみよう。

「生きやすさ」をめぐる矛盾

従来の社会化コースが通用しなくなったことをよく察知している若年層は、手持ちの資源を使った迂回策を検討する。専門学校進学や資格取得など、より確実な就職先を確保するための社会化先のばしはその一例であり、職人ブームもそうであろう。自分の夢を追うという要素もはらみながら、自分の力でもそれなりにやってゆけそうな職種、職域へのルート探索が行われている。失敗にめげず「能力」に応じた仕事をこなす「たくましい」労働力として、これも支配層には一見好都合に映るかもしれない。インターンシップの拡大や起業の奨めなど、現在すすめられている就業・雇用政策は、自ら第二標準世界を積極的に生きようとする若年層のそうした態度を強化しようとしている。(8)

しかし、たとえば、収入は大してなくとも自分が打ちこめる仕事であくせくせずに生きてゆきたいという願望は、資本の側が望ましいと考える枠をはみ出している。つまりそれは、第二標準内での「生きやすさ」を求め確保しようとする探索行動なのであり、企業社会秩序が強固だったかつてのように、「きちんと会社に勤めていなければ」という規範的意識に支えられていないだけ厄介でもある。現状ではもちろん第二標準が「生きやすい」とは言えない。四人家族の標準世帯が年収四〇〇万で子どもを育て一生をともかく安心して暮らすことは簡単ではない。第二標準を生きやすくするには、この同じ条件におかれた労働者たちの横断的な連帯と運動に支えられた社会保障と相互扶助とが不可欠である。そうした世界の現実性がいまみえているとはいえない。が、それにもかかわらず、「生きやすさ」を求める探索行動は、同時につねに、横断的結合を促す意識的地盤を広げずにはおかない。したがって、企業による囲いこみ秩序から排除され流動化させられる労働者が、そのためにぶつかる困難を個人的にのみ解決させ、横断的に行動する余地、制度枠組みを奪っておくことは支配層にとって焦眉の課題になるのである。(9)

さらにまた、月収一〇万前後の、自活が困難で第二標準にも達しないフリーター層や、「社会に出ること」(=上位標準であれ、第二標準であれ、そこにはとても到達できないと見切りをつける)を早々とあきらめ、いわば社会からの撤退を試みている少なからぬ若年層もまた、「厄介」で「困った」存在といえる。というのも、これらの層の存在を許しておくかぎり、懸命に働いてようやく第二標準に達する回路へと若年層を引きずりこめないからであり、かつ、これらの層が親世代の経済的庇護から外れる時点では、「社会的浪人」として「不必要な」コストを要求しかねないからである。支配層からみたこの層のすがたは、自活するだけの勤労意欲やたくましさに欠け、親世代の過保護に甘え、競争を阻害して社会の活力を衰弱させる、社会の「お荷物」のように映る。いわゆる「パラサイトシングル」非難にせよ、社会的引きこもり非難にせよ、「社会からの撤退」を若年層の欠陥としてあげつらう議論には、前述した政策的な危惧が共通している。

半分社会からはずれたような状態でこの層が「楽に」生きられては困るとなれば、この層にたいしては、親世代の庇護を引き剥がす「兵糧攻め」もふくめて、彼らの願望がどうあれ第二標準の下限で「自活」させるような鋳型をはめ、社会へと動員する政策がとられよう。それは英米の新自由主義政策が行った、福祉国家のフリーライダーとしての「怠け者」非難や職業訓練国家 training state の日本版と言ってもよい。また、社会に「迷惑」をかけずにひっそり死んでくれるならよいが、「自暴自棄」の反抗を防ぐために、治安政策としての青年政策が雇用政策の裏面につきしたがうことになろう。(10) とはいえ、それらが功を奏する保障はない。結婚しない、家庭をつくらない、子どもを産まない……などのかたちで現れている「撤退」意識にたいして、これらの施策は無力だからである。つまりそれだけ若年層の「撤退」意識は深く、支配層の繰り出す圧迫政策やインセンティヴ付与にも容易に動かされない体制逸脱的な「強さ」をもっているのである。

若年層がいだく願望

ここまでみてきたように、旧来の企業社会秩序から押し出され、はみ出た若年層の意識は、第二標準の世界を拡大させる政策動向に適合するとはいえ、支配層の意図に必ずしも叶うものではない。企業社会秩序の動揺・再編が若年層の就業・労働意識を流動化させているのは事実だが、それは新自由主義的な競争観や労働観、自己責任の思想を浸透させようとする意識統合の成功を意味してはいない。第二標準内での楽な生き方の模索にせよ、社会からの撤退志向にせよ、体制的秩序を無力化し空洞化する独特の危険性を帯びている。「独特」というのは、それらの危険性が、強力な労働運動や社会運動、大規模な反抗の回路をつうじて具現化するというより、資本が期待する最低限の「労働意欲」や「生活意欲」さえ縮減して日々を過ごす、いわば生のミニマリズムの実践をつうじて体制的秩序を脅かすからである。支配層にとっても度を越したそういう意識のあり方は、青少年を社会的、政治的に疎外し、徹底して無力な状況においてきたことの不可避の結果にほかならない。

この状況は、義務と責任の押しつけによって若年層をむりやり社会に貢献させようとする焦燥感を呼び起こすが(11)、その効果のほどは疑問である。というのも、雇用流動化政策は他方で、第二標準でかつかつ生きることを他方で強要するものであり、支配層が若者のあいだにかきたてようとする意欲のフィクション性は、そのために絶えず露呈してしまうからである。

組織されてはいないが大規模な、こうした「社会へのサボタージュ」が、そのままで新自由主義的な社会秩序にたいする対抗になるわけではもちろんないであろう。非正規であれ何であれ「責任」をもたされ「戦力」にもされて、不安定な労働・生活条件におかれたまま過酷な労働に追いやられる可能性は、第二標準が確立してゆくにつれ、一層広がるにちがいない。青少年がおかれてきた社会的・政治的疎外は、彼らがいだいている願望を社会的に力ある形態で具現化する道を阻んでいる。

だがそのことは、今日の若年層が、親世代とは異なる新たな社会・経済条件の下でごく普通にいだく願望の自然さ、正当性を否定するものではない。「喜んで」既存の企業秩序から外れ、リストラに甘んじて浮動する若年層が第二標準でも気楽に生きられればと願う、その希望自体はきわめてまっとうなものだ。「とりあえず」間に合わせの仕事に就いているからといって、職場の不公正や差別に憤りを感じていないのではない。[12] 問題は、若年層がおかれた状況にそくして、そうした意識を結集し「社会化」させてゆく運動、回路、手法が不足しているということなのである。この先もフリーターや半失業者として生きてゆく若者たちと共に生きられるようなオルタナティヴをいまだ提出しえていない親世代の、それは責任でもある。[13]

(1)　本書第12話、参照。

(2)　日本労働研究機構『大都市の若者の就業行動と意識』二〇〇一年、六六ページ以下。

(3)　日本型雇用のこうした全般的な変化とその特質については、『ポリティーク3号』(旬報社、二〇〇二年) 座談会「日本型雇用の転換と企業社会の変容」及び同号の関連論文参照。

(4)　この水準は公設民営化の下での保育職場や、介護・福祉職場でのフルタイム労働者にも当てはまっており、非正規労働だけのものではない。地域格差によってもその水準は切り下げられ、地方有力企業の学卒初任給がこのはるか下方、むしろ現行フリーター層のおよそ月収一〇万水準に近いケースもある。

(5)　上位標準をめぐる競争の再組織化が昨今の教育改革の一つの眼目である。

(6) 転職、再就職にかんする日本労働研究機構調査(二〇〇二年)によれば、二〇代の青年層では、仕事上の友人、知人が再就職に役立つ率は中年層よりはるかに少ない。
(7) たとえば、パート労働者比率が全労働者のおよそ半分を占める卸売り・小売・飲食店業界では、パートもアルバイトも「戦力」であり、そうした分野に若年労働力が多く動員されていることも周知の事実である。
(8) なお、常用雇用を促進する目的で二〇〇二年に始められた厚生労働省の「若年者トライアル雇用事業」は、常用への移行率は高い(約七七%)ものの、求職者の内、トライアルに入れる数はきわめて少ないという。
(9) このため、司法改革など、渡辺治氏が指摘する「大衆運動の昂揚に対する〈強い国家〉の制度化」が、新自由主義構造改革には不可欠となる。『ポリティーク4号』(旬報社、二〇〇二年)座談会「新自由主義改革と国家統合」渡辺報告参照。
(10) 結婚・出産を社会的責任として奨励する家族政策までもふくめ、これら全体を日本における新自由主義青年政策として包括的に検討する必要があろう。
(11) 教育改革国民会議に典型的に現れたような権威主義秩序の再建論は、教育改革のみならず各分野で広がる可能性がある。
(12) 間に合わせ仕事に従事する青少年労働者の労働意識、組合意識に焦点を当てた興味深い調査報告として、Stuart Tannock, *Youth At Work: The Unionized Fast-food and Grocery Workplace*, Temple University Press, 2001 を参照。
(13) 本稿では若年層の男女がおかれている状況の差異にかんする言及を捨象せざるをえなかった。女性労働や女性のライフコースの縁辺性についても別途分析すべきことがらである。

第14話　家族が変わる

現代日本における家族像は激しい変化にさらされている。家族生活の一体性に支えられていた家族意識は生活の個別化によって揺らいでいながら、九〇年代後半以降の社会状況の変化は逆に家族の凝集を余儀なくさせている。本論は、こうした変動期におかれた家族のなかで、「個」と共同の関係がどのような緊張、矛盾をはらんでいるかを検討する。

1　家族意識の離散

家族のようにもっとも親密だとされてきた絆からも一人孤立し切り離されてあること、そして切り離されているがゆえに自己自身の存在すら確証しえないこと――たとえば赤坂真理や田口ランディの小説(1)に濃厚に漂うこうしたモチーフは、現代日本における家族像の変容を鋭く映しだしている。家族のなかに生まれ、家族のなかで生きていることが日常感覚として自明で自然だと感じられにくい現実が広く行き渡っている。精神的自立の課題に直面する思春期の孤独（この状況を描いた文学的表象は以前から存在した）に特有の状況としてこの現実を解釈するだけでは足りない。「引きこもり文学」と思わず名づけたくなるほどに「孤立のモチーフ」を押しだしている数々の作品群には、生まれ落ちた瞬間から誰しもその力に支えられていたはずの共同的関係が「最初から」じつは存在していないのではないかという疑念が赤裸々に表明されている。[2] 家族のなかに生み落とされてあるという現実に反する意識の孤立感と言うべきか、あるいは、「個」の存在をすべての関係の起点にとらえなおそうとする意識のあがきと言えばよいのか、ともかく、「家族であること」にたいするこうした疑念の表出はあきらかに新しい。バニヤンの『天路歴程』が描くような孤独の経験を文化的遺産にもたない日本社会で、家族という最小の社会からも離脱する経験に、とりわけ若い世代がはじめて本格的に直面しつつある。

実際、家族の形成を促す動機づけは、各種の意識調査からみるかぎり、九〇年代に入って以降、急激に衰弱している。婚前交渉肯定派が九〇年代半ばには多数派となるなど、性と結婚との分離意識はこの時期には定着し、[3] 若年層の性体験率が上昇していることも周知のとおりである。これに比して、結婚すべきだという規範的な意識の方は若年層になるにつれ決定的に薄くなってゆく。日本青少年研究所の最近の調査では、「結婚しなくてはいけない」と考えている若年層はフランスを下回る二割にすぎない。[4] 九〇年代に確立したこうした考え方はいまや圧倒的多数になったといえる。そもそも何をもって「結婚」というのか、それ自体がさだかではなくなっているのである。結婚のみならず、「子どもをもたなくてもよい」と考える女性が九〇年代後半に多数派となったこともあわせて確認しておきたい。と同時に、だからこそ、生まれた子どもにたいする期待水準はきわめて高い。大学まで行かせるのが最低限の親の義務であるし、子どもをもつ以上、いい加減な育て方はできないという感覚も強い。要するに、「家族をいとなむ」ことが社会的にみてそう容易でない高いハードルへと変貌してきたのである。

したがって、自分自身が将来結婚して家庭をいとなむだろうという将来像についても変化は著しい。自分が「良い相手と結婚するだろう」と想像できる中高校生は、九〇年代末には半数程度に低下した[5]。「一流企業」への就職など社会的成功は早々とあきらめても幸福な結婚と家庭だけは夢見ていられた八〇年代の若年層に比べれば、これは大変な変化といえよう。さらにまた、家族像のこれらの変化とおそらくは関連するのが、家族への帰属意識である。家族の一員だと「あまり感じない」あるいは「まったく感じない」薄い帰属意識層は、ある調査では、小学生の五人に一人、中学生の三分の一近くに達する[6]。これもまた、思春期における自立意識の反映とはにわかにはみなし難い。

とりわけ女性層を中心に九〇年代にすすんだこれらの意識変動には、もちろん、複合的な要因が存在しよう。将来像の閉塞ともいえる意識状況は、後述する生活標準の変化をふくんだ企業社会体制の転換をぬきに理解することができない。それはそれとして、さしあたり確認できるのは、家族意識の離散とでも特徴づけられる感覚変容、「家族であること」の意識のうえでの曖昧化である。

2　家族という親密圏に浸透する個体化

このような家族意識の離散の基盤として、社会生活全般を個人単位に分解してゆく個体化[7] individualization の力を指摘することができる。七〇年代以降、いわば「静かな革命」として進行してきた消費社会化は、家族生活のあらゆる領域を消費の場として再編し、家族のさまざまな共同紐帯[8]を弛緩させ、個体化の威力を家族関係の内部へと及ぼしていった。一家に一台から一人に一台となった携帯電話の普及が巨大なビジネスチャンスを生んでいる事態に象徴されるように、個体化のあくなき追求を具体化するのは、大衆消費を促す資本の活動である。すなわち、個体化は大衆消費を実現する過程としての消費社会化にともなって不可避的に進行する現象といえる。家族生活と家族文化の内部に浸透するそうした個体化の広範囲にわたる影響をここで全面的に検討する紙幅はないが、家族生活の既存のかたちを内側から浸蝕し変質させるその特質のいくつかをあげてみよう。

わざわざ「内側から」と断ったのは家族生活の消費社会的再編がたんに生活のバックヤードやロジスティクスを変えるだけではないからである。たとえば、消費社会化の典型例としてしばしば言及されるファストフードチェーンやコンビニの急成長にしても、家族生活をいわばマカロニ症候群状態に追いこむ外部環境の変化をもたらしただけではない。そうした環境変化は、生活のうえでこれまで普通だと感じられていた共同紐帯を喰い破り、家族成員それぞれの行動上、意識上の「自立」（離散）を否応なくもたらす。

その具体的事例は枚挙に暇がない。たとえば、家族が共有する（すべき）時間の象徴のようにみなされてきた食事時間の個別化が、消費社会化にともなってどれだけ劇的に変化してきたかを想起しよう。[9] 朝食はもちろん、一家団欒のあかしとされる夕食時間にまでも、個人別のサイクルが広がりつつある。個室の一般化はもちろん、ウォークマンやラジカセの普及など、個体化を促す商品群の開発も見逃すことができない。なぜならそれらは、家庭内空間に閉じこめられていた家族成員の行動（とりわけ若年層におけるそれ）を「解放」し、個別の空間を家族の生活空間内に生み出すからである。

「家族」の人為性

生活行動のこうした個別化は、共同の側面からみれば、家族が「一緒にいること」「一緒にすること」の内容が一つひとつたしかめ直され、消費文化をとりこんだ形態に再編されてゆくことを意味する。したがって、消費社会化にともなう家族文化、家族儀礼の変容には、「意識し努力してそうする」という人為的な性格が濃厚につきまとうことになる。家族旅行や「月一ファミレス」のような「習慣」はもちろんそうであり、団欒のときに家族でテレビをみるといった、高度成長期には「自然」にみえていた場面さえ、いまでは努力の対象に変わりつつある。要するに、家族として一緒に行動すること、ひいては家族生活自体が、意識的に構築すべき特別な努力を要するものと感じられるようになった。それはすなわち、家族生活の共同的部分、当たり前に思えていた関係の内実も意味づけも変容してゆくことにほかならない。

家族関係の形成につきまとうこの新たな「人為性」の感覚は、否応のない保護と依存を要求する親子関係のような領域にも及んでゆく。子どももはや「天からの授かりもの」ではなく、親になる決意と選択のもとで創造される「作品」となる。「よい作品」を仕上げてゆくように、子育ては計画性と慎重な配慮とが要求される「事業」なのであり、子どもが自らそうしたプログラムをもてないうちは、「事業」責任は当然親がになうべきものと意識される。親のエゴに映るこうした姿勢は、むしろ、子どもが自ら将来を決めるさいの選択の幅を広げておいてやりたいという「責任」意識に支えられている。(10)だから、子どもを自然な成長に任せ「放置」して、「できること」をしておかない「弱さ」の方こそが、逆に、鋭い自責の対象になってしまうのである。これはこれで母子関係の現代的な一体化を生み、母親自身による自らのアイデンティティ評価に子育ての成功・失敗という尺度をうめこむねじれたメカニズムなのだが、ともかくこうして、パターナルな保護やケアの不可欠な子育てという課題の性格は、緻密なプログラムをたてる必要性と責任の意識へと水路づけられ具体化されてゆく。

個体化にともなう「自分ができることをきっちりしておかないとだめ」という意識転換は、同時に、自分の努力の及ばぬ範囲への鋭敏な不安をともなう。「いじめなどが横行するいまの社会で子どもが生きるのは大変だしかわいそう」という判断は、したがって、そんな時代に子どもはつくれないという抑制を広げることになる。それだけ子育てにおける意識性の比重が高くなれば、逆に、高くなった要求に最初から応えられず、応えようとしない「放置」の範囲や可能性もまた広がる。(11) つまり、子どもを育てるとか家族をいとなむという行為は、意識のうえで、それだけの「能力」ある人々だけに許される特権化された世界に変貌しはじめたのである。

マネージャーとしての主婦へ

個体化の進行がこのように家族関係の既存の共同性を衰弱させてきた結果、家族成員個々の生活を「家庭生活」へと一体化する作業に特別な重みと重荷が加わることになろう。この作業を果たすべき存在として、主婦の役割にきわめて大きな負荷がかかるようになった。消費社会化が確立した八〇年代における主婦の文化形象は、家事負担の軽減により内面の空洞化（アイデンティティ危機）に直面した主婦（たとえば一九八三年のテレビドラマ「金曜日の妻たちへ」）というものであったが、実際にはこの時期に主婦役割の大きな部分が、異なる生活時間や生活プログラムを調整しコントロールするという「生活マネジメント」領域に移行していったように思われる。「できる」主婦像もこれに応じて変化する。たとえば、一家揃っての夕食に温かいご飯を出す主婦から、帰宅の遅い夫（これは会社の時間と家族の時間とをすりあわせる仕事、すなわち企業社会と消費社会とを接続するという課題になる）にも夜中に冷蔵庫を漁る子どもにもそれぞれ気に入るものを準備しておけるようなぬかりない「マネージャー」へと、である。

個体化は、このように、家族生活を共同のものとして組み立てる主婦のマネジメント役割を著しく強化し、その負担と社会的圧力とを増大させる。しかし、企業社会の雇用構造は主婦のパート労働者化を押しすすめるから、専業主婦層は、実際には、所得上位層にかぎられていった。[12] その結果、家族関係の変容に由来する諸困難をもっとも激しく経験するのは、主婦役割を負わされた女性たちであった。そして彼女たちの責任が重く映れば映るほど、子どもの世代にとってそのすがたは、「えらいとは思うがあんなに大変な母親の役割は自分にはできそうにない」という反面教師の位置におかれるのである。

個体化の進行にともなう家族関係の変化は、一面では、家族成員の自立的意識を促すだろう。それは疑いないが、同時に、この過程が商業主義的性格を帯びていることも忘れてはならない。各人の生活がこれまでの共同紐帯を喰い破って自律性や独立性をもつようになる変化は、消費社会化がもたらす各種の手段の助けを借りて進行する。同じことはまた、親密圏の共同を再構築しようとする試みについてもいえる。次々と開発される家族サービスのさまざまな商業形態に多かれ少なかれ依拠するかたちでの「共同」が、家族生活の共同内容を深く蚕食してゆく。そうでなければ、肥大化した生活マネジメントの課題に主婦だけが応じる図式は維持できないのである。

3　家族の一体化を要求する九〇年代の変化

前節でみた家族関係の変容は、家族同士のつながりだから許される（と感じる）「安心感」の領域を狭める。夫婦関係のように人為性がより強く感じられる領域はもとより、兄弟姉妹、親子など、親密圏のあらゆる次元にたいする感覚的問い直しがすすむのである。したがって、こうした変化の延長線上に家族崩壊を予測する主張も無理からぬところがある。少なくとも、家族を簡単につくることなどできないという感覚の広がりはいまやあきらかになった。

しかしそれならば、生活（行動）単位の個人化が家族関係の共同次元を根底から破壊してゆくかというと、ことがらはそう単純ではない。文化形象として家族の「自然な存在」を前提しない描像はますます増えてゆくであろうが、現実には逆に、家族の凝集を要求し必要とする状況が広がりつつある。それはなぜか。

まず第一に指摘できるのは、九〇年代末以降――すでに指摘した意識上の変化はこの時期に顕在化したものである――激烈なかたちで進行している企業社会秩序の転換が、経済的にも社会的にも家族の凝集・一体化をこれまで以上に要求しはじめたという事実である。いわゆるパラサイトシングルやフリーターの増加は、しばしば、青年層の自己中心的なライフスタイル選択と解釈されることが多いけれども（たとえば、山田昌弘『家族というリスク』勁草書房、二〇〇一年、など）、実際には、離家に必要な経済条件を若い世代が容易に整えられなくなっていることの反映とみなすべきである。[13] 派遣労働など、急増する非正規労働の雇用条件では、単身で自立した経済生活をいとなむのは困難であり、夫婦共働きで年収四〇〇万水準という、予想される新しい標準[14]をクリアすることにより、かろうじて生活を成り立たせるしかない。もちろんそこでは、夫婦共働きの家族を形成することが不可欠となる。そうでなければ子育てや住居の必要を満たすことは困難になる。つまり、意識のうえでは家族をつくれるのはある種特権的なことがらでありながら、現実には家族がなければ「食えない」ということになる。

第二に、家族の凝集を要求する強い政策的・イデオロギー的インパクトの存在に注目する必要がある。『父性の復権』（林道義）といったファミリアリズムの権威主義的再建論がかなりの支持をえているのは周知のとおりだが、それはたんに、家族解体を導く個体化への反発としてのみ理解されるべきではない。林の主張の場合には、反フェミニズムが主眼であり、個体化のような現象は直接の攻撃対象にはなっていないけれども、「家族の復権」論はおおむね、政府・財界の支配的政策理念としての新自由主義的な自由選択論、個体化の容認にたいして、主観的には対抗している。家族のあり方を焦点としたとき、新自由主義的な政策は家族の凝集を否定する性格をもつとみなされるのである。実際、小泉政権の「構造改革」政策のなかでもにわかに取り上げられた保育所待機児童の一掃計画などをみれば、家族単位の社会政策を変更させる意図が看取できる。しかし、そうした政策は、変化した雇用環境にそって女性労働力を縁辺労働力として再編するところにこそ目的がおかれ、そのかぎりでの再編にすぎない。[15] 他方では、個体化がもたらす種々の軋轢を緩和し抑えこむ家族責任の具体化が同時に追求されるのである。

社会問題として顕在化してしまうような矛盾の回避・隠蔽装置として、家族の役割はむしろますます強調されるとみてよい。企業社会秩序がその一環として強い家族主義的なイデオロギーを備えていたことは常識に属するが、新自由主義的な社会像もまた、社会的な困難を政府や福祉に頼らず自前で処理できるような「雄々しい家族」を要求する。[16] したがって、この面からすれば、権威主義的な「家族の復権」論は新自由主義的な自由化論とは矛盾しないのであり、むしろ有効な補完作用を果たすといってよい。[17]

最後に、家族関係の変容自体が「純粋な共同性」の世界としての家族像を理想化し希求させることを指摘しておこう。消費社会化は一般に関係の「人為性」と「自然性」とのつながり方を組みかえ、何が「自然の」「本来の」関係であるかをみえにくくする。しかしそのことは同時に、「ナチュラルでありたい」という願望を一層強くかきたてる基盤にもなる。すみからすみまで意識的につくりあげるものとしての家族のあり方は、「家族ならこれが自然だ」という「純粋な関係」の想定を強力に育てる。それは仮想されたものにすぎないが、しかし、家族の凝集を当然の要請とする規範的意識として内面を縛る。

家族の共同を問いなおす

冒頭に述べた家族像の大きな変化は、みてきたように、企業社会体制の大規模な変動とかかわっており、企業社会秩序の一環としての独特の家族主義や標準的ライフステージの終焉を意味している。そしてこの変化は、現実と意識にわたる個体化の一層の進行をもたらすと同時に、これとうらはらな家族の一体化の要請を生み出してもいる。個体化の進行は、否応なく、既存の家族像や家族関係の見直し、再編を要求するのであり、この傾向は押しとどめがたい。家族主義の何らかの再建を主張する保守的家族像によって、現在進行しているこの変化を阻止し、既存の家族関係の「解体」を弥縫できると考えるのは幻想であろう。問題は、家族関係の内側に埋めこまれていたさまざまな共同のありようをどのような共同形態として新たに構想できるかなのである。親子関係や夫婦関係の病理として今日顕在化している種々のトピックは、家族関係の「内部」問題であるがゆえに看過されてきた「個」の尊厳を確保し回復させる課題として位置づけられている。しかしそうして確認されてゆく個人の尊厳や権利は、家族の新たな共同関係を生み出してゆく豊かな基盤としてもとらえられるべきだろう。

それならば新たに構築される家族の共同関係とは何か、という問いが浮上する。この困難な問いにいま答えることは不可能である。従来の家族像からすれば擬似的にしかみえぬような「共同」の試みもふくめて、「一緒に暮らすこと」や「共に生きること」の試行錯誤のなかからしか、その解答を引き出すことはできない。「週末婚」や同性婚はもとより、ネット上の「結婚」までふくめて、試行錯誤の幅はきわめて広い。試行錯誤を共同のかたちを探る試みの視点からとらえられなければ、今日の家族をめぐる状況はひたすら解体に向かうものとして映るだけであろう。しかし、本当の問題は、それらの探求が既存の家族像からみて「異様」かどうかではなく、家族生活における共同に不可避的に組みこまれている相互依存やパターナルな関係、直接的な接触といった要素をさまざまな探求がどのように受けとめ扱っているか、という点にあるはずである[18]。

個体化の進行がたとえ不可避的であれ、生活のあらゆる領域・場面を個体化しつくすことは現実には不可能である。それを可能のように想定するのは実践的にも理論的に錯誤だと言わねばならない。IT革命論に立つ未来像はしばしばそうした個体化のユートピアを語るが、生活の全面的個体化は、それを可能にする社会装置（筆者からみればグロテスクな）を必要とする。さまざまな関係を「装置」におきかえる効率的手段に支えられることなく、一人きりで暮らすのは不可能なのである。ロボット犬に看取られる人生をユートピアとみなすなら別だが、そうでなければこの未来像はディストピアにしかなりえない。家族生活における「個」の比重の増大がその種の孤立にではなく、共同の新しいすがたにつながるようなみちすじを探求する必要があろう。言うまでもなく、この探求は、権威主義的家族観の復権論と軌を一にするものではない。

（1）赤坂真理『ミューズ』『ヴァイブレータ』、田口ランディ『コンセント』など。赤坂の場合、孤立の意識は中産階級の喪失感を反映するものでもある。
（2）一九七三年には四六件に達したコインロッカーへの嬰児置き去りに想をえた村上龍『コインロッカーベイビーズ』が、おそらく、こうした疑念表明の嚆矢といえよう。
（3）NHK放送文化研究所編『現代日本人の意識構造　第五版』一九九八年。
（4）日本青少年研究所「新千年　生活意識に関する調査〈日韓米仏／国際比較〉」調査時期、二〇〇〇年七月。
（5）日韓文化交流基金「日韓教育比較調査」調査時期、九八、九九年。

（6）くもん子ども研究所「〈自分〉という存在アンケート調査」調査時期、二〇〇〇年一月。
（7）個体化individualizationにかかわる議論として、ウルリヒ・ベック『危険社会』（東廉・伊藤美登里訳、法政大学出版会、一九九八年）第二部、J. Cote, *Arrested Adulthood: The Changing Nature of Maturity and Identity*, 2000, New York Univ. Pr. 参照。
（8）ここでは共同という観念を無前提に「よきもの」とは考えていない。誤解のないように付記しておく。拙稿「共同の社会構想——その理念と現実」（『唯物論研究年誌第3号』青木書店、一九九八年、所収）参照。
（9）拙稿「社会、家族の変化と食生活の変貌——漂流する食の時代に——」（財団法人生協総合研究所『生協総研レポート』二五号、二〇〇〇年）参照。
（10）いわゆる「お受験」やオーディションの流行などの基盤には、子どもの「可能性」にたいするこの鋭敏な教育家族的意識が存在している。
（11）これは教育家族と非教育家族への家族の階層的分裂を意味するものである。児童虐待の類型上の差異もこれと関連していると思われる。
（12）高度成長期半ば以降急増してゆくパート労働力への主婦の動員によって専業主婦層は少数派になるが、標準的家族像における主婦の表象はこの変化を反映していない。
（13）たとえばリクルート調査「若者アルバイト実態調査報告（首都圏版）」（一九九九年）によると、フリーターの平均月収は男女で多少の差はあるが一〇万前後である。これは親などの何らかの援助なしには生活できない水準であるが、現在の雇用構造がそうした労働者層を必要としていることは無視しえない。
（14）日経連『新時代の「日本的経営」』（一九九五年）のいう「雇用柔軟型」労働者層のライフコース、生活標準にかんしては未知の要素がある。ここでの収入想定は、厚生労働省による派遣労働者調査、介護労働調査（いずれも二〇〇一年）などにみられる収入水準から推測したものである。なお、『季刊　ポリティーク3号』（旬報社、二〇〇二年一月）座談会「日本型雇用の転換と企業社会の変容」参照。
(15) 経済同友会の提言「大都市圏における保育所の大幅増設を」（二〇〇一年一〇月二六日）にみられるように、既存の家族関係に変化を及ぼす施策は、企業社会体制の転換に必要な労働力動員の新たな要請に起因している。
(16) 福祉国家体制の新自由主義的転換にあたって家族主義思想が動員される例はサッチャリズムの場合にもみられる。
(17) 新自由主義的な社会像と権威主義的社会像とのそうした相互補完関係は、教育改革など、他の分野でもみられる。拙稿「二つの教育改革像と教育基本法」（『教育』六六八号、国土社、二〇〇一年九月）参照。
(18) コミュニタリアニズムとリバタリアニズムとの対抗にもかかわるが、たとえば伊田広行『シングル単位の恋愛・家族論』（世界思想社、一九九八年）が主張しているような、自律的個を関係の原理的モデルとする立場を筆者はとらない。

第Ⅳ部

心の情景

第15話　「キレる若者」という幻想

1　言説としての「キレる」をめぐって

大人には理解できない青少年の行動を印象づけることばとして、「キレる」はすっかり定着した感がある。栃木黒磯中事件（一九九八年）あたりから、世間で大きく報道される少年事件のたびごとに、「突然キレる」青少年の不気味さ、不可解さが強調され、大人たちのユースフォビア（青少年恐怖症）を駆り立ててきた。しかし、若者が「キレる」場面を私たちが実際にどれだけ目の当たりにしているか、となるといささか疑問である。「マジキレ」たり、「ブチキレ」たりした経験を語る若者たちはいくらでもいる。が、そこでの「キレる」は、多くの場合、感情の経験ではあっても、大人たちが想像するような、外からみてそれとわかる行動だとは思われない。いまの子どもたちは「キレやすい」という印象も不正確だ。少年犯罪の動向については論争があるが、筆者のみるところ、激増しているという主張には説得力がない。(1) 二〇代青年の犯罪件数にいたっては、むしろ、特異と言った方がよいくらい低いのである。青少年の「キレやすさ」を社会的に証拠づける根拠はいまのところない、といってよいだろう。

それでも、家庭のなかで思春期の子どもたちの理不尽な怒りに遭遇してしまう親たちには、「キレる」ということばは、実感にぴったりあったものかもしれない。いきなり興奮で眼が吊り上がり、ぶるぶる震えて、程度の差はあれ暴れ出したりもする……そんな場面に出会えば、「キレた」と言いたくなるのは当然である。ただし、こうした「キレ方」は、七〇年代、八〇年代の教育現場ですでに報告されていた。さらに言うなら、その様子は、激情の表出として一般的なものだとさえ言える。また、この場合、「キレる」理由がないかというと、そういうわけではない。「何でこんなことでそんなに怒るの」と大人たちが不思議に思う理由だって、理由は理由である。こちらにはその理由がみえない、みえても大したことじゃないと思うので、軽い気持ちで「地雷」を踏み、相手の感情を逆撫ですることになる。そういう大人こそ鈍感で無神経だということになる。こういう場合の「キレる」は、だから、理由なき感情暴発ではない。

行動上の特性として「キレる」という形容がふさわしく感じられるのは、いわゆる「いきなり型非行」の場合であろう。補導歴、非行歴もなく普通の、あるいは真面目な少年が突然事件を起こしてしまう[2]といった類型である。なるほど、と思いたくなるが、「いきなり型非行」が本当に「いきなり」と言えるかどうかには疑問が残る。[3]「いきなりキレる」という受けとめ方からあきらかになることがらは、じつは、「キレる」状況にいたるまでの前史がわかっていない、みえていないということではないだろうか。昔の子どもとくらべるといまはこらえ性（「耐性」と言っても同じである）がなくなったなどと粗雑に断定しがちになるが、現代の青少年が何をどのように「こらえて」いるのか、その「がまん」のかたちについて大人があらかじめ知っているわけではない。それを自覚せずに、「いきなりキレる」若者という像を描くのは大きなまちがいだろう。

　そこでむしろ、追求しなければいけないのは、「いきなりキレる」前の、「おとなしく、普通でいる」（そういられるようにする）状態を支えている感情のメカニズムである。

「平気感覚」を鍛える

　キレる若者という像にはカウンターパートに当たるもう一つの像が存在する。嬉しいのか悲しいのか、何を考えているのかさっぱりわからない若者、という像だ。こういう印象が片方にあるからこそ、突然キレるという受けとめ方が強まり、大人にとっての不可解さが増す。「平素はおとなしい、ごく普通の子どもなのになぜ……」という疑問の持ち方にも、この対比がひそんでいる。「キレる」という印象が成り立つためには、キレる前段階が、感情の波立ちを感じさせない、のっぺりと「平静な」状態に映っていなければならない。「おとなしい」「目立たない」から、「無表情」「何考えているかわからず不気味」まで、範囲はあるにせよ、「ふだんの平静さ」が、「キレる若者」像の陰に不可欠なものとして存在しているのである。

　では、そうした「平静さ」――筆者はこれを後述する理由から「平気感覚」と呼んでいる――は、哲学者がアタラクシアと名づけたような心の状態を示すものなのだろうか。

　そうではないと思う。むしろ、感情を否応なく波立たせ苛立たせる環境からの圧力にたいし、できるだけ平気でいられるよう努力すること、「自分」を思わずむき出しにしてしまわぬよう抑えておくことが、「ふだんの平静さ」の内実なのではないか。つまり、何があっても平気でいられる努力が、外からは、何を考えているかわからない等々として映るのである。自分をそのままみせないようにする「修練」を積んでいると考えれば、この関係はよく理解できよう。

実際、こう推測できる手がかりとして、たとえば、自分たちはふだんこんなにがまんしているという少年少女たちの発言をあげることができる。大きな少年事件にさいして寄せられる反響にそうした内容が頻出することは周知のとおりであり、日常生活ではなるべく「死んで」いようとする彼らの「心情告白」は珍しいものではない[4]。また、内面の感情が映し出されにくいような「表現」を意識的に追求する文化的形象も、青少年文化の領域ではごく普通のことになっている。現実に起きていることがらの重さが「感情の現実」としては極度に圧縮され割り引かれるような表現、感情の起伏を示そうとしない表現はコミックの世界では枚挙に暇がない。これもまた、感情表出のコードが変容していることを推測させる一例だと言ってよいだろう。

そう考えると、ふだんの、特別何も感じているわけではなさそうな何気ない状態は、何とか平気でいようとし続ける激しい「努力」（といっても、自覚的に追求されているのでは必ずしもない）の結果としてあることになる。動揺していない、大丈夫と他人にもみせかけ、自分にも言い聞かせるそうした「努力」には、そんな努力自体を大したことがらではないかのように扱うはたらきもふくまれているから、意識してそうしているんだという次元さえ見失われかねない。「感情をしまいこむ」そうした様式の、一つの、現代日本の青少年層に独特なかたちが、平気感覚だと言えるように思う。感情の発露を社会的にコントロールするしくみは、感情マネジメント[5]などと呼ばれ、社会学の分野で近年さかんに論じられているが、感情のいわばキーポジションを「平気」においておこうとする平気感覚の「陶冶」もまた、そのようなしくみの一つと考えられよう。

2　自己表現のかたちはなぜ変わったか

平気感覚の「陶冶」に青少年を駆り立てている社会背景についてここで多くを述べる余裕はない。消費社会化の下ではじめて出現するような個人々々の位置づけ（アイデンティティ・ポリティクス）、青少年層の社会的無力性という二つの事情を指摘するにとどめたい。

キャラをたてる

前者にかかわることがらとして、たとえば、キャラクター化の圧力をあげてみよう。「キャラをたてる」、すなわち、他人からみてそれとわかる「自分らしさ」を一貫して発揮できるようにすることは、消費文化世界で個人々々が自分の居場所を確保するために大切な、不可欠でさえある作業だ。キャラももちろんそうだが、「〜系」「ポリシー」「スタイル」といったパターンを組み合わせて自分のポジションをうまく表示し、安心して受け入れてもらえるようにすることが、この作業の中味となる。自己表現にはそういう性格の作業が多くの場合自然に組みこまれている。ポジションどりをきちんとこなしていれば、「外していない」という意味で「いい子」でいられる。

しかし、このようなかたちでのポジション確保のためには、パターンのなかにうまく収まらない、

「はみ出す自分」の部分を処理しなければならない。「はみ出す自分」を目立たぬよう消しておく作業が必要なのである。この面だけをみれば、「自分を消す」という特異な自己「表現」が要請されることになる。何を感じているかみえにくいようにする平気感覚の「修練」は、その意味では奇異なことがらではない。

しかし、自分を消しておけるよう努力して感情をマネジメントするというのは、大人の世界にもあること、むしろ常態だとはいえ、奇妙な、倒錯した事態ではある。ここでは、「自分を表す」ことが積極性で自分を出さないことが消極性だ、という常識的な対照関係が成り立たない。何でもない様子でいる、普通でいる、どうってことないと思わせる平気感覚の方こそ、すさまじく「積極的な」エネルギーに支えられているかもしれないのだ。そしてこの努力が成功すればするほど、「はみ出す自分」は自分にも感知できない「どこか」へしまいこまれてゆくだろう。先に述べた意味でのポジションどりには邪魔な軋轢、きしみ、違和の感情もまた、平気感覚に覆われてゆくにちがいない。「怒らない、怒れない」といった感情表出様式の変容も、そう考えれば不思議ではない。大平健氏らがこれまで報告してきた、若者の「やさしさ」等についての知見も、これと同様の状況を指摘しているように思う。

若者は自由気まま？

無力性が与えているインパクトについては、別途くわしく論じるべき主題であり、ここでは触れることができない。現代日本の青少年が、現実のうえでも意識のうえでも、社会からひどく切り離された存在であることは(6)、青少年問題が論じられるさい、ひどく軽視されている。取るに足りない存在であることをつねに自認させられる状態の下でも「平気」でいられるようにする「陶治」の課題に、彼らは否応なく直面する。無力である状態は青少年の専売特許ではないけれども、社会的にきわめて無力な現実と消費個人主義の自由とを同時に経験しながら生きる状況は、およそこの四半世紀のあいだにはじめて出現してきたものなのである。

現代の若者たちがどれだけ自己中心的でいられるような環境に育っているかは、日常会話から公的文書にいたるまで、広く流布する言説であり、大人の常識ともいえるような認識だろう。青少年への非難・慨嘆と訓練主義スキーム(7)とを多くの場合ふくむそれらの主張は一面的だが、消費文化に覆われた生育環境が以前にはなかった新たな成長の条件を生み出していることはたしかである。平気感覚のような感情マネジメントのかたちが出現したのもその結果だといえよう。ついでに確認しておくと、青少年が「自律的に」に享受できる消費文化環境の広がり、深まり、洗練の点で、日本は他の国々に比してきわだっているのである。

「若者は自由気ままだ」というあふれかえる言説――現実にそぐわぬフリーター非難や、いわゆる「引きこもり」贅沢論など、この種の主張にはたくさんのバージョンがある――にたいして、「無力さ」への指摘は少ない。しかし、青少年に公共社会の構成員であることを徹底的に断念させ、忌避させる点でも、日本の社会はきわだった特質をそなえている。青少年の生活と意識とは、普通の状態では、公的、社会的な意味で無視されていても平気でいられるように方向づけられている。彼らのうちのだれかが「キレて」事件を引き起こしたとき、青少年は今度は、社会の危険分子としての扱いを受けるが、それは彼らの公的で社会的な存在としての重みが増すことにはつながっていない。何か「でかいこと」

をしてみたいという野心にしても、この方向づけのためにしばしばずれてゆかざるをえず、それより何より、多数は、「社会の人」であることを考えずにすむよう自らを「陶冶」するのである。

3　「つもり」で組み立てる世界

自分のポジションをうまく確保して「平気」でいる日常が前提になるとき、「キレる」とは、その日常が単純に破れることを意味しない。すなわち、もうがまんできない、だから「キレる」というように、いわば単相のプロセスで「キレる」という状況を考えてはいけないのである。というのも、平気感覚の「陶冶」は、そもそも簡単にキレたりせぬような感情訓練だったのだから、それでもなお爆発してしまうような感情のかたちをも変容させずにはおかないからだ。怒れない、感情を吐き出せないという土台が強固であればあるほど、それを壊すには、「こうなったらもうキレても仕方ないぞ」という回路が引かれている必要がある。つまり、「キレる」すがたにも、スタイルやキャラを打ち出すのと同質の自己表現の要素がふくまれている。もちろん、故意にキレるわけではない。が、「キレている」状態にさえも、「キレた自分」をみせる（みせても平気）という部分が存在しているのだ。

常識的な大人たちがこれをみれば、「ふてぶてしく、あっけらかんとして、不気味に」感じるにちがいない。あるいは、まるでバーチャルな、実感の湧かない世界で振る舞っているように映るだろう。まるで他人事のように淡々と自分のことを語り扱う「冷静な」自己客観化のすがたである。

これは、「キレる」場面ですら、「自分はこうする（こうしている）つもりでいる」という、ある種の自己抑制をともなった平気感覚がはたらいていることを意味する。きわめて強固な、この「つもり」の力が他者との現実的距離（向き合い方）やこれに規定された振る舞い方を変えてゆくのは、大いに予想されることではないだろうか。おたがいの「つもり」がしっくりあうように関係ができていれば問題は起きない。（正確には、問題はみえない、というべきかもしれない。）自然にそうなるというより、「つもり」がしっくりあうようにおたがいが配慮しあう、しあうべきだという暗黙の了解・規範が、他者とつながりを結ぶ場面すべてにつらぬかれている。だから、「つもり」の相互的組み立てからなるつきあいの舞台を自分の側の責任で壊してしまうのは、一番に避けるべきことがらとなろう。「そういうつもりじゃなかった」と、自分の「つもり」の正当化をはかることの方が、ときに、実際に自分がしたことへの反省や謝罪より優先してしまうのはこのためである。これは、「つもり」の点で自分がいかに「悪くなかったか」挙証せよという暗黙の圧力が強くはたらいていて、各人がそう迫られていると感じるがゆえの、必然的帰結にほかならない。

このように、「つもり」には、自己の願望や意図だけでなく、相手にたいする、たとえ潜在的にではあれ、強力な「期待」がふくまれている。「つもり」の相互的組み立てにとって、相手の期待を読みまちがわず満たしあうことは、したがって、必要不可欠のことがらであるはずだ。「心配をかけない」「負担をかけない」振る舞い方（それは当然、おたがいの触れあう距離を広げ軽くすることを意味する）が徹底的に要求されるようになるのも、この事情からだろう。(8)

もちろん、現実の人間関係には、相互の期待を外してしまいかねない未知の「危険」が存在する。そこで、そうした「つもり」の破綻を回避するためのさまざまな「戦術」がとられることとなる。「戦術」

ということばは、弱者が日常生活で遭遇する危険をくぐり抜けるためのすべとしてミシェル・ド・セルトーが用いたものであり、これを援用している。つまり、「つもり」の破綻を回避する方策は「弱さ」に由来する、と筆者としては言いたい。

平気感覚の「陶冶」はもちろんこの場面でも重要な手段だ。こちらの期待を外した相手にたいして「平気でいられる」ために、である。また、たがいの「つもり」がかけ離れてしまわぬよう、あらかじめすりあわせできるマニュアルの存在も有効である。そういうマニュアルの持ち合わせが少ない大人たちとのつきあいはしんどいから、自分の「つもり」が相手である大人の期待を外さないためには、「つもり」が気取られぬよう注意を払わなくてはならない。それはつまり、感情がみえないようにすることなのだが。

統制下にある日常生活

つきあいの場面でのこうした感情マネジメントは青少年に固有の、特異なものではない。日常生活における統制的要素の拡大はつとに指摘されており、青少年の場合もその例外ではない。少年少女たちが生きている世界を、率直に感情を吐露しあえる世界だと素朴に想定してしまう常識がうかつなのである。彼らがぶつかっている状況はむしろ逆であり、平気感覚にみられるような自己抑制、相互抑制が以前よりもずっと大きく要求される環境にあるとみるべきであろう。

なぜそういう事態が生じたかというと、一見逆説的にみえるが、各人が自分の「つもり」を拡張できるような自由、他者との応答関係に自分の「つもり」を介在させる余地が、社会的・文化的に広がってきたからである。消費社会化と深くかかわり、社会学者が「個人化」individualization と名づけている(9)この現象が、「つもり」の破綻を回避するための心理的備えをもより強く要求するようになったと思われる。

現代日本の青少年が、学校のような「不自由な」空間に一方ではおかれながら、他方で、そうした個体化の最前線にいることは言うまでもなかろう。それぞれが自分の「つもり」にしたがって自分の部屋や小物やファッションを選び、行く場所から友だち、つきあいのかたちまで、いわば機能的に組み立てることができる。ケータイ・メールのもつ自由度はこのことを象徴的に示している。大げさにいえば、自分の生活を「つもり」次第に再構成する自由が、偏頗なかたちであれ、広がったのである。そしてこうした状況こそが、「つもり」の破綻がもたらす影響を各人に重く、重大に感じさせる。

個体化の進行を考慮するとき、他者との触れあいがもたらすリスクを回避できるような「つもり」の組み立てが行われることは容易に予測できそうだ。相手への「期待値」をできるだけ低くしておけるような「つもり」の設計とでも言えようか。それはまた、同時に、相手が向けてくる期待の圧力を軽減する戦術でもある。実際に起きるのは、自分の「つもり」だけで振る舞える余地を一層拡大することであり、「ジコチュー」とは、こうしたあり方の一類型にほかならない。この操作によって自分の期待が裏切られる度合いは少なくなるが、それは同時に、他者が関与できず想像しにくいすがたをした、自分だけの期待を充足させることへと、各人の振る舞いが変容してゆく過程でもある。

4　期待と現実のギャップをうめるには

　こう考えてくれば、「キレる」とは、各人が自分のなかで肥大化させてきた「つもり」（期待）が壊される事態への応答という側面をもっていることがわかる。「つもり」が肥大化する結果、「キレる」きっかけや対象も広がってゆくが、「つもり」は他者からは推し量れないから、なぜ「キレる」のか本人以外にはつかみにくい。本人もまた、自分の期待が破られることの不当性をうまく説明することができない。「キレた」本人にとっても、これに遭遇した相手にとっても難儀な事態である。勝手にキレていてもらうしかしょうがないと周囲が感じ扱うのは、そのかぎり自然な反応だろう。しかしそうした対応は、他者がもつ（もっていそうな）期待に、意識的にであれ知らず知らずにであれ介入してしまわぬようなポジションどりを各人に一層要求するから、一人ひとりの「つもり」（期待）をますます「孤立」させることにならざるをえない。そうなれば、「つもり」の破綻がいよいよ重く本人にのしかかることになるのは当然である。「最近の若者はプライドが高いけれどちょっとしたことですぐ挫ける、ひ弱だ」といった印象は、このように、「つもり」で自己の世界を整えておかねばならない状況に照らせば、ちがうかたちに理解しなおされるだろう。問題は期待と現実とのギャップであり、このギャップがどのような仕方でうめられるかなのである。

　期待にたがう現実は必ず存在し、まず避けることはできない。他方、各人が自分だけの、強化され肥大化した期待を持たされることによって、現実と期待との裂け目は、たとえ現実がそう変わらなくとも、驚くほどに深くなってしまう。「キレる」とは、この裂け目を期待の側から「修復」する試みだと言えなくもない。だが、そうしてみたところで、自己の期待を思うようにゆかぬ現実からますます遠ざけるだけであるのは、すでにみたとおりである。おたがいの期待を現実的に結びあわせるような「しかけ」なしには、期待と現実のギャップをうめることはできない。そうした「しかけ」を組みこんだ文化が形成されぬことには、このギャップを克服できないのである。必要なのは、「キレる」若者たちに不安を募らせることよりも、そうした文化の所在を探ることであり創造することではないだろうか。

(1) 少年犯罪増加説の主張として、前田雅英『少年犯罪』(東京大学出版会、二〇〇〇年)を、増加説の根拠薄弱とする主張として、広田照幸『教育言説の歴史社会学』(名古屋大学出版会、二〇〇一年)第一一章、藤田英典「戦後日本における青少年問題・教育問題」(藤田他編『子ども問題』世織書房、二〇〇一年、所収)を参照。

(2) たとえば、佐々木光郎『「いい子」の非行』(春風社、二〇〇〇年)参照。

(3) この点の指摘として、生島浩『悩みを抱えられない少年たち』(日本評論社、一九九九年)三二ページ以下を参照。

(4) たとえば、NHK「14歳・心の風景」プロジェクト編『14歳・心の風景』(NHKライブラリー、二〇〇一年)を参照。

(5) 感情マネジメントについては、ホックシールド『管理される心——感情が商品になるとき』(石川准・室伏亜希訳、世界思想社、二〇〇〇年)参照。

(6) 筆者はかつてこれを社会的、心理的縁辺化として検討したことがある。くもん子ども研究所「〈自分〉という存在アンケート調査」(調査時期、二〇〇〇年一月)などでうかがわれるように、青少年層の社会への帰属意識もきわめて薄い。
(7) 教育改革国民会議が提唱して反響をよんだ奉仕活動義務化論はこの典型であった。訓練主義スキームは青少年の社会化過程が経済条件の変化によって変貌することへの政策的対処として生まれる。
(8) こうした相互規制関係が出現する背景について、拙稿「信じずにはいられない――「信」の解体再論――」(日本生活指導学会『生活指導研究』一七号、二〇〇〇年)参照。
(9) ウルリヒ・ベック『危険社会』(東廉・伊藤美登里訳、法政大学出版会、一九九八年)第二部、参照。また、ここでの議論にかかわって、J. Cote, *Arrested Adulthood: The Changing Nature of Maturity and Identity*, 2000, New York Univ. Pr. が興味深い検討を行っている。なお、筆者は個人化とせず、「個体化」と呼ぶ。

第16話　時代を映す少年期暴力

1　少年事件のとらえ方をめぐって

近年立て続けに大きく報道された少年事件は、少年法改定の直接のきっかけを与え、少年非行にたいする厳罰主義の雰囲気づくりに大きな役割を果たした。その間の少年事件の「特異性」と加害者家族への私刑報道ともいってよい非難とにおそらくは多大に影響された親たちの不安と、この不安に応えるという名目で短期間のうちに政治的に強行された少年法改定とは、日本におけるモラル・パニック[1]の一典型として検討されるべき社会現象であった。極言すれば、そこでの少年法論議は、少年暴力をふくむ現在の少年問題の解明や少年処遇のあり方の具体的で実効性のある検討とはまったく無縁のところですすんだと言ってよい。したがって、少年事件や少年暴力の今日的特質、歴史的意味などほとんど究明されぬまま推移している。本稿では、現代日本における少年暴力に特有の性格があるか、あるとすればそれはどのようなもので、歴史的、社会的に固有の質をもつものであるかどうかを検討してみたい。なお、ここでの少年、少年期は少女も一括してふくんだ意味で用いる。

少年事件の規模、質、趨勢をめぐっては専門家のあいだで異なる評価がある。事件の特異性と増加にアクセントをおいて評価する立場と、逆に非行事件の抑制傾向を大勢とみて過剰な反応を戒める立場とである。どの年齢層のどの犯罪（非行）種に力点をおくか、どのような時間的スパンでみるかによってこうした対立が生じ、さらにはそれぞれの力点のおき方に非行観や成長観が反映している。筆者としては、少年事件の激増といった単純な一般化に陥ることの危険性をとくに指摘しておきたい。後述するように、少年暴力の今日の様相には特有の歴史的特徴がみられると筆者は判断しているが、それは少年犯罪の激増といった単純でセンセーショナルな描像で概括すべきことがらではない。

少年事件評価の分岐が示唆するように、少年少女たちが引き起こす事件は一律の根拠や原因から成っているのではなく、焦点を当てるべき根拠の次元がそれぞれに異なる。その判断に困難がともなうとはいえ、特定病因に由来する病理的犯罪が存在することは否定できないし、同時に、成長環境に由来するいわば「日付のある」（歴史性をもった）逸脱や非行のかたちも存在する。そのことを認めたうえで、検討の焦点を適切に定める努力がなされなければならない。少年事件の原因を前者のタイプに一括して抑止と処遇を論じる立場には優生学的解決を誘発する要素がはらまれており、状況によっては、その主張自体が、後述する暴力のポリティクスの強力な構成要素となる危険をもっている。二〇代青年の犯罪が異様にといってよいほど低いことからして、一口に青少年といっても、少年期の暴力・非行には、その成長段階と環境、時代背景に由来する固有の性格があると推測できる。それをあきらかにすることこそが急務なのである。もちろん、成長環境といい時代背景といっても、それらもまた一律にとらえられるものではない。原因や動機からみて比較的に固定した(いつの時代にもみられる)タイプと、強い時代性をもつタイプとが実際的に区分されることはあるが[4]、それとて、「時代性」の理解次第で境界が曖昧となろう。さらにまた、暴力の発動機序や様式、範囲は、暴力を受忍するあり方すなわち無力性の存在様式によっても異なってくる。暴力の性格分析は無力性の分析を必要としている。

以上の理由から、少年暴力の今日的特質を論じるにさいし、次節では「時代性」の検討を行ない、次に、今日の少年期に特有と思われる暴力的関係の諸相を無力性のあり方も念頭におきつつ検討してみたい。

2　思春期変容と縁辺化——少年期暴力の時代性

現代日本における少年暴力の「時代性」について、相乗的ではあるが異なる二つの次元を区別しておきたい。第一は、ここ四半世紀ほどのあいだに、日本社会ですさまじくすすんだ成長環境の変化によって思春期の変容がもたらされたこと。成長環境の変化とはこの場合何よりもまず、子どもたちの生活全体が消費文化に浸されていった事態を指す。この過程およびその結果出現した思春期変容の全体像をここで論じることはできない。ただ、この変容の重要な一部として、次節でも扱う内閉性や他者への「無感覚」などをともなう特有の暴力性が存在していたことに注意したい。一九八一年に実施された総理府青少年対策本部の調査（「青少年と暴力に関する研究調査」）では、家族や学校に向けられた暴力願望の広範な存在が報告されている。周知のように少年刑法犯の検挙人員は一九八三年以降低下してゆくが、そのことは少年少女たちの日常文化内に蓄積された「暴力的なもの[5]」の減少を意味するわけではない。たとえば、この時期の暴力性を端的に象徴するいじめは根絶されることなく、むしろ、少年期の日常文化に不可避の要素として「定着」していったのである。

今日の少年暴力とより直接にかかわっていそうな要因として、もう一つ青少年層の縁辺化という事態をあげたい。縁辺化には経済的排除や正統な社会参加の制限[6]など多様な側面があるが、本論にそくして重要なのは、縁辺化が子どもたちの社会化過程を阻害することおよびこの阻害が暴力問題として現れうることである。九〇年代後半に顕在化してきた社会的縁辺化[7]は、いうまでもなく、「企業社会―消費社会」システムの急激な再編・転換の結果生じた。九〇年代までの成長環境を生んだ「企業社会―消費社会」秩序の場合も、この秩序の性格に照応する縁辺化（たとえばきびしい管理主義による抑圧などのかたちで表象された）をもたらしてきたのだが、現在生じているのは、この秩序の再編にともなう縁辺化の諸様相である。既存の縁辺化構造が必ずしも解体されたわけでないことから、縁辺化が青少年の成長・社会化過程にもたらす影響は複雑で複合的である。

にもかかわらず、現在の少年少女たちが八〇年代までのような仕方で大人になってゆくことができない、社会に参加できないという点で、いますすんでいる縁辺化はあきらかに新しい質をもつ。またそれは、日本社会全体の不平等化[8]の一環でもある。

新たな縁辺化は就職難や不安定就業の激増など青少年のライフコースの不安定化として直接には現れる。企業社会秩序へと組みこまれてゆくそれなりに安定していたコースはいまや彼らの目に映るかたちではっきりと崩れつつある。といってこれに代替される制度・政策が実現されてはおらず、自己責任論や新学力観の横行のなかで、階層差をともないながら青少年の縁辺化は放置されているといってよい。

こうした事情に鑑みれば、ひったくりのような犯罪の増加はわかりやすい。この意味での少年暴力の「時代性」についてはだれしも異論を唱えないはずである。しかし、縁辺化の影響にはもう少し深い次元が存在するように思われる。すなわち、ライフコースの不安定化が内面の深刻な葛藤と閉塞感をもたらすという問題である。その結果、少年少女たちの規範意識や行動文化にきわめて大きな変動が起きているのではないか。自己の寄る辺やこだわりの発見期でもある中学高学年から高校の時期はまた、自らの社会的位置や将来像を自覚する時期でもある。ライフコースのおぼつかなさを否応なくつきつけられ、これを打開ないし緩和する集団的手だてをもてなければ、個人としての能力のなさが鮮明に刻印されることになる。社会的には「無」にひとしいという避けられない「人生の終末」が高校卒業時にやってくると想像してみるなら、この葛藤の深さがわかるだろう。そして、社会化の危機ともいうべきこの状況を克服する学校文化の力は残念ながら弱いと言わざるをえない。社会に出てゆくのに必要なこととして学校に居続けようとする意識、在学動機は、縁辺化を克服できぬかぎり、いちじるしく衰弱するからである。

思春期の少年少女たちを社会につなぎとめる社会的・文化的紐帯は、こうして目にみえて脆弱化してゆく。「社会」形成の困難が日常生活の基本的な場面でも広がってゆくのである。この状況にそくしたかたちで将来にかんする意識や規範感覚もまた急激に変化しはじめている。詳述はできないが、規範感覚の方向は、総じて、私的振る舞いの自由をたがいに認容し触れあわない関係様式の歯止めない拡大に向かっているようにみえる。(9) なお、この状況は、原始的個人がたがいに相争うホッブズ的自然状態への単純な退行などではない。むしろ事態はより深刻である。というのも、ホッブズの仮定にあっては人間能力の同等性が前提されていたが、現代日本の思春期における人間関係にはその前提がいっさいないからである。したがって他者から攻撃され被害を受ける「弱さ」は、同情の対象であるよりは、はるかに大きく軽蔑の対象となってしまう。

3　対他関係にひそむ暴力性と内面の疎外

今日の少年少女たちが抱えている葛藤(社会化の困難)にふくまれている暴力性の問題をみよう。暴力性とここで呼んでいることがらは、「単体」としての暴力行為の性格を指すのではなく、たがいの関係が「暴力的なもの」を媒介にして結ばれたり処理されるメカニズム全体を指している。着目すべきは行為の「特異性」や「猟奇性」ではなく、この意味での暴力性なのである。

自分を評価する他者には絶対に弱みをみせぬよう振る舞う、したがって自己が強くあり続けるために「弱者」を創出し虐げる構図はよく指摘されてきたものであり、暴力性のわかりやすい特質といえる。「弱みをみせぬよう振る舞う」のだから、暴力的関係のなかでそれぞれがどこまで平気でいられるかの競争、「平気感覚」[10]のテストにさらされる。つまりここでの暴力性は、他者への暴力的侵害を甘んじて認める認容の心理を不可欠のものとしてふくんでいる。

この構図はしかし、評価的視線を介して触れあわずにはいられない者同士の限定された関係というべきであろう。学校、家庭、友人間の関係につねに潜在する暴力性といってもよい。その関係のなかで「平気でいよう」とするのも努力の一つのかたちではあるのだが、縁辺化という背景はいまや、そうした努力ですら虚しいものに終わらせようとしている。努力しても報われないことがむしろ常態であるとき、それでもあえて「がんばり」を強いる「抑圧者」への憤懣と同時に、努力のあてどなさをもたらす状況への不条理な被害感が醸成される。親密な他者や評価づける他者が攻撃の対象となるだけでなく、無縁な他者として無視されてきた人々も被害感をぶつけられるきっかけや対象になる。いきなり型非行だとか非行歴のない子が突然暴発するなどといわれる事例には、こうした暴力性の発現機序もひそんでいるように思う。そのことは、対他関係のなかで暴力を出現させる潜在的可能域が、家族や学校といった領域をこえて広がっていることを意味する。

ところで、「いきなり」「衝動的」「自己中心的」といった貧弱で固定的な形容でつかまえられる少年暴力の内面的脈絡は、そう形容するしかない不可解なものなのだろうか。大人の了解体系から外れていることは内面的脈絡の欠如をただちには意味しないだろう。むしろ、なぜそうした行為に走ったのか自分自身が説明できないこともふくめ、行動の脈絡のなさや「衝動性」がそうとしか現れない理由を検討してみた方がよい。社会化の困難を切り抜けるための種々の「同調技術」が、かえって行為の不可解さとして現れるほかないような「内面の疎外」（とかりに呼んでおく）を育ててしまう点に、筆者としては注目したい。

他者との軋轢を避ける（弱みをみせない）仕方はいろいろある。文字通り他者の目に映らぬように生きること（引きこもり）だけでなく、他者からみえている自己の存在を感情管理をふくめ完璧に機能化すること、つまり徹底して自分を殺すこと（キャラクター化すること）もその一つである。この作業は自分を空虚にしてゆくための内面的作業、すなわち自己クローン化の作業として行われる。成功すれば他者に惑わされることはなくなるが、たとえば自分の感情ですら自分自身のものとは実感できない。[11]「他人を殺せば自分も死ねると思った」という述懐に象徴されるように、対他関係を完璧になせる自己は破壊できない。そしてこの自己を破壊できぬかぎり、そこから排除され空虚にされた自己の方はかたちをもてないと感じられてしまう。こうした内面の疎外は、したがって、自己破壊と他者への暴力という二重性を帯びた暴力性の内面的土壌になっているのである。[12]

以上は、対他関係の同調形式に現れた矛盾の一つにすぎない。生身の他者を幻想の他者へと観念的に移しかえるストーカー的関係に典型的な自閉性―自己中心性のメカニズムなど論ずべきことがらは数々ある。攻撃対象と動機との分裂、暴力が発動される「場所」の不特定性、他者の事情にたいする驚くほどの「無感覚」など、いずれも大人がいだいている行動文化の了解体系から大きくずれているが、それらはみな、思春期において対他関係がとり結ばれるかたちや、それを媒介する社会システムのありようと深くかかわっている。少年少女たちの規範感覚にしても、大人を唖然とさせる行動にしても、彼らが理解不能な「怪物」であることの証拠ではない。前節で述べたような成長環境の変化[13]に深く根ざした、脈絡ある意識と行為なのである。

暴力のポリティクス

少年期における対他関係の暴力性をこのようにみるとき、その性格がより広い社会秩序（あるいは無秩序）から隔絶された特異性をもつわけではない点に気づく。これまでみてきた暴力性にしても、現代日本社会における暴力のポリティクスと無縁でないどころかこれと通底しているというべきだろう。たとえば、いきなり「キレる」といった暴力行為にしても、抵抗できない「弱者」を発見し対象にすえる点で、強者（権力者）による社会的抑圧のミニチュアになっている。

そして何より重要なのは、対他関係における暴力の発動を制約し抑制する「被害の文化」（平和の文化）がこの社会ではきわめて脆弱な基礎しかもちえていないことである。人につけこまれる「弱さ」や人の良さや被害が人間的な生の尊厳をあかし立てていることにたいする鈍感さ[14]、被害の救済をそうした人の尊厳への共感ではなく「無力な弱者」への慰撫としてしかみない状況、公式的暴力批判とは裏腹に少数者や「弱者」への暴力的侵害を容認している二重基準など、暴力的なものの認容にかかわる現代日本社会の特質は、少年期の暴力性にも見事に反映されていると言わねばならない。

少年少女たちはまた、そうした暴力のポリティクスをよく知っており、自分たちへの非難が社会的・文化的に首尾一貫したものでないことを感じとってもいる。なぜなら、少年暴力もふくめ各種の暴力から守られていないのは大人以上に彼ら自身だからであり――子どもたちが各種の暴力を被った被害経験は大人の想像以上の大きいと推測できる――大人社会の実質的メッセージが「自分で自分を守れ」という以上でないことを知り抜いているからである。先にみた、「弱み」をさらさぬことも自分を殺してゆくことも、そうした社会的メッセージへの応答にほかならない。にもかかわらず、それがまた異常だと非難されることは理不尽としか受けとめられないはずである。

こう考えると、いわゆる厳罰主義スキームの採用[15]すなわち権威主義秩序の一層の強化によって思春期における対他関係の暴力性を抑えこむ発想の愚かさが浮き彫りとなろう。他者との具体的応答関係

（責任をもつ関係）のなかで暴力を統御する可能性はそれによって一層狭められるからである。社会生活のなかで暴力性を統御することは一つひとつの暴力行為にたいする処罰やそれをなした少年たちの処遇問題には解消されない。長い成育過程をつうじて子どもたちが他者と具体的に結びつく関係のあり方を、社会文化の課題として、また教育の課程や手法の問題として、さらには青少年政策の課題として、ていねいに問い直し構築してゆく迂遠なとりくみによってしか、暴力性の統御という課題を果たすことはできないのである。

（1）モラル・パニックの典型としては、一九九三年、イギリス、リヴァプールで二歳の幼児を殺害し八年の刑を宣告された少年（当時一〇歳）二人のケースがあげられる。

（2）たとえば、前田雅英『少年犯罪』東京大学出版会、二〇〇〇年。

（3）生島浩『悩みを抱えられない少年たち』（日本評論社、一九九九年）、亀口憲治『家族臨床心理学』（東京大学出版会、二〇〇〇年）など。

（4）生島浩『悩みを抱えられない少年たち』参照。この区分には社会階層的な性格も反映している。家庭環境等に由来する非行と「いい子の非行」といった区分もこれとかかわる。佐々木光郎『いい子の非行』（春風社、二〇〇〇年）参照。

（5）この点の検討としては竹内常一氏の諸論究が参考になる。

（6）後者の側面は青少年の市民権 citizenship 問題としてとらえることができる。そうした取り扱いの例として、Bob Coles, *Youth and Social Policy*, UCL Press, 1995.

（7）若年失業率、高卒無業者比率・非正規雇用比率、高卒・大卒者の離職率などの激増がこの社会的縁辺化の激しさを如実に示している。本書第Ⅲ部、参照。

(8) 『日本の階層システム』一～六（東京大学出版会、二〇〇〇年）に収録された一九九五年ＳＳＭ調査の分析が総じて示しているのは、こうした不平等化の諸側面である。

(9) 学校をさぼることや異性との外泊など、中学生段階でも「別にかまわない」ことがらとして意識されはじめている。

(10) この感覚の内容と機能については、第17話でふれている。

(11) 「淡々と犯行を語った」といった類の報道はこの状況を示唆する。

(12) 自己破滅的願望については少年事件の専門関係者が多く指摘するところである。

(13) この変化全体については、本書第Ⅰ部、参照。

(14) ジュディス・ハーマン『心的外傷と回復』（中井久夫訳、みすず書房、一九九六年）参照。

(15) この点は少年司法領域における新自由主義政策の浸透問題として別途検討すべきことがらである。

第17話　何があっても平気でいようとする心

1　感情表出の下地としての「平気」

八〇年代を代表するラブコメ作品『タッチ』（あだち充）の主役たちはみな、概して表情が読みとりにくい。眼前のできごとを透過してその先を見つめているような視線が印象的だ。登場人物のそうした独特の表情は、おそらく、感情表出の下地が一様に「平気」という色に塗られているせいである。つまり、「目の前で何が起きてもとりあえず平気でいよう」とする心構えがまずあって、その下地のうえにさまざまな感情の色合いがにじみ出ている。平気でいる振る舞いも感情表出の一つではあるのだが、無表情のかたちをとる表出である点にきわだった特徴がある。

この「何があっても平気でいようとする」心の居ずまい（かりに平気感覚と呼んでおこう）こそ、そしてそのように平気でいるための努力こそ、ある時期から子どもたちの感情表出を縛ってきたものであり、『タッチ』が八〇年代を代表すると言ったのはその状況をよく形象化していたからである。「わたし平気」という次元にまず感情の一般的水位をおいてみせる表現は、『タッチ』にかぎらず、子どもたちのサブカルチャーには山のようにある。それほどに、平気感覚は浸透しているということなのだろう。泣かない、騒がない、怒らない、期待しない、喜ばない、信じない……要するに他者とのつながりを差異化し、具体化し、意識化する感情表出をとりあえず抑制してみせるこの平気感覚がなぜ子どもたちの感情世界を支配しているのか、その支配が子どもたちの内面やたがいの関係にどんな困難をもたらしているのか――本稿ではこれらについて考えてみたい。

平気でいる振る舞いは「感情が乏しい」(1)とみなされるが、それもまたある種の感情ではある。平気でいることは、何の感情ももたないことではなく、感情を触発する外界の出来事を遮断し、感情の激発を抑えようとする、やはり感情のかたちの一つだ。ただ、感情の具体的なあれこれが普通のかたちで出てくるのを抑える、その意味で他の感情に対立する点で特別なはたらきをもっている。激情のあまり自分が何をするかわからないような状況にさいして、人は精神の平衡を保つために必死で平気でいようとする。つまり、感情がもたらす精神的危機を回避する手段として、なるべく平気でいようとする努力がなされるのである。そうだとすれば、子どもの世界における平気感覚の広がりは、その背後に何らかの精神的危機があることを推測させる。なぜ彼らはそれほどまでに平気でいようとするのか、平気でいる努力をし続けなければならない理由はどこにあるのか。

傍観者として現実をやりすごす

子どもたちが平気でいようとする場面は多様だ。だれかが教師にひどく叱られているとき、自分はその件には関係ないと知らせる平気、おしゃべりのなかでひそかに気にしていることを言い当てられ知らんぷりできる平気、他者と比較され優劣をつけられても一緒にいられる平気、それらすべてを大丈夫気にしてないと自分に言い聞かせる平気。要するに自分が問題のある人間、とるに足りない人間、劣った人間に分類されてしまいそうな状況にさいして、その状況は変えずに（変えられずに）分類を免れようとする振る舞いが平気感覚である。「状況は変えられずに」という点に注意しよう。いまここで本気に怒ったところで目の前の事態が決して変わるわけじゃない、という確信が一人ひとりに平気を強いるのである。強力な権威主義的秩序が支配する社会ではしばしば人はそのように平気を装って自分への圧力をやりすごさなければならない。「わたし関係ないもん、好きにしたら」と自分をそこから切り離しておくほど「現実」が抑圧的な影響力を振るっている。したがって、平気でいようとする努力の浸透は、子どもたちの日常が抑圧的秩序に浸されている証拠だということになろう。抑圧や圧力といえば、学校生活のきびしい管理主義的秩序が想像されるかもしれないが、それだけではない。消費文化が圧倒する日常のなかでそれなりに振る舞わなければならないしんどさもまた、抑圧のうちにふくまれている。

このように平気でいる努力が必要なのは、その場面から自分だけ脱けていることができないからである。その態度は傍観者的にみえても、感情表出を触発する何らかの現場に居合わせる緊張からは決して自由ではない。感情のもっと直接的なやりとりが噴き出しかねない場所で第三者的立場に身をおこうとするためには、相当大きな心理的エネルギーが要る。だから、その場を外せない状況にあり、あるときには当事者でさえありながら、平気感覚をつらぬこうとすれば、事態の深刻さに比例して平気の装いが深くなってても不思議ではないのである。外から見て平気にみえる、淡々としてみえることが心理的負荷の弱さを示すものではないし、そのアンバランスに本人が気づかないことも珍しくない。平気感覚はその場にいるのを強いられているからこそ強められる。いじめであれ何であれ、平気をかきみだす存在として被害者までもが非難の対象になる例では、その場所に巻きこまれていることへの憤懣ぬきには傍観者の「逆ギレ」は理解しにくい。

2　感情の疎外

さて、以上の考察から、平気でいようとする振る舞いは、さまざまなかたちの感情表出にたいして抑制的にはたらくものであった。もちろん、怒ったり喜んだりの感情表出がそれですっかり消えさるわけではない。おたがいの平気感覚を前提にしたうえで、感情のやりとりが行われる。「ふーん、そおなの」という受け流しが相互承認の一番基本的な交換ルールとして通用させられる。このため、平気感覚をくぐり抜ける分だけ感情のパワーが割り引かれることを前提にした感情表出のかたち(様式)が発達するようになる。感情表出はそもそも社会・文化的に統制されているものであり、むきだしの感情でさえ、社会的・文化的な様式をもつ。しかし、平気感覚を下地にした感情表出の様式は、平気にみえるよう喜んでみせたり怒ってみせる等々の独特のかたちをもっている。ホックシールドの用語を借りるならば、そこでは独特の感情管理、感情マネジメントが行われるのである(2)。

まず第一に、平気感覚を織りこんだ感情のかたちがつくられてゆくこと。たとえば、元気印という痛々しい言葉があるが、この言葉には、他人からのからかいや嘲笑などにめげないという「平気」が含意されている。落ちこんだ状態を表す「へこんでる」という言葉には、悩みを内面に持ちこまずにおこうとする「平気」の介在がうかがわれる。もちろん、「暗い」「冷たい」といった否定的感情にしても、暗いのは自分で認めてますから大丈夫という「平気」を織りこんでいれば表に出すことができる。感情の出し方にそんな風に行き届いた配慮がなされることで感情表出が洗練されるのはたしかだ。最近の子役の演技力は驚くばかりのものだが、おそらくそれは個人の資質という以上に、平気感覚を織りこんだこの感情訓練のせいではないだろうか。どんな感情表出にも平気感覚の層がひそめられていることで、「思ったとおりに感情を出す」ことのかたちは変わってくる。「自分の感じたとおりを書いて（描いて）ごらん」、「素直に言えば大丈夫だよ」といったはたらきかけにたいして出てくるのがこの種の感情表出の場合、「素直」も「感じたとおり」も教師や親が想像したものとはちがってくる。

このように、どんな感情表出にも平気感覚という要素が織りこまれるようになると、平気じゃないという状態は表しにくくなる。「別にいいけど」という前置きをつねにおいたうえで、平気じゃないことがつたわるようにしなければならない。平気でいてはならない場面にも平気感覚が入りこむのである。そこで、「別にいいけど」という前置きをうまくつくれない子どもたちの直截な表現（どう言えばいいかわからずただ黙っている、聞こえないふりをして相手をやりすごす、自分の感じだけをひたすら喋る……）は、対処できないやりづらい人間だとして忌避され、受け流され、ときには排除される。一部は、「困ったチャン」と認知されることで友だちづきあいの世界に生き残ってゆくだろうし、一部は自ら他者とかかわる道を閉ざすだろう。のけ者にされるという、より残酷な境遇を生きる子どももちろんある。感情の出し方のそうした「欠陥」が、人間関係の具体的なありようを規制する暗黙の理由としてはたらいてゆくのである。

平気感覚の浸透は、こうして、感情表出のこれまでのかたちを変え、たがいを無視できる感情の疎外を広げている。

平気でいることにひそむ矛盾

さまざまな感情が平気でいられる状態を喰い破らぬよう按配されるということは、感情の表出がもっている外部（他者）との葛藤や軋轢、あるいは逆に共感や交流が、平気感覚の分厚い層に吸収されてしまうことを意味する。感情のぶつかりあいはぶつかりあいとして表面に出てこずに、平気でいられるかどうか、どこまで平気でいられるかが一人ひとりについて試されるかたちに変換される。相手への違和感であれ、疑問であれ、もう平気ではいられないというはっきりしたかたちをとらぬかぎり、「そおなんだ」という平気感覚の相づちのレベルで処理されてしまう。平気でないことのむき出しの表明は、前節でみたように、自分を追いつめてゆくから、大概のことは、まあいいんじゃないと認めておかないと自分が苦しい。いい、悪いの基準をそれよりもきびしい水準で感じてしまう正義感は逼塞する。「おかしいよ」という勇気ある表明は、それを表明した人間がどんなことに平気でいられないかを告白する場面へと読み変えられてしまう。みんなも平気でいてはだめだという要求は、「自分たちは別に平気だから」という理由によって無力化される。平気さの度合いを試され、自分だけが衆人環視の場にさらされてしまう恐怖は、「それってまずいんじゃない」という内心のつぶやきに出口を失なわせる。

感情のぶつかりあいが具体化し表面化させている軋轢や葛藤は、この結果、自分が平気でいられるかどうかという、個人々々の内面の葛藤にかたちを変えてゆく。表立っての喧嘩など存在しないようにみえても、内側に葛藤があり、かたちをもてない感情が鬱積してゆく可能性がつねに存在している。一人ひとりに内向するこの葛藤は身体性の領域にまで入りこんでおり、それだけ深く内面化されてしまうがために、本来は感情のやりとりの次元で生じていた葛藤や軋轢であることが本人にとっても意識されない。「そんなこと平気だ」と思っている自分のなかに、平気ではいられない苦しさがそれと自覚されずに堆積してゆくのである。

とても平気ではいられない状況に出会う可能性はどんな子どもでもある。心底嫌だとか怒りたいという感情をそれとして了解したり受けとめる（その感情が必ずしも肯定される必要はない）場が狭められているとすれば、鬱積した内面の葛藤はどこに出口を求めるのか。平気でいようとする努力をかき乱す内心の不快感はどのように解消されるのか。いや、そもそも解消できるのだろうか。

こだわりの発見

他人が何を言おうと、しようと心底から無縁・無関心でいられれば、内面の葛藤そのものが存在しなくなる。他者の存在を観念上でも現実でも抹消して顧みぬほどの無関心はそう簡単にえられるはずがないが、そうした「他者の消去法」には周知のようにオウム真理教という実例があった。それほど極端でなくても、いわゆる「ジコチュー」の振る舞いによって、平気の内側に渦巻いている葛藤を解消させるやり方はごく普通にみられる。「そうしないと自分の気持ちが落ち着かないんだよ」という理由づけでジコチューを正当化するのはまるきり理不尽な話だが、平気のもつ矛盾を解消したいという衝動からみれば自然なのである。

他者の消去という手法は、逆に、他者からの侵害をことごとく受け入れてしまう被虐的受容のかたちでも発揮されうる。どんなことをされても平気な自分をつくるわけだが、他者は無傷だから、どこまで平気でいられるかを繰り返しテストし侵害を拡大できる。自分を最後まで壊してみせなければだめになる。どちらにせよ、他者の消去法は、加害と被害の関係を徹底して容認できる振る舞いを促すことになる。その種の平気さ（「俺はもっとひどいことだって平気だよ」）を強さとして描く文化は少年少女のサブカルチャー領域に満ちあふれている。世界の残酷さをそれにふさわしい重みで受けとめてしまった方が負けというわけだ。内面の葛藤はそれで解消するかもしれないが、それは、加害―被害の関係を容認することと引きかえになのである。

こんなやり方をとらなくても内面の葛藤を回避する手段はある。とりあえず平気でいられる自分(たち)だけの「寄る辺」を確保することがそれだ。「学校ではバカにされたりするけど、でも家でマンガを描いていられれば苦しくなんかない」という場合のマンガがたとえば寄る辺である。「彼氏」であれ趣味であれ部活であれ、他のところでどれだけ自分がへこまされてもこれさえあれば平気という、「これ」が寄る辺になる。別の状況にいるときの葛藤はなくなるわけではないが、それらを内面的に受け流せるところに寄る辺のはたらきはある。自覚された寄る辺が「こだわり」だと筆者は考えているが、こだわりをもてるとは、そのこだわりをつうじて自分をとりまくものごとの価値的な軽重を判断できたり、そのこだわりの確保と引きかえに世界と折り合いをつけたりすること。一般に思春期のある段階で生じるこだわりの発見は、平気感覚にはらまれる矛盾を成長過程にそくして乗り越える有力な方策ではないだろうか。

そう考えると、それぞれが発見したこだわりは本人にとってきわめて重要な価値をもつだろう。大事に思っているこだわりに向けて揶揄や蔑視（「そんなつまらないことに夢中になって」）が投げつけられる（投げつけられたと感じる）とすれば、当然平気ではいられない。平気ではいられないものを自覚することによって他のことがらについてはやりすごせるというのが、こだわりの自覚の構造なのである。だから、こだわりにたいする介入は、平気でいられない自分を暴き立てるはたらきであり、絶対に受け入れられない。自分が何にこだわっているかを簡単に知られないようにするのはこのためである。また、相手がこだわっているかもしれない領域をおもんぱかってぶしつけに踏みこまない配慮も必要となる。

大人たちがしばしば土足で踏みにじるこうした配慮は、たがいのこだわりにたいする相互承認として重視されるべきだろう。こだわりに踏みこまない配慮がたがいにたいする無関心を助長しかねないとしても、である。というのも、何かにこだわることは、こだわっている自分への肯定、つまり自尊感情の獲得を意味しており、こだわりの相互承認はしたがって、たがいの尊厳の承認という要素をふくんでいるからである。

3　自尊感情を社会へとひらく

もちろん自尊感情の相互承認によって平気感覚の矛盾は解消されるわけではない。問題はむしろその先にある。たがいのこだわりは具体的な生活場面でさまざまに交錯し衝突しうるものだからだ。こだわりが棲み分けられているうちはよいが、一緒にいることが必要な空間(学校はその最たるもの)ではそうもゆかない。自尊心の存続を賭けた深刻な闘争がそこでは生じる可能性がある。たがいのこだわりをつき合わせられる、そしてそのことが楽しみでもある文化がないところでは、こだわりを持つこと自体が排斥の対象になるし、他者のこだわりを排斥する根拠にもなってしまうだろう。それぞれのこだわりとその底にある自尊感情をたがいに認めながら、それらを交流させる「社会」が必要になるのである。そしてそのためには芽生えはじめた自尊感情をそれとして尊重することが当然出発点になるはずだ。自尊心のかたちが当の本人でさえさだかでない子どもたちの場合、これすら困難な課題なのであるが。

しかしじつは、近年では、自尊感情の相互承認という前提自体が危うくさせられる状況が進行している。すなわち、九〇年代後半の日本社会では、総じて青少年を支えてきたこれまでの寄る辺が急激に失われはじめている。いわゆる新学力観にもとづく教育、教育の自由化政策は子どもたちの個性重視を謳い文句にしており、字義どおりにそれが実現されているならば、自尊感情の危機など生じないはずである。しかし実際には、企業社会—消費社会システムの激しい変動と、これを推進する政策とは、自分たちがとるに足りない存在であることを「個」として自覚することを子どもたちに強いはじめている。子どもたちのこだわりは何の役にも立たぬものとしてあっさり否定されかねず、これがあるから平気と言えるような何かを獲得しにくくなったのである。かといって、自分という存在の角を立てずに振る舞うことで平気でいられるかといえばそうはゆかない。真面目で素直でいることがとりあえず安心して生きられる条件ではまったくなくなってしまった。

平気でやりすごすべき対象が、たとえば勉強の出来具合や親の叱責などのようにまだしも輪郭があった時代ならば、真面目、素直、元気……といった感情の装いは効果があった。しかしいまでは、平気感覚をそなえた感情表出によって日々を切り抜けようとしても、その効果があやしい。虚しい素直さをいくら積み重ねても、そこから自分を築く足場は生まれない。一方でこだわりは否定されやすく、他方で、たがいに大丈夫だよねと言い交わしてきた平気感覚の通用範囲も狭まっている。「心の教育」がいくら提唱されたところで、現実に子どもたちの生きる日常は、彼らの心、感情とは無縁なかたちで組み立てられている。子どもたちの内面の閉塞はかつてなく深いと言わざるをえない。

不条理感

こうした隘路に押しこめられ立ちすくむ感覚を言い表すのに適当な表現は不条理感なのではないか。平気感覚を下地にした感情表出は、いま徐々に、不条理感を下地にした感情表出へと変容しはじめたように思える。不条理という基盤は、他者へのかかわりとしての感情表出のはたらきをより見えやすくするかもしれない。しかし、たがいがなぜそのようにぶつかりあいかかわるのかは、不条理感の表明である以上、だれにも了解できないのである。子どもたちの内面にひそむ感情表出の動機と、実際に表出される感情や感情が向けられる対象、さらに感情に支えられた行為とのあいだにはねじれや著しい乖離が存在する。本当は何を感じているのかが外からはまったくわからないのである。子どもをめぐる昨今の事件はこの状況を予兆しているように思えてならない。

自尊感情に支えられたこだわりには、他者からの注視やかかわりを閉ざしてゆく可能性とともに、こだわり合う「社会」を築く可能性がふくまれている。この社会を支えるルールは単純に理解された民主主義ではないだろう。ここではもはやその中味について検討する余裕がない。人づきあいややさしさ、配慮（遠慮）等々、感情のモラルないし感情規則として扱われてきたことがらを、文化的公正という理念にもとづいて整理してみることが筆者としては必要だと感じている。教師もまた、子どもの尊厳や教室の公正にとりわけこだわる存在としてこだわり合いの世界に登場するものであり、自らのこだわりによってこだわり合う世界の魅力をつたえるべきなのである。

（1）「感情（表出）の乏しさ」については、教育、心理、精神医学等の領域で各種の知見があるがここでは触れえない。なお、感情という概念をめぐっては、emotion, affect, feeling などの関連概念が錯綜して扱われており、どの原語に感情という訳語を当てるかも論者により異なる。本稿では、関連概念の総称として感情という言葉を用いることにする。

（2）ホックシールド『管理される心――感情が商品になるとき』石川准・室伏亜希訳、世界思想社、二〇〇〇年。

第18話　市場の自由が解放する自己、縛る自己

1　学校の困難と自由の問題

「学校をもっと自由に」という主張は、いま、教育運動の側のみならず、文教政策のにない手によっても唱えられるようになった。[1] 自由化について大政翼賛的な一致状況が生まれているわけだが、では学校生活を徹底して自由にさせられるのか、というと事態はそれほど簡単ではなさそうだ。

自由化への躊躇には異なる動機、背景がある。学校ごとの事情に応じたニュアンスの差もある。受験という制約、逆に受験という重石がない学校での無秩序への懸念、ますますきびしくなる官僚的・権威主義的な学校管理の体制（きびしくなるのは、学校秩序が消費社会的な秩序との競合関係におかれた結果なのだが）などなど。

学校生活の自由は管理主義秩序のきびしさ・不当性とのかかわりで意識され、論じられることが多かったし、そういう論じ方を必要とする状況も存在していた。現在もなお、管理主義的な学校秩序が生徒の人権も感性も自主的な意欲も押しつぶす現実がなくなったわけではない。しかし、「自由にばか

りはさせられない」という留保がもっぱら管理主義秩序との関係からだけ生じると考えるのは正しくないだろう。自由に振る舞わせる結果生まれるだろうさまざまな困難に、はたして学校がよく対処できるのだろうか——この懸念こそ、留保をつけさせる大きな原因ではないのか。学校に行かないという自由や、気に入らない、気のすすまない、うざったい授業には出ないという自由、学級というまとまり方を拒否する自由……要するに、好きなときに好きなことを好きなだけ、好きなやり方で好きな友だちとする自由を認めたときに生じるであろう途方もない困難が予測できるからこそ、「自由にさせること」への躊躇が湧きあがってくる。校内暴力の現実はそうしたためらいがたんなる空想でないことを示すものだろう。(2)

対教師暴力、対学校暴力は学校の抑圧的な管理秩序にたいする反抗だから、そういう秩序のありようを変えることこそが問題の核心である、つまりは学校をより自由にすることでしか問題は解決しない——こういうすじみちでの自由化論はことがらの一斑をとらえているにはせよ、右の躊躇を解消することにはならない。なぜなら、ためらいの本質は、自由化にともなう子どもたちの言動のとめどない拡散・浮遊がついには学校生活や学校空間そのものを解体してしまうのではないか、という点にあるからだ。問題のキーポイントは、したがって、自由化が拡散を不可避的にみちびいてしまうこと、そしてそうした拡散化の力にたいして、学校での集団的秩序が魅力をもち必要だとは子どもたちに実感させられない点にある。

拡散はすでに事実としてある。規制の少ない学校ではもちろん、そうでないところでも規制の網をかいくぐり、教師や親とはそれなりにぼろの出ぬようつきあいながら、子どもたちは自分の自由の利く領域を広げ、その領域に関心を集中させてきた。拡散化のこの過程は、学校生活におけるさまざまなレベルと領域での共同化や集団化の困難をもたらす。自由行動に慣れた感覚からすれば、別に一緒にいたいとも思わない「他人」と、同じ学級だからといって「強制的に」いさせられる方がたまらない。のべつ神経を使わねばならないしんどい状況である。そうした感覚の蓄積、浸透が学校のあらゆる集団的な秩序をなしくずしに空洞化させ崩壊させる基盤となっている。また、拡散の進行は子どもたちを相互に孤立化させ、同時に、孤立化への恐怖に由来する人間関係の変容をもたらす。子どもたちの生活・文化行動の拡散は多様化や個性化として積極的に評価されることがあるが、[3] 拡散・浮遊がもたらすきびしい孤立が成長と陶冶をめぐる新しい病理的問題群を生みだしてきたことも事実である。

したがって、筆者としては、「自由に振る舞うこと」が拡散と孤立とをともなうような自由のあり方にたいして、批判的な検討を加えることこそ緊急の課題だと考える。子どもたち一人ひとりが自律的に生き行動できることに反対する者はいない。が、自律が他者とのさまざまな社会的関係を切断することとトレードオフの関係になっているような自由のあり方に反省を加えなければ、ばらけた個人にたいする強権的な管理や支配がより強固に再生産されることはあきらかなのである。

2　私的自由の強さと「自由の市場モデル」

さて、修学旅行の行く先を自由に決めさせてほしいという要求に「厳密に」に答えるとしよう。生徒の間でも一致しない場合、各人の自由を尊重すれば行き先は分散し、行かない自由もまたみとめねばならない。自由の行使主体は個人であり、多数意思の優先という制約を設けておかぬかぎり、自由の承認は各人の自己決定の承認に帰結する。自由の行使が諸個人の絶対的な自律性を前提とする論理構成はリベラリズムにとって根源的であるから、強制されない自由がこのみちすじをたどるのは不可避である。多数意思の優先にせよ何にせよ、自由を制約する何らかの条件や手続きが存在しなければ、つまりそういう手続きをつくらなくてはだめだという必要性が共有されていなければ、自由の行使は不可避的に一人ひとりの私的決定の絶対化をみちびくことになる。もちろん、自己決定の適用範囲には微妙な境界問題があり、「わたし」にかんするいかなることがらでも自分で決められるとはいえない(4)(社会的な関係性の現実に由来するこの境界問題そのものが自由至上主義の限界を示唆している)。

しかし、「他人に迷惑をかけないかぎり、何をしようとわたしの勝手だ」という確信は、そうした制約をできるかぎり切りつめ、他者と関係し合わなくてもすむような行動圏や生活スタイルを実態、理念ともども拡大してゆこうとする。たがいが自分の好きなようにするというルールはいわば異議を許さぬ絶対的な原則とまでいえるのであり、子どもたちの間でのこの原則にたいする広範な合意が、善し悪しを問わず、集団的な行動様式を成り立ちがたくさせてゆく。「勝手じゃだめなんだ」という説得は、この自由行使の破壊的な影響力にたいしてあまりに無力なのである。

自由のこの強さが厄介なのは、自由に振る舞えるという感覚の基底に、きわめて強い自己確証の要求が存在する点である。大人たちがよかれと思って行おうとする庇護よりも、自分で選んで失敗してもその方がよいという、選択と自己責任の道の方がさしあたり魅力がある。中教審の理念にぴたりと当てはまるようなこの感じ方にたいして、集団のすばらしさや共同の理念を対置する仕方では、この自由観にひそむ真の困難と、それにもかかわらずこの自由に身を委ねようとする欲求の所在とをともどもにつかみきれないだろう。下手をすれば、たとえ正しいことでも「やらされている」匂いを敏感に感じとって、「管理に抵抗する自由」の次元で自分たちの主張を容易に正当化させてしまう。

教育におけるパターナリズムを原理的に排斥する議論は成り立ち難いけれども、(5)選択する自由をいっさい排除した学校空間のあり方もまたリアリティをもたない。さらにいえば、選択が教育的にしくまれたかたちで、いわばバーチャル化されている状況にたいして、私的自由の追求はその限界を破る鋭い批判性をもつのであり、だからこそ解放的なものと感じられる。

問題は、この形式をとった自由の要求が、俺たちの勝手にさせろという形式を求めているようにみえながら、その背後に、自前の行動をつうじて自己の価値を発見しようとする止みがたい衝動を秘めていることである。私的自由の追求が自己確証の要求をもっとも確実に保障してくれるようにみえる。そのことが、どんな「強制」もできるだけ排除して好きなように振る舞える社会が最上なのだというリバタリアン的自由至上主義を日常感覚として浸透させてきた。そのさい、何らかの同期(6)syncronization を要求する集団的な課題なり作業も「強制」と同一視されることになる。

この強制されない自由が極大化される（もっとも「効率的に」実現される）のは市場メカニズムを介して人々がつながりあう場合である。市場は、各人のむき出しの自由が自律的に調整されるメカニズムだと考えられている。「何でも勝手にできる自由」は自然に、いわばこの「自由の市場モデル」へと収斂してゆく。逆にいえば、生活における市場メカニズムの浸透が、「勝手にさせてよ」という自由要求を肥大化させてゆくといえよう。七〇年代をつうじての企業社会化は、生活領域での消費社会化を徹底的に押し進めた。八〇年代には、消費社会化と消費文化の浸透が世界に類のない深度で進行し、少年少女の成長と陶冶に直接に関与し影響するようになる。家族、学校と並ぶこの第三の領域が前二者とくらべ「自由な領域」と意識され、強い吸引力をもったことは、その性格からして当然のことであった。

こうして、自己確証の要求を核心にひめた自由選択の追求は、事実上、「自由の市場モデル」を唯一の規範、規準とするようになる。そしてまさにそのことこそが、以下に示すように、成長と社会化の課題に新たな困難をもたらしているのである。

3　「わたしの好きにする自由」の抑圧性

「自由の市場モデル」によっては、自己確証はごくかぎられたかたちでしか実現しない。「かぎられた」とは、自由自体を味わうレベルでの自己確証をいう。「強制からの自由」という自由次元がもつ解放感がその実質なのだが、自己確証要求全体からみれば、そこで実現されるものが部分的にすぎないことはあきらかである。「強制からの自由」にとどまるかぎり、その自由を使って各人が何をしようと、その結果がどうであろうと、それらを問題にする必要がない。自己責任とはそういうことである。

このリバタリアン的自由はしかし、たんに各人を好き勝手に浮遊させるだけではない。「誰に迷惑をかけてるわけでもないんだから好きにしていいじゃないか」という常套文句は、主観的思いこみであり、この自由に本質上ふくまれている抑圧的性格を看過している。「わたしの好きにする」自由は、種々のかたちで存在する共同の契機を解体する。あらゆる対他関係、社会関係を原則的に個人の選択・決断の次元に定位させる自由観の性質からしてこれは不可避的な帰結なのである。この自由の承認が共同の困難をもたらすという事実を顧みずに、「迷惑なんて関係ない」と考えるのは幻想である。「自分の好きにすること」が、何らかの共同を望み、必要とする人々にとって対立的になりうる可能性に目をふさいではならない。(7) したがってこの型の自由観を徹底することと社会的な共同の要請を満たすことの間には矛盾がある。現行の体制的教育改革がこの種の自由を認める一方で、本来共同の課題であるはずのボランティアを強要する羽目に陥ってしまうのは、この自由観に内在する矛盾のためだ。

ところで、日本の場合、「自由の市場モデル」は企業社会体制のなかに組みこまれ、この体制の一環でありながら、生産領域の権威主義秩序とは区別された消費社会領域の自由として強く意識されてきた。このため、私的自由の追求が企業社会の権威主義的秩序からの離脱として意識され、しかるがゆえに、そうした自由の自己確証のうえでの価値が絶対化される結果を招いてもきた。集団的な秩序や同期を要求する「仕事の場」の現実は企業社会の体制的秩序に一括され忌避の対象となる。仕事に就くこと、自前で生活すること、総じて大人になることは、この秩序内で生きざるをえないこと、自由でなくなることを意味する。つまり、「わたしの好きにする」自由は著しく消費快楽主義的な性格を帯びていた。自己確証の実現が消費社会・消費文化領域に極端に偏ってイメージされたことは、この日本型大衆社会に特有の事態であった。

「自由の市場モデル」を前提とした自己確証の実現は、さらに、「強い個人」の要請をなかだちとして、強者と弱者との関係を軸にした抑圧的な関係を導いてしまう。「みんな自由にすればいいじゃない」

という自由観が暗黙のうちに想定している「みんな」とは抽象的なアトム的個人にほかならず、その「みんな」がそれぞれ自分の存在価値を発見し社会的承認を得ようとすれば、彼ら彼女らは「競争的自己」のあり方を受容せざるをえなくなる。「かわいい」とか「かっこいい」という価値観によく現れているように、自己を社会的に位置づけようとするかぎり、「自分は自分」という自律的な位置づけは困難となる。およそ他者との関係におかれていない自己は無にひとしく、他者とのかかわりが定位される形式は競争的でしかありえない。競争的ということは、自己がつねに文化的な多数と少数の関係内で位置づけられることを意味する。[8] 少数派に（さらには最悪の孤立に）追いこまれぬために強力な平準化の圧力がはたらくことは消費社会論の常識に属する。平準化は「自分を消す技術」を促進し、実際に、さまざまな「自分の消し方」が道具としても開発され、文化として蓄積されもする。消費社会的な自由のすさまじい拡大が、相互に干渉し合いながら匿名でもいようとする「大衆」を生みだしたこともあきらかだろう。[9]

このモデルの下でどれほど広範な自由が保障されたところで、その自由をステップボードにして自己の存在価値を確証することは不可能である。私的自由はそれだけで「わたしの確かさ」を知らせてくれるものでも、つくってくれるものでもない。だからといって、たがいに競争的な自己として向き合う他者の世界がわたしの存在を支えてくれることにもならない。この困難を突破できそうな唯一のすじみちが、周りはどうであれ、どうなろうと、「自分が自分でいられる」だけの「強い自己」を確立することなのである。「自由の市場モデル」が「強い個人」を要請させてゆくメカニズムとはこのようなものであった。

私的自由の相互承認はこうして、「強くなること」、強者になることを自己確証の課題として浮上させる。だが、競争的自己のあり方を前提とした強者の出現は、その対極に論理必然的に弱者を生み出さずにはおかない。強者となることで自己を確証するとは、したがって、自分よりも弱い対象を発見し優位に立つ振る舞いをどうしても要求してしまう。しかもそれは相互触発的である。誰かがそうした「無力な対象」さがし（規定）を始めることは、そうした抑圧的な関係を支配的にしてゆく原動力にならざるをえない。

もちろん、自分の自由をどう使ってもよいのだから、私的利害にとらわれない利他的な行動の自由は決して妨げられていない。しかしそのような「高貴な自由」は望ましいにしても、「自由の市場モデル」にとって必要不可欠ではない。たとえば新自由主義の祖といえるハイエクの議論では、各人の運不運でさえそれぞれの自由裁量に委ねられるのであり、したがって、弱肉強食であれ優勝劣敗であれ、この肥大化した自由の結果、格差が広範に生じることが、むしろ、自然な、そして望ましい社会秩序なのである。(10)「自由の市場モデル」は徹底すればそうした結論を導く。「自分の好きにする」自由は、こうして、自己を肥大化させるさまざまな仕方をつうじて「強者としての自己」を実現し、その強さを根拠にして他者を弱者へと位置づけてゆく差別化の水路を拓いてゆく。自己確証の要求がこのような支配関係の創出につながってしまうことこそ、「自由の市場モデル」に浸された自由観の最大の問題というべきである。

4　支配する自由を超えて

消費快楽主義的な自由追求は企業社会秩序の裏面であったから、その自由観に上のような問題がふくまれていたとしても、企業社会体制の権威主義的支配が現実世界をつらぬいているかぎり、たがいに好き勝手に振る舞う自由をつうじての支配という秩序は副次的にすぎない。学校秩序もまたそこに根拠をもつ企業社会の権威主義的秩序からの離脱を遂げようとするとき、「自由の市場モデル」にもとづく自由要求が吸引力を持つことは、そのかぎり自然であった。個の自律の文脈でつかまれたそうした自由のあり方が前節でみたような抑圧性を内在させていたとはいえ、この抑圧性が支配関係として全面的に顕在化するまでには至らなかったのである。消費社会がもたらす自由とその結果としての欲望充足の問題性は、せいぜい、自己の定めにくさとかコミュニケーション不全といった「病理」のレベルでみられてきたにすぎない。

しかし、九〇年代における企業社会体制の再編は、この状況を急激に変更させつつある。再編の全体像をあきらかにすることは本稿の範囲を外れるが、確認しておくべきは、企業社会秩序再編の理念的表現が新自由主義であること、またそれは、経済同友会の「市場主義宣言」（一九九六年一月）にみられるように、「自由の市場モデル」を体制秩序の基軸にすえようとしている、という点である。

そこで、この変化が「自由の市場モデル」に依拠した自己確証の性格をどう変貌させてゆくかについて、綿密な検討が必要になっている。「自分の好きにする自由」に内在する支配関係の顕在化に焦点を当てて、さしあたり以下の諸点を指摘しておきたい。

　文化的多数支配の形式は強者による弱者創出と弱者支配とに「純化」されてゆくだろう。「自分が自分としていまいる姿で社会に認めてほしい」という、それ自体真っ当な要求は「強者としての自己」の実現という前述の水路に導かれつつある。さらにこの変化は「自分さがし」の意味変容とも連動する。「守りたい本当の自分」の探求・発見が、「他者に負けない自分」のあり方の確立へと変貌してゆくのである。そうした自分を根拠づけられるのは自分の強さ以外にはない。[11] 他者のいる現実の支えをもたないそうした「強さ」（裏づけられない信の構造）はいわば「ゴーマニズム」へと反転し、他人の言うことをきかないことで自分らしさを維持する主観主義、「考え方は人それぞれ」という中途半端な寛容原則を通り越して異論の存在自体を自己への脅威と感じる心性に移行してゆく。

　これらの全体が、各人の好き勝手としての自由に胚胎していた攻撃性を強めることはあきらかであろう。オウム真理教事件について指摘してきたように、暴力の文化の水位もまた、この変化にともなって亢進させられてきた。[12]「自由の市場モデル」はこれらの変化を促迫する行動原理として機能しているのである。

　集合的空間としての学校が向き合わねばならない自由の問題状況は大要以上の通りである。この状況が一方では、管理秩序の強化を図ろうとする強い誘因になっているのは疑いない。しかし他方では、いっそのこと学校空間もこのモデルに合わせた構造に転換した方が楽だし、教育責任の重圧から逃れられるだろうという学校側の自由化要求も広がっている。つまり従来の管理秩序による支配から「自由の市場モデル」にそくした支配秩序への転換構想である。このどちらもとるべきでないとすれば残された道はどこにあるのか。

学校をカフェテリア空間に変えることには限界がある。消費社会的な自由の空間と集団性を維持した学校空間との「自由競争」では勝敗の帰趨はあきらかであるから。とはいえ、「わたしはいやだ」「一人でいたい」という個の自由を学校が原理的に拒むこともできない。個の自由が位置づく場所を学校空間は備えなければならず、そのことは学校組織の根幹にわたる組みかえを要求する。その点を踏まえたうえで、学校空間が「人々のより集う場所」としての集団性をになうべきことを主張したい。この点を承認する以上、集団性の論理を新たな歴史状況のなかで問い直し、つきつめること以外に学校空間を存続させる可能性などないのである。そうした集団性の論理が、本稿で問題とした自由観との緊張関係の下で、どのような共同の質を要求し、どのような平等の枠組みを必要とするのか探求すべきであろう。

（1）　この問題状況については、乾彰夫・中西新太郎「九〇年代における学校教育改変と教育運動の課題」（渡辺治・後藤道夫編『講座現代日本　4　日本社会の対抗と構想』大月書店、一九九七年）を参照されたい。

（2）　柿沼昌芳・永野恒雄編『校内暴力』（批評社、一九九七年）所収の諸論を参照。

（3）　周知のように、第一四期中教審はそうした認識に立って、「平等から個性化へ」の学校教育再編を主張している。

（4）　リベラリズムが想定する主体のこうした「薄さ」、抽象性にたいする批判は、サンデル『自由主義と正義の限界』（三嶺書房、一九九二年）にくわしい。

（5）　教育領域でのパターナリズムの意味については別途検討が必要である。パターナリズム一般については、さしあたり、澤登俊雄『現代社会とパターナリズム』（ゆみる出版、一九九七年）参照。

（6）同期については、拙稿「子どもの自然・生活と社会のアート」（佐伯胖・若狭蔵之助・中西新太郎編『フレネの教室　2　生活から学びへ』青木書店、一九九六年）参照。

（7）いうまでもなく、共同的秩序の側にも抑圧がありうる。共同性イコール善という図式は成り立たない。

（8）「多数―少数」問題については、拙稿「文化的支配に抵抗する」（後藤道夫編『ラディカルに哲学する　4　日常世界を支配するもの』大月書店、一九九五年）参照。

（9）消費社会におけるコミュニケーション・ツールの普及がつねにこうした二義性を帯びている点に注意すべきである。

（10）ハイエクは「環境にもとづく利益を可能な限り排除するのがよいかどうか」を問い、環境の格差にもとづく不平等を是認する。むしろそうした不平等を除去する努力が進歩を妨げるというのである。『自由の条件』第六章、参照。なお、ハイエクの議論の簡明な批判として、竹内章郎「新自由主義と弱者の視点」（『生活指導』一九九七年六月号）参照。

（11）このため自己の存在そのものが徹底して操作の対象となる。身体操作もふくめ操作的自己の病理問題がここから生じる。

（12）オウム真理教事件で顕在化した暴力の文化については、本書第19話および拙稿「未決のオウム問題」（『教育』六一一号、国土社、一九九七年）を参照。

第19話「よい子」の幸福論の破綻

1　他者の観念的消去

狂信にとって具体的な他者の存在は一つのつまずきの石である。思い通りにゆかぬ他者の存在やこれにたいする顧慮は自らの信念を揺るがす大きな要因だからだ。信念をつらぬくことは他者の介入的行為や態度との曲折に満ちた現実的やりとりの軌跡にほかならないが、狂信はそうしたやりとりを省略して他者の介入をあらかじめ排除しようとする。すなわち、他者の具体的な存在を観念的に消失させてしまえるような内面機制を追求する。「他者の観念的消失」とはこの場合、「意図的であるかどうかを問わず、社会生活のなかで否応なく触れ合う他者の実質を感じとれず受けとめられない（経験として内化できない）意識や態度のあり方」をいう。他者の「実質」はたとえば自分を押しのけて通る肉体そのものであったり、自分の内的世界をむき出しにしてしまうように感じられる相手の言葉だったり、具体的な親切だったりと多様であろうが、そういう介入的態度の具体性を意識のうえで消してゆくのである。

「無機質というか、言葉が通じないというか、要するに異次元世界のような」[1]オウム真理教信者の態度はこの一例だと言ってよい。その態度は「内的歓喜だの幸福だの」の「優先」(江川紹子[2])と裏腹の関係にあり、つきつめれば、「オウムがサリンをまいたかどうかなんて(オウム問題を考えるときには)問題じゃない」(オウム在家信者である人類学者坂本新之輔発言[3])という価値序列のずらしにつながってゆく。このつきつめ方を確定させるような「修行」の幸福論的含意については3で述べよう。いま問題にしたいのは、それぞれに真面目な自己追求や幸福追求のいとなみが他者の観念的消失を不可避的にともなってすすんでしまうという関係についてである。

オウムの「修行」はこの関係の徹底したかたちであるが、同様の関係が存在する余地と基盤とはずっと広い。つまり、「自分の気持ちに何ら負担を感じないで(経験的世界の重みを感じないで)他者を無視できる」態度や意識を支え広げる社会的・文化的背景があり、「本当の自分」を探そうとしたり、「自分に素直であること」を求める努力はこの態度や意識を強化する水路へ容易に引きこまれてゆく。そのかぎり、他者への直接的攻撃を行うかどうかという法の次元とは別の次元で、しかも、「普通の人々」の普通の日常生活の場面をふくめて、他者の世界の位置づけや自己—他者関係の了解や処理について、ある大きな文化変容が生じているのではないだろうか。

あらかじめ述べるならば、この変容には少なくとも二重の要因がはたらいている。一つは、ジンメルが早くに指摘していたような「冷淡な」対人接触をもたらす都市の生活形式の一般化(「大都市の精神生活」[4])であり、大衆社会化という要因である。大衆社会化にともなう自我構造の変化という主題はエーリッヒ・フロムらによって検討された周知の主題だが、戦後資本主義諸国における大衆社会化の進行のなかでこそ、この種の文化変容が大規模に生じた。とりわけテレビ文化を中核とするマスローグの浸透がこの点できわめて大きな役割を果たしていることが推測できる。日本の大衆社会化は後述するようにその速度の点でも浸透の深さの点でも極端なかたちですすんできたから、変容もまた激しく現れることになった。

もう一つの要因は、「本当の自分」を規制する「他者の現実」の本質としてみえている企業社会秩序である。企業社会秩序が要因だという意味は、ごく大雑把に言って弱い立場におかれた者がこの秩序下では無視されやすいという権威主義的性格を指すだけではない。その秩序から逃れようとする努力までもが、他者の観念的消去による離脱の実現という枠内にとらえこまれてしまう――そういう迂回したメカニズムにこそ注目したい。

「すべてがあらかじめ用意され、すべてがあらかじめ設定されている、そんな世界」（高橋英利『オウムからの帰還』草思社、一九九六年、一六ページ）に育った青年たちが真面目に自分自身の本当の姿を追求するすじみちには、すなわち「よい子」の幸福論の形成途上には、他者の具体的な姿を見失わせてしまうようなしかけが避けようもなくしくまれていた。「すべてがあらかじめ存在した」八〇年代日本の現実を拒絶しようとする「健康な意志」がなぜそのような逆転した帰結に導かれてしまったのか――「他者の観念的消去」という内面機制を手がかりにこの疑問を検討することが本稿の課題である。

2　マスカルチャーの一元支配下で育つ

一九七〇年代半ば以降確立された企業社会体制は勤労者のライフコース、生活展望にほぼ固定的なかたちを与えた。「安定した仕事」や持家の確保、進学など勤労者の生活の社会標準が形成され、この標準に達するかどうかが一人ひとりの生活の「出来具合」を判断する一元的な基準となった。生活の社会標準の規制力はきわめて強く勤労者家族の生活設計を縛るものであった。そしていうまでもなく、この標準は企業社会の体制と秩序との存続を前提にしている。この体制下で育つ世代（いわゆる新人類はこの時期に思春期を迎えた世代である）にとっては、物心つくときからそうした現実が所与の環境として存在し、成長の条件となっていた。(5) 最初から「豊かな社会」に育つというこの事態は歴史的にみて新しい状況であった。

八〇年代日本の「豊かさ」を支えた企業社会体制の固定的な秩序は特有の権威的性格をもつだけでなく、そこで育つ若い世代一人ひとりの将来像や生活理想に強い社会的圧力を加えるものだったから、この体制を受け入れる内面的動機はこの間つねに空洞化の危険にさらされてきた。学校教育の場面でまさに広く深く進行した「勉強」の道具化や教育関係の実質的拒絶はその典型的現れといえる。

ただそうした危険は個人の内面にまで深く及ぶ病理として出現したのであり、社会的・集団的な反抗として顕在化したのではない。「もう少し気楽に生きたい」とか「自分に忠実に生きたい」という願いはこれをはばむ現実を何らかの集団的な力によって突破する方向にではなく、個々人の生き方の観念的な統制という方向に、すなわち「よりよい幸福論の発見」という次元に定位されたのである。企業社会秩序からの離脱ないし逸脱意識にこうしたバイアスがかかっていたことは、同じ「境遇」や社会的状況にある者（水平的な他者）を発見しにくく、まして共同などもっとむずかしいという事態の存在を推測させよう。日常生活の次元での文字通りの孤立がまさに大衆的な規模で出現してしまい、「わかりあう」関係の困難が親密圏の内部にまで及ぶ[6]――そんな状態が、社会の現実が押しつける抑圧的な関係を回避する方向を規定している。

企業社会の公的秩序とはちがい、もっと自由で「気楽」にみえるサブカルチャーの世界は孤立の大衆的出現に対抗しえなかった。むしろ逆で、前述のような離脱形式を強め、増幅したとさえいえる。これは八〇年代に育った世代にとってきわめて重要な意味をもつ。

というのも、少数の例外を除き、大多数の「新人類」にとってはサブカルチャーこそが支配文化であり正統文化として機能したからである。そういう実態と旧来の「文化防衛論」[7]（左右を問わず）や「対抗文化論」[8]（さしあたり左からの）の文化構造理解とのあいだにはギャップがあり、その結果これらの理解は八〇年代文化体験の変容を正しくとらえることができなかった。七〇年代初頭以来あらわになってきた消費社会化の文化領域への浸透は、文化活動の価値序列に消費文化的基準を刻印することで、正統文化と大衆文化の関係を逆転させていった。知識人の位置変化や教養観の変容はその一環である。文化勲章と国民栄誉賞との影響力の差に象徴されるような、ある種の文化的下剋上がなしくずしに進行したのであり、これにともなってサブカルチャーの基本的な性格もまた変化してゆく。つまり、消費文化の論理に支えられた大衆文化の一元支配が、サブカルチャーに支配文化としての位置と機能とを付与していったのである。

サブカルチャーの種々の要素が気晴らしのたんなるトピックではなく世界観形成の一通路となりえたのはそうした事情に拠っていた。(9) それだけにサブカルチャーの領域をつうじて定型化される、秩序からの離脱形式は強い影響力をもつことになる。

消費文化の浸透にともなう孤立ないし文化的自閉の様相は「病理」の問題として意識されてはいた。深夜放送のディスクジョッキーが若者たちの「親密な他者」圏を変貌させていることへの指摘はその早い例であるし、ゲーセンで押し黙ってゲームに熱中する少年たちへの「懸念」もそうである。ウォークマン（一九七九年、ソニー発売）やファミコン（一九八三年、任天堂発売）など、若い世代にとって「日常経験」の一部になった文化商品の利用についても、他者への無関心の増大とかコミュニケーション疎外の危険が指摘されてきた。この意味での文化的自閉が極限的に現れた事態としてM事件が位置づけられ、いわゆる「おたく文化」の病理が指弾されたことも記憶に新しい。これらは総じて言えば、サブカルチャーはそれに魅入られた若者たちを自閉化し、社会病理の地盤になるという理解に立っていた。

しかしこれらの把握は以下の点で短絡している。

第一にさまざまな文化商品の普及はコミュニケーション形態を変化させたかもしれないが、一律に断絶や遮断をもたらしたとはいえないこと。「逸脱」少年のたまり場としてのゲーセンはその一例。コンビニにもポケベルにも同様のことがいえる。つまりそれぞれの文化機能を他者の観念的消失と直接つなげるのは早計である。

また、「おたく文化」批判に帰結してゆくような把握では、八〇年代支配文化の問題性として「自閉」が「マス」現象として成立する構造をとらえていない。分節化され、特定の「集団」に発現してくる病理という分析視角では、大衆文化の一元支配から生み出される文化的自閉性の一般化が見落とされてしまう。自分の趣味の世界に閉じこもる自閉もまたたしかに文化的自閉性の一形態であるが、これによって八〇年代の文化的自閉を代表させることはできない。[10] 消費文化の論理につらぬかれたマスカルチャーの中心的な力そのもののうちにある「孤立」強化のはたらきに目を向けるべきである。

3　「やさしさ」「面白さ」の自縛――他者理解の消費文化枠組み

大衆文化の力はいうまでもなく「マス」としてのその性格にあり、消費社会化はその力を一挙に拡大する。メディア商品をふくめどのような文化商品であれ、この力をもつことで文化上の地位を獲得し影響力を確保する。前述のような自閉批判にたいしてマス文化の担い手が自分たちの文化商品がコミュニケーションの余地と可能性をこれまでよりも広げるのだと主張するのはこの事情ゆえである。事実、消費社会にあってはコミュニケーションの多様性も規模も、また流布する情報の量も飛躍的に拡大したといえるだろう。したがって問題は、「マス」コミュニケーションの実現という状況それ自体にひそむ自己―他者関係の変容なのである。

そこで注目したいのは、対他関係の選択肢の拡大やこの関係にかかわる情報の拡大という条件下で生まれた「他者の取り扱い」の枠組みである。言いかえると他者を評価し分類する消費文化的な定型に注目するということだ。「ネクラ」という分類項目はその走りであったが、(11)八〇年代をつうじて定型化されてきた評価基準として、「面白い」「やさしい」という表象をあげることができよう。

「面白い」という評価軸は政治であれ何であれ社会的行為全般についての強力な判断尺度を成す。「ポピュラー」な文化の次元にはもともとそうした尺度が存在していたが、それが今や正統文化の「真面目な」価値尺度を侵食し、支配文化の正統化機能を掘り崩してゆくのである。この「面白主義」の機能には、えげつない下ネタなどこれまで文字通りのサブカルチャーでだけ流通してきたことがらを一気に大衆化する側面がある。「面白さ」という枠でことがらを囲うことにより、ことがらの重みやリアリティと直面したときに生じる摩擦、葛藤、攻撃を回避できる点に注意しよう。この機能が具体的な他者の介入的な質を和らげ、その力をそぐものであるのはあきらかである。大平健がくわしく検討しているように(『やさしさの精神病理』岩波新書、一九九五年)、「やさしさ」についても同様の機能を指摘することができる。

他者の言動をこれらの枠組みによって受けとめ処理することは当然、自己のあり方にもはねかえる。「やさしさ」であれ「面白さ」であれ、他者から見た自己のありようを律する定型として意識され、外側から自己を規制する枠組みに反転する。「やさしい人」が好きな「わたし」が「鈍感」であることに「わたし」自身が許せない。あるいは逆に、「わたし」がこれだけ「やさしくしている」——相手に介入しない、相手の世界に不器用に踏み込んだりしない——のに、向こうが自分を「押しつけてくる」のは許せない。相互に亢進的なこの「やさしさ」関係は強い規制力をもったつきあいのルールを形成する。そういうルールの体系は自分にとって望ましいライフスタイル(日常生活における身の処し方)にかんする一種のマニュアル集となるだろう。ただし、消費社会に生きるエチケットとして内面化されるマニュアルの意味は、非難されるべき「非人間的な管理規則」として受けとられるわけではない。むしろマニュアルの方が「人間的」なのであり、マニュアル外しはいかなる場合でも「暴力的」なのである。(12)

「やさしさ」や「面白さ」は、他者を位置づけるうえで、権威的に感じられる秩序を解体するある意味で効果的な方法であった。権力的・抑圧的他者の圧力を観念的に遮断することで支配関係を心理的に解消する振舞いは弱者にとって実際的な抵抗の技法である。たとえば沈黙が権威的抑圧に直面する場面でのそうした抵抗手段であることは疑いない。ところが消費文化の力は沈黙のような従来の抵抗手段の有効性を奪ってしまう。この点にくわしく言及する余裕がないが、マスローグの洗練は受け手が自分たちの世界を守る沈黙などの防御手段・障壁を突破し、「自分の守り方」を変形させてゆく。言葉の弾幕の力を利用したり、マニュアルによってなるべく自己の姿をみせない手法が権威的抑圧をやりすごす仕方として前面に出てくるのはそうした事情からである。「やさしさ」や「面白さ」がその既存の価値内実を変容させせつつ、対他関係処理の新しい評価軸として突出してきたのもマスカルチャーの一元支配に規定されてのことであった。

ところで「面白さ」や「やさしさ」がもつ権威的秩序の水平化機能には具体的な他者の介入的質を弱めるはたらきがともなっていた。マスカルチャーにおける水平化機能はその場合、権威的他者にたいしてだけでなくもともと水平的な他者にたいしても同じ作用を及ぼす。権威的秩序への拒絶の振舞いが水平的他者とのかかわりをどう規定することになるかは、この拒絶の質を測る重要な視点である。

「やさしさ」や「面白さ」といった価値定型に拠って対他関係を処理する意識枠組みは水平的他者についてもその介入的質を消去し、他者の固有性を奪う方向にはたらく。[13] 関係の規制力が強くはたらけばはたらくほど、「私が私であること」を他者から承認してもらうことが困難となる。日常生活に張りめぐらされたこの新しい「気遣い」のシステムは一人ひとりの防御的な自閉をたがいに引き離すだけでなく、「すぐ隣にいる他者」を「固有の他者」ではなく「やさしさ」等によって定型化された他者として扱わぬかぎり自分を守れないという関係においてしまう。

これは「自分に忠実に生きたい」という幸福論に二重の困難をもたらすものであった。すなわち、抑圧的秩序を遮断して「自我」の独立性を保とうとする防御的自閉がかえって「わたし」の「わたしらしさ」をあきらかにする手がかりを閉じてしまうことが一つ。[14]「本当の自分探し」という八〇年代に特有の自己探求形式がここから生じた。また、これまでみてきたような他者の扱いは他者の具体的なありようをできるかぎり「なきもの」にしようとする攻撃的な性格をふくんでいる。八〇年代マスカルチャーではありふれた話法として確立した観のある「笑い者にするかたち」にすでにそうした性格を看取できるし、「いじめ」を誘発する地盤としての他者了解にもそれはある。古茂田宏の議論[15]に従って「わたし」と他者とがある原初的基盤（おそらく経験的な）から同時に成立すると考えるなら、こうした他者を遠ざけるどんな観念操作も他者の介入的本質を抹殺することができない。親密圏ではとりわけ。したがって、他者の具体的なあり方を脱色する相互亢進的な力学が強くはたらくほど、他人の「押しつけがましさ」はより鋭く意識され、「わたし」を圧迫し、「わたし」の弱さを浮き彫りにするように思える。

水平的な他者にかんしてこうした関係が成立してしまうことは、日常生活のどんな場所でも逃げ場を失うこと、居場所が剥奪されることを意味している。「わたしをストレートに出せる場所」はどこにあるのか、「執拗にわたしと関わり合おうとする他者に心動かされぬ強いわたし（他者と並立するわたしを超えることのできるわたし）」をどうしたらつくれるのか――これが「よい子」の幸福論の直面した課題であり、追求しようとした問いであった。

4　自分を超える

右の問いは何らかの自己変革構想に直結する。[16]「やさしさ」や「面白さ」の枠組みに自己を閉じこめずに生きられる「わたし」の追求は不可避的に、何らかの「強い自己」への変身（あるいは、本来もっと強いはずの「もう一つの自己」の探索と発見）願望につながってゆく。「強くなりたい」という願いは「本当のわたし」を構築しようとする八〇年代幸福論のもっともありふれた解決策であった。後述するように、「努力して強くなる」という幸福追求の方法論は、企業社会秩序にそった競争的自己の錬磨と基本的に共通する。それはマスカルチャーの支配文化としての性格からして当然であるが、「努力」や「強さ」の内容には企業社会のそれらとのちがいがある。またそうでなければ自己変革のサブカルチャー形態は存立することができない。

それならば権威的秩序の内側に回収されてしまわない努力とか強さとかはどのようなものであるのか。企業社会体制がつくり出している濃密な能力主義秩序――業績主義の枠を越えて能力開発・活用の幅広さと柔軟度を備えた、ただし性差別秩序を前提とし、したがって女性の能力発現の社会的抑圧を条件とする[17]――は自分の「未発の可能性」までも体制化された努力や強さに吸収し、「本当の自分」の居場所をつくろうとする生き方に不断の内面的「転向」を強いる。この秩序内ではだから、「わたし」の変革を「能力」（強さのかたち）の「成長」（努力のかたち）というすじみちで構想することは危険な罠にみえる。「能力」を核とする「成長」の相互評価や社会的承認を忌避しながら、それでもこの秩序を凌駕できる「強さ」が求められるのだ。

能力主義秩序に対抗しこれを超える超越観念としての「変身」はこうした自己変革要求に応えるものであった。「変身」のこの含意を反映するトピックは八〇年代サブカルチャーの領域で枚挙に暇がない。たとえばそれは転生に収斂されてゆくような世界観・歴史感覚の生成に顕著に現れていよう[18]。八〇年代における「変身」物語の浸透は、現存秩序に心ならずも縛られた自分とは別の自分に「一挙に」転換できる方法の重要さを暗示している。変身といってもつまるところ何らかの仕方で「自分を変える」ことなのだが、そのプロセスは成長過程で何か新しい能力や教養を「身につける」のとはちがう。人格的実体としての自己に何かが付与されるのではなく、自己はむしろ、望ましい性質や能力を保障する情報だとか行動スタイルだとかをつかまえるための形式として機能する。「能力を他人に見せたがらない」とか「向上心がみえない」などといった現象は、「自分探し」としての「成長」が既存の成長観とは別のかたちで構想されていることの証拠なのである。これに比して、自己を切り替える、「データを入れ換える」等の変身系列での自己表現や自己規定には前述の無頓着と対照的なこだわりがうかがえるだろう。

自己超越の一様式としての「変身」はこのように能力主義的成長観を拒絶するが、それは変身系列にそったさまざまな努力を否定しない。強くなるためのマニュアルや修行は旧来の教養観念や修養の観念とはちがう「成長」（超越）の手段としてまじめに受けとられる。マニュアルがあるからこそまじめに努力する気にもなるのである。「能力を身につける」という通常の表象はこれとはまったく逆である。マニュアルなどで身につくものではなく、自分の実体を広げ豊かにするものと考えられている。だが、「強くなる」とはそういうコースで実現される性質のものではない。すべてが準備されている現存の世界から脱出すること、その世界に生まれつきなじまされてきた自己から脱皮すること、つまりは、自分がすでにもっているものを「捨てる」ことが問題なのであって、新たに何かを自己につけ加えることが必要なのではない。

「強くなること」の本質は捨てることにある。[19] よりよく「捨てる技術」の修得をつうじて「より強いわたし」を発見し、新しい世界を発見することが「よい子」の幸福論に特徴的な論理であった。そしてこれは、「もつこと」の欲求が飽和状態に達した消費社会の現実を念頭におくならば、きわめて自然な幸福論であろう。修行や神秘体験といったいかにも「前近代的成長装置」とお手軽で浅薄なコンビニ風の「成長コース」との一見奇妙な融合も、八〇年代における幸福追求のこの性格を考えれば納得がゆく。

さてこうして獲得された「強さ」は他者の権威や介入に動ぜずこれを超えるはずのものであった。その「強さ」は企業社会体制の秩序と価値観から自由であろうとするが、それゆえにこの体制内で生きる他者との現実的な絆を断ち切る。各人がそうやって発見した強さはたがいに触れ合うことがない。自分と自分を縛る世界との切断線が自己と他者一般の間におかれる以上、他者とのつながりをつうじてみえている世界は「わたし」が強くなるほど威力を失い、衰弱してゆく。この結果、強くなった「わたし」がいる世界は具体的な像を結ばず、抽象的なものとなるほかないであろう。[20] この強さには回帰する世界がない。他者とのつながりを内在的に位置づける手がかりがないからにはそうならざるをえない。「捨てる技術」の修得が対他関係を解体する軌道に定位されるとき、ユートピアとディスユートピアとは見事に一致する。「何もないトポス」こそ「わたし」が一番強く「わたしでいられる」場所なのであるから。もっとも、「捨てる技術」の発展線上に浮かび上がる「何もなさ」は自己超越の理想にとっても一つの罠であり、危機だといえる。というのも、この空虚なユートピアでは自己の存在すら必ずしも必要ではないからである。

対他関係の解体をふくんだこのユートピア（ディスユートピア）は、これも消費社会における匿名性の徹底した深化のネガである。商品生産の徹底した「水平主義」と他者の具体性の消去にたいし、旧来のユートピアは商品関係に替わる何らかの「人間的」関係を構想したが、消費文化は別の形態での脱人間構想を生み出した。この構想は商品関係のもつ物象化に反対するのではなく、この関係のもつ介入の「暴力性」を拒絶しようとする。そしてそのために、商品世界を生み出している人々の具体的いとなみ自体をまるごと否定してしまわざるをえない。オウムの企業活動がきわめて非人間的であったことはその意味で不思議ではない。

「本当の自分」を探すという八〇年代幸福論が自己超越によって対他関係を解体する方向へと向かうとき、この幸福論の実践はたんに自己修養の現代版にとどまることはできない。すべての困難が何らかの自己変革をつうじてのみ回避できたり克服できたりするという問題の立て方は現実の矛盾を自己修練へと閉じこめるから、具体的な対立や衝突を観念化こそせよこれらを引き起こすとは考えられてこなかった。しかし、自己超越のために対他関係を解体するという操作は逆で、そうした観念的転回を遂げるために対立や衝突を具体化し肥大化させる。すなわち、真面目な自己超越の試みは他者にたいする攻撃的で具体的な拒絶に結びつく幅広い可能性をもつようになる。他者を無視することはたんなる無関心ではなく水平的他者にたいする「暴力的な」介入という性格をもつようになるのである。[21]

真面目さや「やさしさ」がこの可能性を防ぐ歯止めになり得ないことはあきらかだろう。自己超越の要求が最終的に実現されるためには「今のわたしがいる世界」が終わらなければならない。しかもその努力は真面目であるだけ対他関係の解体を現実に実現する「強さ」に惹かれるはずだ。「わたし」の変革が現実の変更により深くコミットできる説明枠組みや原理主義的な言行一致を「本当に」実現している「思想」にこそ「強さ」が感じられる。現実の困難に幻想的解決を与える「宗教」ではなく、「観念の革命」によって強固な現実を超えかつ現実そのものを改変してしまえるような「科学」ないし「技術」が望まれるのである。[22]

「わたし」の変革がこうして水平的他者まで一括しての対他関係の解体に向かうとき、この理念（幸福論）は能動的・抑圧的ニヒリズムの一形態となる。企業社会秩序からの離脱をめざすその努力の結果たどりつくところは、他者への実質的な酷薄さを別の仕方で実現することであり、[23] 酷薄さをこれまでみてきたような観念操作によって心理的に正当化することであった。

5 「わたし」の変革から大衆暴力へ

暴力を顕在化させる文化的水位

他者のつくる現実を切り縮める努力が実際の関係としてすすむかたちは一様ではない。いじめによる他者の社会的抹殺が典型的に示すように、対他関係の解体が犯罪ないし病理として社会的に顕在化するまでには、これを可能にするだけの文化的水位を必要とする。生命までふくめて他者がつくっている現実を解体しようとするレベルの嗜好

動機形成には、頂点に突出して現れる攻撃性を支えている文化的地盤が存在しているはずだ。オウム真理教事件で犯罪の実行に及んだのは全信徒の〇・五%にすぎないという。その意味では大多数の信徒と信者でない「一般人」とを隔てる境界はない。ここでの問題は頂上に現れた犯罪の特異性ではなく、そういうかたちの暴力の出現を可能にした文化的水位であり基盤である。「人殺しまでは普通の人間ならしないものだ」という常識によりかかった区分は正しくない。

すでにみた転生の感覚に反映されているのは、近代のヒューマニズム（人間中心主義）理念に前提されていた人間と非―人間、生と死の境界の揺らぎであり、生命観の動揺である。取替可能な身体像やディジタルな変身を夢想する意識は人工世界の肥大化や臓器移植、動物像の変化、ディープエコロジーなどを背景にしている。近代の基本了解であった先の区分はこの結果、ある個所では新たな切断線をつくり（たとえば妊娠初期診断にもとづく先天性障害胎児の中絶）、別の個所ではこれまでの境界

を連続化する[25]（たとえば動物の権利の再興）。つまり絶対的貧困状況における生命の危うさとはちがう意味で既存の生命観を揺るがす状況がすすんだ。そしてこの状況は、自己の現実の生を相対化し、仮装的で道具的なものとして受け入れる感覚を主体の側に育ててゆきもする。従来「人間的なもの」と解されてきた身体も感覚もできるだけ無機的なかたちに変容させること、今の「わたし」を受動性の極致におくことでどんな抑圧にも無感覚でいられるようにすること――現実的自己のこうした否定が「わたし」の変革（肥大化）構想の対極にあってこの構想を受け入れる文化的水位をなしている。

「弱いわたし」

「わたし」の変革という構想はじつは現実の自己の無制限の弱さを前提したときにその力を発揮する。そうだとすればこの構想にそった自己超越の追求は、「今ある自己」の現実性すなわち他者の介入にたいして実質的に抵抗する側面を衰弱させるプロセスでもある。対他関係の解体を媒介とした幸福追求はこれを追求する「わたし」の現実的基盤を破壊し、かえって「わたし」の弱さをつねに露呈させるものであった。「弱いわたし」の絶え間ない露見が「強くなろうとするわたし」を衝迫するという循環がここに形成され、自己超越のいとなみをいわばランナーズハイの状態に追いつめてゆく。他者への攻撃性が同時に自己の内側に向かい、自己の弱さの露呈を迫るのは「わたし」の変革をめざす八〇年代幸福論に特徴的だといえよう。弱さの共同の確認が可能ならこの幸福論の帰結もちがっていただろうが、そうした「無力の確認にもとづく連帯」ではなく、相互規定的でもあり自己規定的でもある無力性の呪縛を超えられる「より強いわたし」がますます希求されることになった。[26]つまり「よい子」の幸福論の破綻はその幸福技術に内在する矛盾の面からも不可避だったのである。

「本当の自分」を探すという八〇年代幸福論の課題はこうして他者の具体的存在を否定する「実践」の可能性を拓いてきた。それはこの課題が企業社会の抑圧的秩序を他者の介入一般の拒絶という操作をつうじて果たされようとした結果にほかならない。「わたし」の変革につながる観念フレームや世界観的基礎をこの時期のサブカルチャーがさまざまに用意してきたにもかかわらず、企業社会にそった人生観からの「真面目な」離脱としてそれらが論じられることは少なかった。「他者否定」の種々の形態を生み出す文化的水位にたいしても同様である。しかし、文化的次元での対他関係の解体はここからが攻撃的な否定だという境界線を引けるものではなく、攻撃性の水位を観念的―実践的に高めてゆく振舞いの複合・連続としてある。その連続する過程が他者への具体的な、やがては公然たる抑圧に転化する可能性をみておくべきなのである。「わたしを変える」という幸福論の展開（転回）もそのようなものとしてある。日常生活のなかで「わたしに素直であること（自己の幸福追求に真面目であること）」が他者へのさまざまな抑圧と攻撃をふくんで「平然と他者を無視すること」に直結する、そういう水路が「普通の人々」の日常的関係のうちに築かれてきた。これはいわば日本型大衆社会に特有の「暴力の文化」が出現していることを意味する。「よい子」の幸福論はこの文化圏に現れた一つのかたちにすぎない。

幸福論の行方

これまでみてきた幸福論はその帰結において欲望実現のブルジョア的な形態に接近する。というのも「自分に率直に他人を無視できる」ことはブルジョア的自由の特徴であり、「わたし」を「強く」する幸福論は内容上こうしたブルジョア的自由と同質のものだったからである。ただし、あらかじめ他者の介入を権力的に（社会的・経済的に）排除していることが前提として実現するブルジョア的自由の行使（欲望実現）は無垢でよどみない自己表出にみえる。思うまま振る舞って他人のことなどどんな時でも気にしない「自然さ」がその特質なのである。

言うまでもなくそういう「自然さ」は、前提となる権力を持ち合わせた特定の層にのみ許された特権である。「わたし」を強くする道具立ての必要な幸福論にはもちろんこの「自然さ」が欠けている。この欠如が「よい子」の幸福論にあって他者への顧慮と無視のしくみを構成する「幸福技術」の領域が存在する理由である。しかし両者の同質性を考えると、「わたし」の変革理念がブルジョア的自由の実現に転化するすじみちも論理的には可能であった。

が、結果として九〇年代にはこの理念が全体としてそうした転化（成り上がり）を遂げる可能性は閉ざされたというべきだろう。バブル崩壊を機として企業社会が蓄積した「豊かさ」を欲望のブルジョア的純化に振り向ける余地が縮小していったからである。これはたんなる契機循環の一局面ではなく、「大衆社会の再収縮」(27)の日本における開始を意味するものであろう。企業社会体制転換の全体像はまだあきらかでないとしても転換の局面は九〇年代初頭に始まっている。(28)そうした転換はこの体制下での生活の社会標準を動揺させ、人生の展望にかんする分化した期待を生み出しうる。つまりセパレートコースの幸福像が顕在化する余地が生まれている。ということは、「わたし探し」の幸福論を現状変更なしに実現する余地が狭まってきたことを意味する。何にでもなりうる「わたし」はこの転換過程で自らの現実的基盤に直面せざるをえない。

有り体にいえば、「本当の自分」を探すというような問題の立て方は中産階級に特有な「自己確立」の問いである。マスカルチャーの一元支配という文化的背景に支えられることで八〇年代幸福論の形式はミドルクラスのそれにひきつけられてきた。この時期をつうじて一貫して存在していた労働階級下層のライフステージは幸福論として文化的なかたちをとることはなく、企業社会秩序からの離脱意識は本稿で述べてきたような幸福論にほぼ一元化されてきたといってよい。

しかし、前述のような転換の進行は幸福論の分岐を促す方向に向かっている。ブルジョア的自由への転化の可能性が閉ざされたこと、「下層の幸福論」の分岐可能性が拡大しつつあること――この両者に挟撃されることで「よい子」の幸福論にはきわめて狭い出口（「本当の自分」の発見）しか許されなくなったのである。今のところまだ、「わたし探し」の理念的空間はいわば宙づりの状態で存続している。それは若年層におけるこの問いの追求を彼らの親の世代が経済的・社会的に支えているという事情によるもので、この条件は企業社会体制内での中高年層の処遇変更のために急速に崩れつつある。ということは「わたし」が何者か規定すること、体制的秩序を受け入れるにせよ離脱するにせよ立場を明確にすることがこれまでよりもはるかにきびしく要求されるということである。(29)

暴力の文化

何になるのか、なれるのかわからない「わたし」はさしあたり他者に「やさしく」しておくことが必要であり、可能でもあった。そういう暫定的な「わたし」の位置が狭められる結果、他者にたいする対処法も大きく変容する条件が広がる。他者をすぱっと裁断できる「ゴーマン」さの価値が受け入れられると言ってもよい。八〇年代に生まれた「面白主義」はこの点で、スキャンダラスであれ何であれ「ゴーマン」を押し通す「強さ」の受容に道を開くものであった。[30]

もちろん「ゴーマン」の承認には、体制的な価値観に明確にノンと言う対抗文化的な側面がふくまれているから、そこには二重性がある。しかし支配文化の強者の論理をマスカルチャーの次元で見事に翻訳できるのも同じ「ゴーマン」なのだ。「本音」に忠実に「ゴーマン」であることの賞揚と黙認は九〇年代における「対人暴力の文化」の裾野を無自覚に無批判に広げていった。

別途論じる必要があるが、サブカルチャー領域における死と暴力への言及（スナッフフィルム、死体写真、性的虐待など）はたんに量的にだけでなく、質的にこれまでの枠組みを越えてきているように思う。そのプロセスはまた、人間の生を取るに足らぬ卑小なものと認め、表現し、宣言する過程でもある。さらに、毒ガスや細菌兵器などもふくめ、これまで大っぴらには言えなかったような「悪趣味な」関心を気軽に表明したり追求してもどうってことはないのだという振る舞い方も広がっている。サリンの製造法を「魔法使いサリン」と題して何の気なしに翻訳しコミケ（コミックマーケット）で売ってしまった一青年の事例などがこれにあたるだろう。[31] 幸福技術の追求から不幸のリアリティの観察と解釈に関心が転換してゆく過程で「対人暴力の文化」がその影響力を広めてきたことは九〇年代日本社会の性格を文化的側面から照射するものといえる。

こうして、日本型大衆社会の九〇年代転換は「よい子」の幸福論を規制し、外側からその破綻を促している。「本当の自分」を直截に表出するために他者と他者のつくる現実を徹底して否定する「幸福技術」の軌道が表面化してくるうえで九〇年代の社会的条件を無視することはできない。バブル崩壊という国内条件だけでなく、八九年以来の世界秩序は「先進」資本主義三極を軸とした新たな帝国主義的抑圧の体制化へと向かい、人権基準や人間の尊厳にかんする世界規模でのダブルスタンダードを進行させてきた。「世界秩序」の必要にもとづく、少数者の無視、抹殺の正当化が「自分たちの世界の出来事」としてすすんできた。人間には「価値のちがう生と死」があるという社会的宣告が日常不断に表明されているこの状況下で、他者を無視し抹殺する権利や力の希求が社会的・文化的に広がって不思議ではない。先述した生命観の変容などもこの文脈で先鋭な政治的意味をもつ主題へと具体化されている。

オウムの世界観は、この状況を受けとめることで、他者否定を「暴力の文化」に具体化し、つなげる論理を得ていた。「よい子」の幸福論の破綻が九〇年代の条件下で大衆暴力の現実化へと結びついたことはオウム事件の示した大きな教訓といえるだろう。麻原彰晃らの突出した暴力と「暴力の文化」次元を形成している意識や文化のあいだにはなお媒介があり、事件にそくした究明が必要である。とはいえ、突出した暴力の実践はこれを支える文化の水位を反映し、この文化基盤に立った攻撃性の質を規定している。

オウムの犯罪も頻発する「いじめ」も、われわれの社会がもつ大衆暴力の水準を示し、これを許す広い文化基盤の存在を指示している。企業社会秩序からの離脱を「わたし探し」という問いに定位させた「よい子」の幸福論の破綻は、九〇年代の社会条件の下で中産階級的な問いが「暴力の文化」に回収されてゆく軌跡をあきらかにしたのである。

（1）藤田庄一『オウム真理教事件』朝日新聞社、一九九五年、一八七ページ。
（2）「上祐史浩VS 江川紹子」『週刊文春』一九九五年七月一三日号付。
（3）切通理作の報告による。「君と世界が一緒なら、どこに支援するの?」『イマーゴ』一九九八年八月臨時増刊号、青土社、一四〇ページ。
（4）『ゲオルク・ジンメル著作集　一二巻　橋と扉』白水社、一九七六年、二七六ページ。
（5）新人類の世界を規定したこの新しい状況を描出したのが赤川次郎の作品であった。赤川作品のこの点での含意については拙稿「〈平凡であること〉の価値——赤川次郎と日本型大衆文化の成熟——」（『思想と現代』四号、一九八六年、白石書店）参照。
（6）「わかりあえない」関係の普遍化が「社会」の解体をもたらし、「他者の身体がただ肉の塊にしか見えない人間たち」による暴力的な世界の出現を早くに指摘したものとして佐藤俊樹「解体する日本的コミュニケーション～気持ちのわかりあいの生成から崩壊まで」（『ポップ・コミュニケーション全書』パルコ出版、一九九二年、引用個所三一七ページ）参照。なお、親密圏が家族に局限され家族関係が閉じた「小宇宙」と化すことで家族主義familial-ismを強化する側面にも注意を払うべきだろう。
（7）スタンダードな大衆文化論の多くはこの型をとる。
（8）たとえば、オウム真理教の世界観が「市民社会」の外にあるから正しいとする山崎哲の議論（インタビュー「サリン事件は正しかった」『宝島30』一九九五年九月号）は、文化的支配と対抗の関係を読みちがえている点でこの型の一例である。

（9）世界観形成における八〇年代サブカルチャーの機能については大塚英志の仕事が包括的で参考となる。七〇年代初頭における終末感の生成については夏目房之助「デビルマンのハルマゲドン」（『宝島30』一九九五年一〇月号）参照。企業社会体制への移行期にあった七〇年代前半のサブカルチャー変容については別途論じる必要がある。

（10）八〇年代の表文化としての「新人類」文化と裏文化として「おたく文化」を区分する岩間夏樹の議論（『戦後若者文化の光芒』日本経済新聞社、一九九五年）はそのかぎり正しい。

（11）一九八二年から流布した「ネクラ」「ネアカ」という性格類型は自己の人格を操作的対象とみなし扱う態度によく照応したものだからこそ広がったといえる。性格類型の消費文化的定型は自己操作の問題圏を一挙に広げ、アイデンティティ・ポリティクスの日本的なかたちをつくりだしてきた。

（12）この点で、マニュアルを解いたり了解することが特有の「知的領域」を構成し、「知的意味」を帯びたことに注意したい。広い意味でのマニュアル解読がもっとも基礎的で影響力のある知的形式となることは知のあり方を変容させてゆく。

（13）他者の固有性を奪うそうした態度には本質的な暴力性と全体主義的な性格が潜むことへの指摘として、アラン・フィンケルクロート『愛の知恵』（磯本輝子・中嶋公子訳、法政大学出版局、一九九五年）参照。

（14）佐藤和夫「〈私〉の危うさと［親密圏］」（石井伸男・島崎隆編『意識と世界のフィロソフィー』青木書店、一九九四年、三八ページ）参照。

（15）古茂田宏「意識と他者」、石井・島崎編『意識と世界のフィロソフィー』、五九〜六〇ページ。

（16）たとえば渡辺美里が唄った「My Revolution」（川村真澄詩、小室哲哉曲、一九八六年）に象徴される自己肯定の追求。

（17）この条件を考慮すれば、サブカルチャーに投影された自己像のオルタナティヴをジェンダー間の差異・差別の問題として綿密に検討する必要がある。

(18) 転生物語に早くから着目したものとして浅羽通明「オカルト雑誌を恐怖に震わせた謎の投稿少女たち」(『別冊宝島92　うわさの本』一九八九年)参照。「サブカルチャーがコモンセンスを代行しはじめた」という指摘にも注目したい。江川紹子『救世主の野望』(教育史料出版会、一九九一年)では、オウム信者とオカルト文化の関係が指摘されている(一二六ページ以下)。実際、『ムー』(学研)といったオカルト雑誌にはオウム的世界観の素材が満載されていたといってよい。八〇年代変身譚はただしオカルト文化にだけ集約されていたわけでなく、九〇年代に猖獗を極める多重人格論などまでもその枠内に納めていよう。

(19) もちろん「捨てる」ことには捨てさせるテクニックなり商法が対応している。こだわりと殻を捨てて「自分が裸になれる」快感を体験させる自己啓発セミナーなどもこの範疇にふくまれるだろう。

(20) 「個の水準から独立した社会のトータリティへの視野が欠如している」という大澤真幸の評言はこれをついているだろう。(「[徹底討論]オウム・消費・メディア」、島薗進・石井研士編『消費される〈宗教〉』春秋社、一九九六年、五〇ページ以下)

(21) いじめの第三者が身をおく「暴力的な」位置を想起せよ。

(22) 青山吉伸『空想から科学へ、そして真理の世界へ』〈上・下〉(オウム出版、一九九二年)はエンゲルス『空想から科学へ』の解説からはじめながら、転生や予知などの真実性を科学者が否定し得ぬものとして「証明する」スタイルをとっている。麻原の唱える「超能力」が技術としての信憑性の面から入信者に信じられていることも周知の通りである。

(23) その意味で企業社会の酷薄と非人間性こそが能動的・抑圧的ニヒリズムの原型というべきである。

(24) 滝本太郎・福島瑞穂『破防法とオウム真理教』岩波ブックレットNO.398、一九九六年、四ページの滝本発言による。

(25) この論点については竹内章郎「日常的抑圧を把握するための一視角」(後藤道夫編『ラディカルに哲学する 4 日常世界を支配するもの』大月書店、一九九五年)参照。

(26) さまざまなかたちでの何らかの「共同」をつくることの困難は、「話のわかる友だち」(永岡辰哉「オウム真理教の魅力と問題点〈2〉」、滝本太郎・永岡辰哉編『マインド・コントロールから逃れて』恒友出版、一九九五年七月、四三ページ)の雰囲気を基盤にしながら、そのルーズな結びつきをむしろ「利点」として独裁的な統制を実現させる組織のありようにつながる。杜撰にみえるオウムの組織論をこの点で検討する必要があろう。

(27) 「大衆社会の再収縮」の意味については、後藤道夫「現代帝国主義と大衆社会の再収縮」(後藤道夫編『ラディカルに哲学する 4 日常世界を支配するもの』)参照。

(28) 転換の内容をここでは詳述できない。生活の社会標準を実現できる大企業常用労働者層の切り詰めと雇用体系の変更、年金など社会政策の大規模な変更、学校制度の改編等。なお、サブカルチャーにかんしてマンガの文庫本化など反芻ないし回顧の側面が拡大しつつあることは大衆文化の一元支配が行き詰まりに陥りつつあることを示唆する。

(29) 宮台真司による、変革を求めるな、「そこそこの世界に耐えて」「まったりと」生きよという主張(宮台真司『終わりなき日常を生きろ』筑摩書房、一九九五年)はこの状況に照らして分化する幸福像を受け入れよという、新人類以降の世代に宛てたメッセージにみえる。しかし宮台が「終わりなき日常」を生きるモデルとしたブルセラ少女の強さが、八〇年代金ぴか時代にすっかり恥知らずになった団塊オジサンの経済力をうまくかすめとることである以上、このメッセージは金ぴか時代の余力で生きる年金生活の勧めになるほかない。日常性を生きる女性の強いられた強さは別様に検討されるべきだろう。たとえば、吉田秋生の描く女性像について、子どもを生んでも「少女であるわたしを再生産する」女の戦略の強さとみた大塚英志の視点（『まんがの構造』増補新版、弓立社、一九八八年、一〇二ページ）など。

(30) 雑誌『ビックリハウス』を典型とするような、金ぴか時代初頭の「面白主義」はその意味で変容した。『ビックリハウス』については高橋章子『ビックリは忘れた頃にやってくる』（筑摩書房、一九九六年）参照。

(31) このてんまつについては『Quick Japan』四号（太田出版、一九九五年）に本人のインタビューがある。

初出一覧

第1話　家庭と学校と消費文化と

「子どもの文化・意識の変容をどうとらえるか」、『日本家庭科教育学会誌』二〇〇三年七月号。

第2話　新人類以降

「若者の日常を支配する意識とそれを支える思想状況」、自由法曹団『団報』一六〇号、二〇〇一年。

第3話　「普通の子ども」の「異常な行為」

「子どもの成長にいま何が起こっているか」、『論座』三七号、一九九八年五月。

第4話　日本の若者はどこへ向かうか

「現代日本の若者たちの意識構造」、韓日フォーラム発表要旨、二〇〇三年一一月。

第5話　サブカルチャーの絶大な威力

「サブカルチャーとしての若者文化」、『最新青少年文化事情サミングアップ』教育開発研究所、二〇〇三年。

第6話　ゲーム・コミックからケータイへ

「ニューメディアとヴァーチャル・コミュニケーションの広がり」、日本子どもを守る会『子ども白書　二〇〇二年版』草土文化、二〇〇二年。

第7話　現実感覚を変容させるメディア環境

「メディア環境の変化が青少年文化にもたらすもの」、『人間と教育』二八号、二〇〇〇年。

第8話　成長モデルなき時代を生きる

「モデルなき時代の文化と成長」、『生活指導』五四四号、一九九九年一〇月。

第9話　九〇年代に生じた青年文化の地殻変動

「九〇年代の青年文化の特質」『立命館大学教育科学プロジェクト研究シリーズⅦ』一九九九年。

第10話　青少年の縁辺化と教育改革

「現代青年と教育改革」、『未来をひらく教育』一二四号、二〇〇一年。

第11話　ライフコースの大転換に直面する若者

「ライフコース転換を迫られる現代日本の青少年」、『高校のひろば』三九号、二〇〇一年。

第12話　「もう一つの社会」への萌芽

「日本的雇用の転換と若年層の就業・ライフコース変容」、『女性労働研究』四三号、二〇〇三年。

第13話　「生きやすさ」を求めはじめる若者

「非正規雇用・不安定就業とともに生きる」、『日本の科学者』二〇〇三年六月号。

第14話　家族が変わる

「家族の中の『個』と共同」、『日本の科学者』二〇〇二年四月号。

第15話　「キレる若者」という幻想

「『キレる若者』という幻想」、『現代のエスプリ』四二一号、至文堂、二〇〇二年。

第16話　時代を映す少年期暴力
「九〇年代日本における少年期暴力の社会的脈絡」、『日本の科学者』二〇〇一年二月号。

第17話　何があっても平気でいようとする心
「何があっても平気でいようとする心」、『生活指導』五五八号、二〇〇〇年一一月。

第18話　市場の自由が解放する自己、縛る自己
「市場の自由が解放する自己・縛る自己」、『高校生活指導』一三四号、一九九七年九月。

第19話　「よい子」の幸福論の破綻
「『よい子』の幸福論の破綻」、『離脱願望——唯物論で読むオウムの物語』旬報社、一九九六年。

あとがき

『赤い文化住宅の初子』（松田洋子、太田出版）というマンガには、九〇年代末からくっきりとすがたを現すようになった「負け組」の世界、文字通り「正直者がバカを見る」現実が如実に映し出されている。「貧乏生活満喫マニュアル」と銘打たれた『しあわせ団地』（蓮古田二郎、講談社）などなど、身もふたもないみじめな現実をそうなるしかないものとして描くマンガは、いまや珍しくない。マンガが変わったのでなく、現実の方が変わったからだろう。

そういう時代――無邪気にかつ無慈悲に強くあることを奨める新自由主義時代の空気を精一杯吸って生きねばならない若者たちを指して、恵まれた社会の怠け者のように言うことは決してできない。それを示すことが本書を編んだ動機のほとんどすべてである。

とはいえ、こうしたかたちでつい最近の報告までふくめた論集を刊行するのは意想外のことであった。筆者の勤務する大学でも、新自由主義「構造改革」のまぎれもない一環である大学「改革」の大波が押し寄せており、これと闘うために大半の時間と労力とを吸いとられる日々だからである。多少ともまとまった仕事をわずかずつの時間でも積み重ねてかたちにすることさえ、とうてい可能だとは思えない状況であった。それにもかかわらず、精力的な作業と督促とによって出版にこぎ着けるところまで筆者を引きずってきていただいた花伝社の柴田章氏に、深く感謝したい。氏の勧めがなければ本書が生まれていないことは確実である。

本書に収めた内容のかなりの部分は、さまざまな団体に招かれて行った報告や講演の記録から成っている。その場での熱心な討論によって触発されたことも多々あり、また、ここに収録していない報告等の場で、それぞれにきびしい現場で活動されている方々の経験に親しく触れることもできた。そうした多くの方々に厚い感謝の気持ちを表明したい。

二〇〇四年六月

中西　新太郎

中西新太郎（なかにし・しんたろう）

1948年生まれ。東京都立大学人文学部卒。鹿児島大学教育学部勤務を経て、1990年より横浜市立大学国際文化学部勤務。現代日本社会論・文化社会学を専攻領域とし、オウム真理教事件をきっかけに、近年は子どもや若者の成長にかかわる文化現象に関心をもつ。

主な著書
『情報消費型社会と知の構造』（旬報社、1998年）
『思春期の危機を生きる子どもたち』（はるか書房、2001年）
『戦争論妄想論』（共著、教育史料出版会、1999年）
など。

若者たちに何が起こっているのか

2004年7月25日　初版第1刷発行
2015年3月 1日　初版第7刷発行

著者 ―― 中西新太郎
発行者 ― 平田　勝
発行 ―― 花伝社
発売 ―― 共栄書房
〒101-0065　東京都千代田区西神田2-5-11 出版輸送ビル2F
電話　03-3263-3813
FAX　03-3239-8272
E-mail　kadensha@muf.biglobe.ne.jp
URL　http://kadensha.net
振替 ―― 00140-6-59661
装幀 ―― 廣瀬　郁
イラスト ―― 遠藤由紀
印刷・製本 ― 中央精版印刷株式会社

ISBN978-4-7634-0426-8　C0036